Human Behavior and Social Environment

인간행동과 사회환경

곽미정 · 최창현 · 전미숙 · 권 붕 · 서민호 · 성시한 · 이시진 · 이영희 · 전대성 · 정명희 공저

양 성 원

인간관계와 사회환경은 인간에 대한 기본 이해와 함께 인간을 둘러싼 사회, 지역사회의 체계 및 역동적 에너지의 흐름과 사회적 관계를 포함하여, 인간 개인 간의 심리, 정서적 문제를 함께 나누는 공동체에 대한 학습을 목표로 한다. 또한 인간의 생활 및 성장과 관련하여 교류하게 되는 총체적 에너지 교환과 환경을 조망하는 관계이기도 하다. 즉, 인간을 둘러싼 환경과 인간 행동 및 사회를 배우는 총체이기도 하고 이것이 인간과 환경 간의 상호작용의 역동과정이라 할 수 있다.

인간은 가족 내에서 사회성을 배우며 성장하고 부모와 자녀 및 형제간의 관계를 통하여 상호 이해와 신뢰관계를 통하여 성장하게 된다. 이러한 성장과정을 통해 심리와 정서의 상태가 영향을 주고받는 가운데 교육과 사회화와 역할 모델링 등이 모두 동시에 일어나며 이를 통하여 경험하는 사회체계는 매우 중요한 의미를 갖는다고 할 수 있다. 즉, 인간 개인이 살아온 경험과 가치관은 자신의 가족의 환경과 사회에 영향을 주며 소속한 사회를 통하여 다시 영향을 주고받게 되므로, 인간간의 상호 관계는 한 개인 뿐 아니라 사회적으로도 국가의 미래에 있어서도 매우 가치있으며 탐구해나가야 할 영역이다.

따라서 현대사회에서 인간의 심리의 탐구 함의 및 사회에 대한 학습은 더 높게 평가되고 있으며 이를 바탕으로 하여 다양한 학문 및 실무 경영 등의 기본 지식의 배경이 되고 있다. 인간 개인의 차원에서도 배우자의 선택이나, 스스로 더 나은 인간 및 사회인이 되기 위한 준비과정은 다른 어떤 과제보다 중요하다. 특히 올바른 관계의 형성은 개인과 개인의 사이에 대한 어린 시절 애착관계 등을 바탕으로 하여 향후 공동 생활하게 되는 사회에도 영향을 미치게 될 것이다. 이러한 과정은 다시 개인의 삶의 질에 있어서도 중요하므로 인간의 자아실현과 행복추구, 건강 증진 등은 사회와 밀접한 두 영역 간의 교류에 있어서 모두 중요한 인간의 삶의 다면적 과정이라 할 수 있다.

인간은 태어나서 일련의 발달과정을 거치며 궁극적으로 한 개인이 도달해야 하는 '일생동안 잘 살았다"라고 하는 자아통합감을 이루게 되는데 이는 개인 자신의 단독으로 이루어지는 것은 아니며 만남과 관계 속에서 총체적으로 이루어지는 사회적 상호작용의 결과이기도 할 것이다.

그러므로 인간과 사회환경의 학습은 개인의 신체적 · 정서적 건강 유지, 능력 개발, 자아실현 등을 바탕으로 개인이 특유의 성장과정을 거치면서 사회와 사회 구성원들 간의 원활한 의사소통 및 기여하는 상호관계의 학습에 도움을 주며, 개인이 타인에 대한 배려를 배우고 책임감 있는 사회인으로 성장하도록 하는 것에 도움을 준다. 따라서 이러한 학문의 이해는 인간이 사회와 소통하는 기본 원리를 배우고 인간의 신뢰감의 배경을 배우며, 개인적으로 추구하는 자아실현을 촉진하는 과정을 배우게 될 것이다.

2019년 8월

저자

차 례

■ 머리말 / 3

Chapter 01 **인간의 발달과 사회복지** 9

1. 인간행동과 인간발달 11
2. 인간과 생태체계 15

Chapter 02 **인간발달심리와 주요학자의 이론** 23

1. 프로이드의 정신분석적 결정적 사고 이론 25
2. 안나 프로이드의 방어기제 31
3. 카를 융의 분석심리학 34
4. 아들러의 개인심리학 37
5. 에릭슨의 심리사회적 성격이론 44

Chapter 03 **인간발달심리의 개관 I** 51

1. 삐아제의 인지발달이론 53
2. 스키너의 조작적 조건형성 59
3. 반두라의 자기효능감 63
4. 엘리스의 합리적 정서치료(REBT) 68
5. 벡의 인지치료 70

Chapter 04 인간발달심리의 개관II 75
1. 사티어의 의사소통유형 77
2. 칼 로저스의 형상학에 기반한 인간관 79
3. 매슬로우의 5단계 욕구 위계 83
4. 글래서의 5가지 기본욕구 86

Chapter 05 동기의 본질과 인간의 사랑 89
1. 개인 행위와 동기 91
2. 동기의 정의 92
3. 인간의 성과 사랑, 심리 93
4. 인간과 결혼 : 배우자의 선택-사랑의 삼각형 98
5. 행복과 긍정심리 102
6. 삶의 질 111
7. 행복(well-being) 118

Chapter 06 인간행동 및 인간의 발달 127
1. 태아기와 인간발달 129
2. 영아기와 인간발달 131
3. 유아기와 인간발달 135
4. 아동기와 인간발달 137
5. 청소년기의 특징과 인간발달 140
6. 청년기의 특징과 인간발달 152
7. 중 · 장년기의 특징과 인간발달 154
8. 노년기의 특징과 인간발달 156

Chapter 07 인간사회와 문화 161
1. 인간과 문화 163
2. 문화의 기능과 변동 166
3. 문화의 구성 168
4. 관념체계와 적응체계로서의 문화 169
5. 상징체계로서의 문화 170

Chapter 08 조직문화 179
1. 인간과 조직문화의 개념 181
2. 사회와 조직문화의 중요성 183
3. 조직문화의 유형 184
4. 조직문화의 기능 190

Chapter 09 개인차 195
1. 개인의 성격 197
2. 태도의 특성 206

Chapter 10 인간과 환경 211
1. 인간과 환경 213
2. 문화와 삶의 질 213
3. 인간과 환경의 통합적 관점의 지향 214
4. 가족에 대한 고찰 214
5. 가족문화의 기능과 역할 216

6. 가족과 인간의 성장 및 생태적 관점의 적용 ···· 218
7. 현대 가족문제에 대한 이해 ···· 219
8. 가족문화의 반영 ···· 220

Chapter 11 **사회적 통합과 인권** ···· 225
1. 인권 ···· 227
2. 장애인에 대한 이념 ···· 238
3. 사회통합의 구현 ···· 241
4. 장애인 사회통합의 정의 및 의의 ···· 245

Chapter 12 **인간의 생애주기와 여가문화 및 심리요인** ···· 251
1. 생애주기의 개념 ···· 253
2. 생애주기에 있어서 여가활동의 중요성 ···· 257
3. 역할이론과 생활모델 ···· 261
4. 인간과 심리적 안녕감 ···· 263
5. 인간과 임파워먼트 ···· 265
6. 인간과 건강심리 ···· 266

Chapter 13 **인간과 지역사회** ···· 269
1. 마을을 통한 문화활동 창조 ···· 271
2. 지역축제의 새로운 관점 ···· 273

■ 참고문헌 / 288
■ 찾아보기 / 303

Chapter 1

Human Behavior and Social Environment

인간의 발달과 사회복지

인간행동과 사회환경의 개관

- 인간과 사회환경 간 상호작용 과정과 심리적 토대를 이해한다. 즉, 인간행동에 관한 이해는 정신역동이론을 비롯하여 인지이론, 행동주의이론, 인본주의이론, 사회체계이론 등이 있으며 이에 대한 이해를 높인다.
- 인간행동과 사회환경에 관한 통합적인 이해를 기초로 하여 생애주기별 발달에 대해 이해한다.
- 인간행동은 그 자체로 이해되는 것보다는 인간을 둘러싼 사회환경으로서 가족, 집단, 조직, 지역사회, 문화 등에 관한 이해를 바탕으로 이루어지는 것이 바람직하다.

1. 인간행동과 인간발달

1) 인간발달의 개념과 원리

(1) 인간발달의 개념

인간의 발달이란 시간에 따라 신체구조, 심리 및 정서적 사고, 행동의 변화가 성숙하는 것으로 인간의 발달은 생물학적 요인과 환경적 요인의 상호작용에 의해 주도되게 된다고 할 수 있다. 이때 신체적 체계, 자아체계, 사회체계의 상호작용의 결과가 관련되며 그에 따른 심리적 발전을 이루게 된다.

(2) 인간발달의 특징 이해

① 인간의 발달에는 개인차가 있으며 일정한 방향에 의한 발달의 방향을 예측할 수는 있으나 연령이 증가하면 개인차에 의하여 예측이 어렵다.

② 유전에 따른 인간의 성숙은 사회와 환경과 상호작용하여 발달하며, 인간의

발전은 학자마다 다르나 노년기까지 연속적인 과정으로 발달하는 것으로 본다.

③ 인간 성장의 개념은 신체적 성장의 개념을 중심으로 하여 분화와 통합을 거쳐 일정한 순서와 방향성이 있는 특징이 있다.

④ 인간의 발달은 개인마다 결정적인 최적의 시기가 있으며 에릭슨에 의하면 점성원리를 통하여 발달한다.

⑤ 인간의 발달은 통합적이며 지적 · 정서적 · 사회적 · 신체적 측면이 조화를 이루게 되므로 전체로서 이해되어야 한다.

(3) 인간발달 관련 용어

① 인간의 발달 : 인간의 발달은 일생에 걸쳐 점진적으로 일어나는 체계적인 변화이다.

② 인간의 성장 : 인간의 성장은 신체의 양적 확대, 신체적 변화에 국한하여 설명할 수 있다.

③ 인간의 성숙 : 인간의 성숙이란 유전적 기제의 작용에 의해 나타나는 체계적 생물학적 과정으로 설명할 수 있다.

④ 인간의 학습 : 인간의 학습이란 경험, 훈련과 같은 연습의 결과에 의한 인간의 개인내적인 변화이다.

2) 사회환경을 통해 인간발달을 보는 관점

인간의 발달은 시간에 따라 일어나는 신체의 구조, 심리 및 사고, 행동의 변화, 생물학적 요인과 사회 및 환경적 요인의 상호작용에 의해 일어나게 된다. 특정한 상황에 한 인간의 행동을 결정하는 것에는 '육체적 체계, 자아체계, 사회적 체계의 상호작용의 결과'가 작용하는 것이다.

3) 인간발달의 원리 이해

(1) 인간의 발달에는 일정한 방향이 있다.
(2) 인간의 발달은 연속적인 과정이긴 하지만 발달의 속도는 차이가 있으며 일정하지 않다.
(3) 인간의 발달은 유전과 환경의 상호작용에 의하여 영향을 받으며 이루어진다.
(4) 인간의 발달은 개인차가 존재하므로 발달의 개념은 점성적 원리를 따른다.
(5) 즉, 특정단계에서의 발달은 '이전단계의 발달과업 성취 정도'에 기초하여 이루어지게 되며 그 발달에는 결정적인 시기가 있다.

4) 인간 발달단계의 개관

(1) 영유아기(0~6세)

발달적 특징으로 보행학습, 고형 음식의 섭취, 언어학습, 배설통제, 성차의 인식, 생리적 안정유지 및 환경에 대한 개념 형성, 타인과의 정서적 관계형성 학습, 심리적 차원에서의 양심의 발달 등의 기초적인 부분이 일어나는 시기이다.

(2) 아동기(7~12세)

인간발달에 있어서 아동기는 놀이에 필요한 신체기술을 학습하게 되고, 자신에 대한 건전한 태도를 형성하며, 또래친구를 사귀는 학습을 하게 된다. 뿐만 아니라 성역할을 학습하고, 기본 학습기술의 습득과 함께 일상생활에 필요한 개념을 학습하게 된다. 그 밖에도 양심, 도덕, 가치체계의 발달, 사회집단과 제도에 대한 태도가 발달하게 된다.

(3) 청소년기(13~18세)

청소년기는 사춘기를 통하여 자아정체감 확립의 과제를 가지고 있으며 이를 통하여 자신의 신체 및 성역할 수용, 동성 또는 이성친구와의 새로운 관계형성, 부모와 다른 성인으로부터 정서적인 독립을 하는 시기이다. 학습적으로는 과학적 세계관에 근거한 가치체계의 발달을 통하여 성장하게 된다.

(4) 성년기(19~24세)

성년기에는 결혼에 대한 과업과 직업의 선택 및 발전을 이루는 시기이다. 뿐만 아니라 가족의 새로운 형성을 통해 원가족과의 관계 재정립이 필요하다.

(5) 중년기(25~65세)

이 시기는 비교적 장시간으로 장년기를 포함하는 25~65세이며 이 시기에는 자신과 남을 위해 창조적으로 사는 방법을 학습하는 시기로 보았다. 한편 생에서 가장 생산적인 시기이기도 하다. 융은 40세를 인간의 개성이 발휘되며 창조적인 에너지 형성이 가능한 시기라고 보았다. 이 시기는 젊은 시절의 비전과 현재 이루어 놓은 것과의 불일치로 고통스런 경험을 하는 시기이기도 하다. 한편 생에서 가장 생산적인 시기로 에릭슨은 "생산성"의 위기로 침체가 올 수 있다고 하였다. 그는 생산성을 직업, 가족, 여가활동 등을 통하여 창조적인 감각을 확산시키는 시기로 보았다.

(6) 노년기(65세에서 사망기 전까지)

노년기는 인간의 발달단계상 마지막 부분으로 65세에서 사망기 전까지의 시기를 노년기로 보았으며 이 시기는 자아통합을 위하여 중요한 시기로 보았다. 이 시기의 위기는 "자아통합 대 절망감"(integrity versus despair)이다. 자아통합을 얻은 사람은 자신의 삶의 대해 일평생 잘 살았다는 느낌을 받게 된다. 그들은 생산적이고 가치 있게 살았으며 성공뿐만 아니라 실패에도 잘 대처해 왔음을 느낀다. 또한 삶을 통해 자신이 해놓은 일에서 만족감을 얻으며 죽음도 삶의 한 과정으로 생각하여 현재의 삶에서 의미를 발견하게 된다.

그러나 자아통합을 얻는 데 실패하면 절망감, 좌절감, 죄의식, 후회, 자기 경멸 등의 감정을 가질 수 있게 되며 삶을 낭비했다는 인식은 절망감을 갖게 한다.

2. 인간과 생태체계

1) 환경 속의 인간

현대사회에서 환경 속의 인간(person in environment)은 보편화된 개념이며 인간은 환경 속에서 인간의 적응적 적합성을 지니며 성장하는데, 인간과 가족과 사회는 매우 밀접하게 상호 영향을 받으며 성장한다. 이를 위해서는 다양한 역할과 기능이 유기적인 모습으로 적응적 적합성을 지녀야 하는데, 이러한 관계성을 조화롭게 하는 것이 중요하다.

사회과학적 차원에서 환경 속의 인간이라는 개념은 인간과 환경과의 관계를 설명하기 위하여 인간의 욕구와 문제점들이 환경과의 상호 교류에 의하여 발생하고 있다고 보면서 인간과 사회의 변화와 적응을 중요하게 보는 관점을 중요시하고 있다. 환경 속에서 성장하면서 인간은 다양한 문화를 경험하게 되며 이것은 다시 인간의 심리적, 사회적, 문화적인 요인에 영향을 주게 된다. 따라서 환경 속의 인간이라는 개념은 인간이 자신이 속한 환경 속에서 얼마나 조화를 이룰 수 있는가 하는 관점으로 환경과 함께 개입하는 추세이다.

2) 인간과 생태학적 교류

(1) 상호 교류(tansaction)

생태학적 관점에서 볼 때 상호 교류란 개인과 환경이 상호 영향을 미치면서 개인과 환경이 조화를 이루는 것이다. 즉, 개인과 환경 사이의 상호교환은 개인-환경 내에서 변화를 일으킬 수 있으며 '개인과 사회'라는 상호작용은 내적인 힘을 가지게 하는 효과로 축적된다.

(2) 생태학적 관점(Ecological Perspective)의 개입

생태학(Ecology)의 개념은 생물 혹은 유기체가 환경과 어떻게 상호작용하는지에 대한 관점으로 인간과 생태학 상호 간의 적응과 이를 위한 변화를 중심으로 설명하고자 하는 이론이다. 이는 인간의 적응적 적합성과 환경 속의 인간의 개념을 강조하고 있으므로 가정 내에서 이러한 기본이 길러진다는 생각을 가지고 있기도 하다. 따라서 사회과학적 차원에서 생태학은 인간과 환경과의 관계를 설명하기 위하여 인간의 욕구와 문제점들이 환경과의 상호 교류에 의하여 발생하고 있다고 보면서 인간과 사회의 변화와 적응이 심리적, 사회적, 문화적인 요인에 반영되고 있다고 본다. 따라서 생태학적 관점에서의 가정은 인간의 발달을 도모하는 집단의 기초를 이루면서 인간이 자신이 속한 환경 속에서 얼마나 조화를 이룰 수 있는가 하는 관점에서 평가할 수 있다.

(3) 브론펜 브루너(Bronfenbrenner)의 인간발달에 대한 생태학적 관점의 전제

생태체계이론의 핵심개념은 유기체가 환경과 적응적 균형을 이루는 과정에서 체계 간의 에너지 흐름을 강조하면서 순환적이며 적응적인 관점을 가지고 있다. 이러한 생태체계이론은 생활모델의 실천에 이론적 기초가 된다.

① 개인

개인은 단순히 환경의 영향을 받는 존재가 아니라 환경을 재구성하면서 영향을 주고받으며 성장하는 역동적 존재이다.

② 환경

생태학적인 관점에서 환경은 상호조절 과정을 통하여 상호 영향력을 주고받으므로 개인과 환경 간의 상호작용은 상호 호혜성의 특징을 지니고 있다.

③ 환경 속의 인간

생태학적 환경의 개념은 개인이 참여하는 것뿐 아니라 개인이 직접 참여하지 않는 맥락으로 개인이 직접적으로 속해 있지 않은 거시적인 외부환경으로부터의 영향도 상호관계에 포함이 된다. 따라서 생태학적 관점은 '환경 속의 인간'이라는 총체적 인간관을 견지하고 있다. 이에 따라 다음과 같은 개념이 중시된다.

④ 적응적 적합성 및 유능성

㉮ **적응성**(adaptation)

생태학적 관점에서는 인간이 환경에 대한 적응적 수준을 유지하고 높이고자 하는 노력은 변화지향적인 과정이며, 이것은 인간의 인지적, 감각적, 지각적, 행동적 과정으로 환경에 적응하고 환경을 지배하고자 하는 노력에서 비롯된다. 따라서 이에 대하여 환경에 대한 적응성은 인간이 환경의 변화에 적응하면서 환경이 자신의 욕구에 적합하도록 변화시키는 과정을 동시에 포함한다고 보는 개념이다.

㉯ **적합성**(goodness of fit)

생태학적 관점은 개인의 적응적 욕구와 환경의 질이 어느 정도 부합하는가와 관련된 개념이며 인간과 환경 간의 상호 교류를 통하여 개인이 영향을 받으며 성장하는 연결적인 과정을 중시한다.

㉰ **유능성**(competence)

유능성이란 개인이 환경과 효과적으로 상호작용할 수 있는 능력이며 이러한 개념은 생태학적 이론에서 유능성의 발달이 인간발달의 필수적인 요소로 간주되어 환경과 성공적인 상호작용을 경험하는데서 인간의 성장과 발달이 가능하다고 본다.

㉱ **상호 교류**(tansaction)

생태학적 관점에서의 상호 교류란 개인과 환경이 상호 영향을 미치면서 개인과 환경이 조화를 이루는 것이다. 즉, 개인과 환경 사이의 상호교환은 개인-환경 내에서 변화를 일으킬 수 있으며 '개인과 환경'이라는 상호작용적이고 축적적인 효과를 나타나는 것을 포함하고 있다. 그러므로 상호 교류는 개인과 환경이 상호 간에 영향을 미치고 있는 상호작용을 중요하게 본다.

(4) 생태체계적 관점을 통한 관점의 전환

체계이론과 생태학이론을 통합하고 상호 보완하는 개념으로 체계이론에서의 체계들의 조직화, 에너지의 교류, 상호 연계성 등의 개념을 취하고 있는 생태체계학이론에서는, 적응과 같은 체계와 환경과의 구체적인 상호 교류 현상을 이론을 통하여 설명하고자 한다. 이를 통한 관점의 전환은 다음과 같다.

① 관점의 전환

생태체계학적 관점의 도입은 과거 인간이 처하는 문제나 과제가 유전적, 정신적, 환경적 요소에 의하여 결정된다고 보았던 결정주의적 관점의 성향이나 혹은 인간 내부나 무의식에 치우쳐 해석하던 단선적인 관점의 진단적 모델과 비교할 때, 현대 체계론적인 입장에서는 인간과 환경을 포괄하여 설명하고자 한다. 즉, 인간의 발전과 성장이 생활주기의 반영과 함께 환경과의 지속적인 상호작용으로 이루어진다는 견해를 통해 새로운 관점을 제공하였다.

② 순환적 인과론의 제공

다양한 순환적 인과론을 통하여 다각적인 방법으로 당면한 문제를 해결하고자 하며 해결 가능성을 기존의 직선적 인과론(linear causality)에서 벗어나 여러 원인을 함께 고려하는 순환적 인과론(circular causality)을 지향하게 되어 인간의 행동을 보다 통합적으로 상호작용의 관점에서 바라볼 수 있게 되었다.

(5) 인간과 환경의 통합적 관점의 지향

인간과 환경의 통합적 관점의 지향으로 개인과 사회체계 사이의 새로운 관계를 구축하여 기존의 관점에서 구분하던 개인 및 환경을 다양한 각도에서 개입할 수 있는 이론적 기반을 구축하였다. 이를 통하여 인간과 환경의 복합체에 대한 다중적 초점을 유지할 수 있게 된 것에 의의가 있다.

첫째, 인간은 환경에 대하여 적응적으로 기능하는 선천적 능력을 가지고 태어나는 것을 전제로 하며 이러한 이론은 현대시대의 [강점관점]에 영향을 주었다.

둘째, 자아는 개인의 내적 욕구뿐 아니라 사회적 존재로서의 환경에 대한 외부세계 간의 통제 및 자율적 능력을 가진 존재로 인간을 이해하기 위해서는 내적 요소와 외적 요소가 모두 고려되어야 한다.

셋째, 자아는 개인이 환경에 성공적으로 적응하기 위하여 연속적인 인간의 발달단계를 통하여 성장하게 된다.

넷째, 자아의 발달은 환경적 조건과 자원들 간의 적합성 등 [다양한 관점]에서 검토되는 것이 바람직하다.

① 생태체계적 관점과 가족문화와 가족건강

기존의 인간의 심리를 다루는 관점은 인간 내부나 무의식에 치우쳐 해석하던 단선적인 관점의 진단적 모델이었다. 그러나 현대 체계론적 입장에서는 인간과 환경을 통하여 인간의 발전과 성장이 가족의 생활주기의 반영과 함께 환경과 다양한 체계와의 지속적인 상호작용으로 이루어진다는 관점이 보다 설득력있게 되었다.

② 순환적 인과론의 제공

다양한 순환적 인과론은 기존의 직선적 인과론(linear causality)에서 벗어나 순환적 인과론(circular causality)을 지향한다. 이러한 순환적 인과론적 차원에서 설명할 때 가족, 사회와 문화를 포함한 환경이 인간의 삶에서 다양한 기능을 하며 영향을 미치고 있다. 이에 발생하는 순기능과 역기능이 있으며 현대인에게는 스트레스에 대한 대응 및 관점도 중요시되고 있다.

3) 현대인과 스트레스(stress)와 대처(coping)

(1) 스트레스

스트레스의 개념은 개인과 환경의 상호 교류 과정에서 스트레스가 발생될 수 있음을 뜻한다. 즉, 인간이 경험하는 스트레스란 주어진 삶 속에서 사회의 요구에 대한 개인의 지각 간의 요구 불균형이 인간에게 스트레스를 발생시킬 수 있다. 그러나 문화의 가장 중요한 기능으로는 인간의 스트레스를 완화하고 문화를 접하는 경험은 재충전을 통하여 스트레스를 이겨낼 힘을 줄 뿐만 아니라 정서 속에 내재되어 다양한 동기부여 등의 간접 경험을 제공하여 다시 삶 속에서 영향을 주어 개인의 성장과 발전을 도모하게 된다. 인간의 성장에는 항상 수많은 도전과제가 있기 마련이다.

(2) 대처

대처란 인간이 환경을 극복하기 위하여 어려움에 부딪혔을 때 해결해 나가는 방법이나 과정을 의미한다. 이에 개인은 대처과정을 통하여 동기, 자존감 회복, 정신적 안정, 문제해결 능력, 자율성 등 내적 자원 및 가족과 사회적 관계, 자원의 동원 등 외적 자원을 활용할 수 있는 능력을 함양하게 된다.

4) 인간과 환경의 통합적 관점의 지향

인간과 환경과 문화 간의 활발한 교류는 다양한 가치관을 통해 인간의 성장을 돕는다. 이러한 관점에는 환경 속의 인간의 개념이 자리하고 있으며, 가족과 개인을 고려하여 볼 때 다음과 같은 기본전제를 생각해볼 수 있다.

첫째, 개인은 환경에 성공적으로 적응하기 위하여 연속적인 인간의 발달단계를 통하여 형성된다.

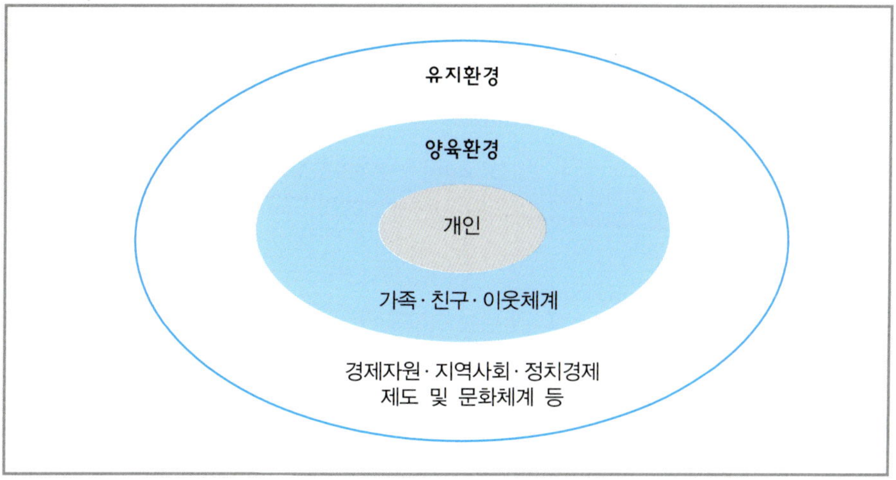

출처 : Norton, D.(1978). *The Dual Perspective*. N. Y. CSWE.

[그림 1-1] 인간과 환경의 관계

둘째, 인간관계의 발달은 환경적 조건과 자원들 간의 적합성 등 다양한 관점에서 검토되는 것이 바람직하다.

셋째, 올바른 관계는 체계의 건강성에 영향을 주며 사회나 조직 내에서 개인이 건강하게 기능하는 것에도 영향을 미치게 된다.

Chapter 2

Human Behavior and Social Environment

인간발달심리와 주요학자의 이론

1. 프로이드의 정신분석적 결정적 사고 이론

1) 정신분석이론의 개요

프로이드

1873년, 빈 의과대학에 재학했던 지기스문트(Sigismund)는 이름을 지그문트(Sigmund)로 바꾸고 활동하게 된다. 프로이드(Freud)는 1856년 5월 6일, 오스트리아의 소도시 프라이베르크에서 태어났는데, 유대계 사업가인 아버지는 40세에 20세의 젊은 여성과 재혼해 7명의 자녀를 두었으며 그 중 맏이가 프로이드였다. 프로이드 일가는 이후 오스트리아 빈으로 이주했고, 5세부터 70년 넘게 프로이드는 빈에 살았다.

이후 프로이드는 장 마르탱 샤르코(1825–1893)의 강의를 듣고 샤르코의 치료법을 수용하면서 이후 신경질환 전문의로 개업하였고 신경질환 전문의 요제프 브로이어(1842–1925)와 『히스테리 연구』(1895)라는 공저를 썼으나 성(性)을 히스테리의 중요한 원인으로 보지는 않았던 브로이어와 결별 후 1896년 자신의 이론을 '정신분석'으로 명명하게 되었다.

프로이드는 행동을 유발하는 동기를 설명하는데 있어서 무의식 안의 '성적충동과 공격적인 충동'이 심리사회적 행동에 미치는 영향에 초점을 두고 있으며 인간의 무의식과 의식의 지형학적 구조와 함께 딸인 안나 프로이드의 인간의 방어기제 등을 통해 인간의 무의식 및 의식에 대하여 설명하고자 했다.

2) 주요 개념-프로이드의 성격의 구조

(1) 리비도 : 프로이드의 잠재의식의 설명으로 인간의 무의식으로 심리적 혹은 생리적 의미에서의 성적 에너지를 의미한다.

(2) **원초아** : 원초아란 태어날 때부터 갖게 되는 완전한 무의식의 수준이며, 본능과 충동의 원천으로서 마음의 에너지 저장고라고 할 수 있다. 프로이드의 무의식은 인간에게 존재하는 본능적 충동을 자극하는 정신체계로 성적인 본능과 공격성을 이야기하고 있다.

(3) **자아** : 자아는 이성과 분별력을 뜻하면서 의식과 무의식을 조정하는 조절기제로 작용하게 된다. 원초아는 충족되지 못하는 현실세계에 적응하는 과정에서 생겨나는 것이며 상대적으로 조직적이면서도 구체적인 정신구조로 간주한다.

(4) **초자아** : 사회적 원칙을 따르고 있으며 도덕성에 가까운 개념으로 본능을 누르고 '해야 한다'라는 의식적인 부분을 관장하게 된다. 어린 시절에 부모로부터 받은 도덕적 교육 및 사회적 금기 등으로 구성되어 외부세계의 대변자로 사회가 요구하는 것에 따르는 특징이 있다. 이는 또한 양심과 자아의 이상으로 이루어진 정신구조의 최고단계를 나타내기도 한다. 그러나 지나친 억누름은 다양한 병리적 현상을 야기할 수 있다.

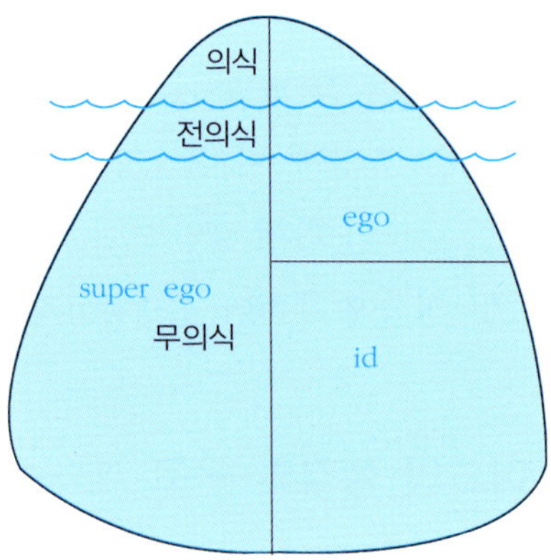

[그림 2-1] 무의식의 지형학적 구조

3) 프로이드의 정신의 구조

(1) 의식 : 인간의 의식은 현재를 느끼거나 알 수 있는 모든 경험과 감각을 의미한다.

(2) 전의식 : 의식과 무의식의 중간과정으로 현재는 의식되지는 않지만 이전에 의식했던 것이 저장된 것으로 주의집중을 통해 의식 될 수 있는 경험체계로 의식과 무의식의 중간지점을 연결하고 있다.

(3) 무의식 : 무의식이 정신내용이나 동기의 대부분을 형성하고 있다고 주장하며 인간행동을 결정하는 주된 원인이라 보았다. 인간의 무의식의 깊은 곳에는 자각하지 못하는 경험과 기억으로 구성된다. 또한 이러한 무의식은 6세 이하의 경험에 의하여 결정된다는 특징이 있다.

4) 프로이드가 본 의식의 구조

프로이드는 임상적 경험에서 충동이 의식에 도달하는 것이 방해받는 것에 주목하여 무의식을 탐구하고 이를 통하여 '최면'과 '꿈의 해석', '빈 의자의 기법' 등을 발달시켰다. 다음의 각각에 대하여 생각해보자.

(1) 최면

원초아는 인간에게 있어서 전적으로 무의식적으로 원초적이며 학습되지 않은 본능과 충동으로 구성된 체계로 인간이 태어날 때부터 가지는 것이고 전적으로 무의식적이라는 특징이 있다. 따라서 최면을 통하여 인간에게 내재된 무의식을 탐색하여 인간에 대한 이해에 접근하고자 하였다.

(2) 꿈의 해석

자아는 인간에게 있어서 원초아뿐만 아니라 초자아도 통제하는 기능을 담당한다. 인간에게 이성과 분별을 하도록 하는 기능을 담당하고 있으며 개인에게 있어서 id가 충족되지 못하는 현실세계에 적응하도록 하는 과정에서 발생한 것으로 간주하게 된다. 따라서 꿈의 해석은 자아의 통제 이면의 무의식으로부터 반영된 표현이 꿈의 형태로 나타난다고 보고 이를 주목하였다.

(3) 빈 의자 기법

초자아는 쾌락보다 이성을 중시하며, 현실보다 이상적인 상황을 강조한다. 양심과 자아 이상이라는 하부적인 체계를 갖는데 양심은 처벌을 통하여, 그리고 자아 이상은 칭찬 등의 긍정적 강화를 통하여 형성되는 특징이 있다. 따라서 초자아는 자아를 컨트롤하며 자아는 또한 초자아의 무의식 상태에서 무의식을 컨트롤하기도 한다. 그러므로 빈 의자 기법은 이러한 초자아와 자아의 방어를 최소화하여 대화할 수 있는 장점이 있어 각종 상담이나 인간의 이해에 활용된다.

5) 인간 성격의 심리 성적 발달

지그문트 프로이드는 정신적 결정론을 주장하면서 인간에게 있어서 무의식의 중요성, 성적 에너지인 리비도를 성격발달의 3가지 기본원칙으로 제시하였다. 이는 이후 제자인 융에 의하여 리비도란 창조성을 가지는 에너지의 저장고로 다시 재해석되게 된다. 프로이드 이론의 특징은 다음과 같다.

(1) 정신적 결정론[1]은 인간의 정신적 활동이 이전의 행동과 사건에 의하여 결정

1) 〈만 5세 이전에 성격의 기초가 만들어진다는 결정론적 사고관〉

- 원초아 : 인간에게 긴장을 해소시키는 두 가지 기제에는 반사행동으로 선천적이고 자동적인 행동과 일차 과정사고로 욕구를 만족시키는 대상의 심상을 기억 속에 만들어내는 것이 있다.
- 자아 : 이차적 사고라고 지칭된다. 이는 생후 1년경에 발달하기 시작하며 생애 초기부터 강하게 원초아를 통제하면서 원초아와는 갈등관계에 놓이게 된다.

된다고 보는 것으로 성인의 시기에 가지는 불안이나 공포는 어린 시절 유사한 환경에서 경험을 통하여 무의식적으로 형성된 것으로 보았다.

(2) 인간의 행동이 의식적 과정이라기보다는 인식할 수 없는 5세 이전의 무의식에 의한 동기로 유발된다고 보았다.

(3) 그 밖에 인간의 본능적인 성적 에너지가 모든 행동과 사고의 동기가 된다고 간주하였다. 이는 오늘날 각종 CF 등에서 찾아볼 수 있으며, 각종 심리사회학적 선택을 통하여 증명되고 있다.

6) 인간의 발달단계에 따른 발달과업

인간의 발달단계에 따른 발달과업은 다음과 같다.

첫째, 인간의 발달단계에서 성취해야 할 과업이 발달과업 또는 발달과제라고 할 수 있다.

둘째, 발달과업(developmental tasks)은 인간의 환경에 대한 지배를 증가시키는 기술과 능력으로 구성되며 이는 사회복지실천에서 다양한 방식으로 적용된다. 이는 신체적, 인지적, 사회적, 정서적 기술의 획득을 반영하는 개념이다.

셋째, 인간의 발달과제는 특정한 사회에서 각 연령에 부합하고 있는 정상적 발달이 어떤 것인지를 정의하게 된다. 즉, 사회는 연령에 따라 다른 행동기대를 가지므로 발달과업은 연령에 따라 혹은 개인에 따라 변한다.

넷째, 각 발달과제를 습득하는데 생물학적으로 민감한 시기(sensitive periods)가 있으며 이에 대하여 인지학적 과정을 중시하는 학자들은 그 시기가 새로운 능력을 배우는 데 성숙에서 가장 준비되어 있는 기간으로 보고 있다.

• 초자아 : 초자아는 외부세계의 대변자로 가장 마지막에 발달하는 부분이라 할 수 있는데 도덕성에 해당하는 부분으로 생각할 수 있다. 이는 아이가 부모의 사회적 가치와 이상을 동일시함으로써 발달하게 된다. 또한 부모로부터 받은 이전의 도덕적 교육 및 사회적 도덕률, 금기 등으로 구성되어 외부세계의 대변자로 사회가 요구하는 것에 따르게 되는 성격을 갖는다.

7) 프로이드에 따른 인간 발달단계의 구분

프로이드는 인생의 전반기에 인간에게 있어 중요한 성격이 결정된다고 보았으며 이를 다음과 같이 구분하여 제시하였다.

	기 간	리비도의 신체 부위	특징 및 유의점
구강기	출생~1세	구강	구강기에 충족되지 못한 욕구는 성인기에 영향을 미치는데, 의존적이며, 돌봄과 보살핌에 대한 강한 갈망을 경험하기 쉽다. 혹은 낙천적, 의존적, 미성숙, 의타심, 논쟁적 등의 성향을 가지기도 한다.
항문기	1~3세	항문	배변훈련이 시작되면서 적절한 배변의 보류와 방출 시점에서 적절한 장소에서 배설하도록 요구를 받게 된다. 항문기에 고착되며 자립, 자부, 자존, 좌절감, 분노, 냉정, 심한 청결상태, 잔인, 파괴, 난폭 및 인색한 성인으로 성장할 가능성이 있다.
남근기	3~6세	성기	오이디푸스 콤플렉스는 남자아이가 어머니의 사랑을 갈망하고 아버지를 싫어하는 경향으로 인한 거세불안을 느끼기 쉽다. 엘렉트라 콤플렉스는 여자아이가 아버지를 좋아하고 어머니를 싫어하는 경향과 남근 선망증을 가질 수 있다는 이론이다.
잠복기	6~12, 3세	잠복	지적인 활동, 운동, 친구와의 우정 등에 집중하는 시기이다. 과도한 성적 억압은 수치심, 도덕적 반동 형성, 혐오감에 빠질 수 있어 주의가 필요한 시기이다.
생식기	사춘기~ 성인기 이전	생식기	지나친 쾌락의 추구는 공격성, 야수성, 범죄행동을 야기시킬 수 있으며, 그와 반대로 자아가 너무 표면화되면 불안이 심화되어 금욕주의 혹은 지성화의 경향이 나타날 수 있다.

프로이드는 심리학에 있어서 성과 공격성이라는 화두를 던짐으로써 심리학에 많은 파장을 일으키고 인간의 무의식의 중요성을 일깨운 학자로 남았다. 그럼에도 인간의 동기의 원동력을 성적 에너지에 국한하고 인간의 자유의지를 간과하며 여성에 대한 편견으로 많은 비판을 받기도 하였다. 그러나 프로이드가 현실세계에 미친 영향력은 실로 큰 것이었다.

2. 안나 프로이드의 방어기제

1) 안나 프로이드의 방어기제

안나 프로이드(Anna Freud)는 프로이드의 딸이자 정신분석에 근거를 둔 심리학자로 현실적으로 다룰 수 없는 인간의 불안 및 갈등으로부터 스스로를 보호하기 위한 무의식적 심리기제를 다루었다는 업적을 남겼다. 그녀는 방어기제를 모든 인간이 지닌 정상적 범주로 보면서도 지나친 경우 병리적 상태로 진단할 수 있다고 보았다. 안나 프로이드는 인간에게 방어기제는 누구에게나 있을 수 있으며 보다 성숙한 자아의 성장과정에서 나타날 수 있다고 보았다.

안나 프로이드

(1) 불안

불안은 인간의 심리 내적인 갈등과 잠재적인 성적 긴장에서 비롯되어 발생하는 것으로 보았으며 이는 원초아로부터 발생하는 불안을 통하여 설명하고자 하였다.

(2) 자아방어기제

방어기제란 자아가 불안에 대처하기 위하여 작용하며 무의식의 수준에서 현실에 대한 부정과 왜곡의 현상으로 발생한다고 보았다.

2) 방어기제

(1) 부정

부정의 현상은 고통스런 현실을 직시하는 것에 대한 두려움으로 이를 무의식적으로 거부하는 기제를 의미한다. 이러한 기제는 의미있는 사람의 죽음을 인정하지 않고 어디엔가 살아있다고 믿는 믿음으로 배우자나 부모의 죽음에도 불구하고 현실을 인정하지 않고 무의식적으로 이것을 부정하는 현상으로 나타나게 된다.

(2) 합리화

합리화의 기제는 정당화시킬 수 있는 그럴 듯한 이유로 무의식적으로 정당한 사유를 통해 스스로 위안을 삼는 것으로 수많은 핑계가 이에 해당하며 이것은 거짓말과는 구별되며 사유를 통해 이유를 찾는 것을 뜻한다. 흔히 지각에 대한 합리화 등이 있을 수 있다.

(3) 투사

투사란 자신의 모습을 타인에게 전가시키고자 하는 감정의 반응을 말한다. 즉, 자신의 모습에 대한 인정보다는 욕구, 충동, 감정을 타인에게 전가하고 투사한 감정을 통해 책임을 전가하는 현상으로 시험을 못보고 다른 수많은 탓을 전가하는 경우에 해당한다. 또는 다른 사람을 미워하는 이유가 자신에게 있는 모습이기도 하다.

(4) 억압

억압이란 사회적으로 허용되지 않을 시에 충동으로 인해 야기되는 불안이나 죄의식이 자아가 감당할 수 없을 경우 자아를 보호하기 위해 충동을 무의식으로 억제하는 경우 나타나는 것으로 지키기 싫은 약속의 망각이나 시간의 알람을 못 듣거나 하는 경우 등이다.

(5) 정서적 고립

정서적 고립이란 약한 자아가 감당하기 어려울 정도의 정서적 고통을 수반하는 경우에 감정을 의식으로부터 제거하고 분리시키는 것을 뜻한다. 고통스러움을 감당하기 어렵기 때문에, 따라서 그 감정을 자신으로부터 분리시키고자 하여 분리를 통하여 자신을 보호하는 것이다.

(6) 지성화

지성화란 감정을 분리시키고 대신 추상적, 이론적으로 혹은 지성과 이성을 통하여 감정의 기복 없이 사고하려는 태도를 취하여 자신을 보호하는 기제이다. 이것은 지적 수준이 높은 클라이언트에게서 많이 발견되는 것이다.

(7) 퇴행

퇴행이란 흔한 예로 동생을 둔 5세 아이가 부모의 애정을 동생에게 빼앗긴다는 두려움에서 부모의 애정과 관심을 끌기 위하여 동생처럼 혹은 아기처럼 행동하는 것을 뜻하며 데이트 중 어린 소리를 내는 경우도 퇴행의 한 형태로 상대방으로부터 애정과 보호를 받고 싶은 심리에서 발생하는 현상이다.

(8) 반동형성

반동형성이란 충동들이 심하게 억압된 사람들이 약한 자아로는 표출하기 어려운 상황에서 미운 사람 떡 하나 더 주는 마음으로 충동과는 정반대로 행동하는 경우를 의미하는 것이다.

(9) 전치

전치란 이루어질 수 없는 친척의 사랑과 같이 사회적으로 용인되지 않은 본능적 충동의 본래 대상으로부터 그보다 덜 위험한 대상물로 감정을 옮기는 것을 예로 들 수 있으며 대상과 닮은 사람을 선호하는 등의 현상을 말한다.

(10) 환상

환상이란 현실 속에서 성취될 수 없는 상황에 대한 성취로 갈등을 회피하고 고통을 만족으로 대치하기 위해 자폐적인 태도로 환상에 빠지는 방법을 뜻한다. 상상 속에서 현실을 대신하여 자신의 욕구를 충족하는 정신병리적 현상도 일종의 자아를 보호하기 위한 현상이다.

(11) 승화

승화란 자신의 약점이나 결점을 왜곡하지 않고 극복하여 보다 상위의 성취를 이루어내는 것으로 방어기제 중 가장 성숙한 기제라고 할 수 있다.

이러한 방어기제는 실제로는 훨씬 더 많으며 세분화될 수 있다. 그러나 이러한 현상을 병리적으로 이해하는 것은 바람직하지 않지만 너무 많은 방어기제를 너무 자주, 오랜 기간 동안 사용하는 것은 병리적인 현상이다. 그리고 정상적인 범주에 있더라도 두려움과 불안이 너무 큰 경우에 사람들이 지나치게 방어기제에 의존하는 경향이 있다. 따라서 인간의 발달단계에서의 고착 등에 대한 관찰이 필요하며 현실 속에서의 전이현상에 대한 분석이 필요하다.

3. 카를 융의 분석심리학

카를 융

카를 융(Carl Gustav Jung)은 프로이드의 『꿈의 해석』이라는 책을 읽고 큰 공감을 하며 프로이드와 함께 당시의 심리학을 이끈 학자이다. 프로이드와의 만남의 시기에 융은 이미 정신의학 분야에서의 입지가 있었고 프로이드와 교류를 하기도 했으나 이후 프로이드와 학문적으로 결별하였고 성적 에너지보다는 리비도를 풍성한 영적이면서 창조적인 무의식의 세계의 에너지로 해석하면서 심리학을 통하여 이를 전수하였다.

1) 무의식의 재해석

인간의 무의식을 창조적 동기의 관점에서 바라본 융은 인간의 무의식의 영역을 긍정적이고 창의적으로 바라보았으며 발달의 연속선상에서 바라보았다. 융은 특히 다양한 심리적 지식을 바탕으로 개인의 특성을 이해하고 발휘할 수 있는 심리검사로 MBTI를 창시한 학자로 유명하며 인간내면의 창조적 에너지를 끌어올리기 위해 노력하였다. MBTI는 인간을 다양한 특성과 개성을 가진 개체로 보아 인간이 획일적이지 않은 다양한 고유의 성격을 가진 존재라는 것을 통해서 자신과 상대방을 이해할 수 있게 하였다.

2) 무의식의 구성

융은 무의식이 개인무의식과 집단무의식의 두 부분으로 구성되었다고 보았다. 개인의 감각, 경험의 체험들이 개인무의식에 저장되면 개인무의식에 하나의 공통된 주제와 관련된 정서, 기억, 사고가 집합을 이루는 무의식의 관념 덩어리로 콤플렉스가 형성된다고 보았다. 한편 집단무의식의 구조적 요소는 인간의 근원적 행동조건으로써의 원형이다. 원형들은 집단무의식 속에서 물려받은 정신적 요소로 보았으며 그 위에 소위 말하는 사회적 가면에 해당하는 페르소나, 아니마와 아니무스, 그림자, 자기(self)가 서로 결합하여 복합적으로 형성되기도 한다.

3) 자아(self)의 재해석

융은 자아가 전체적인 인격의 핵심이라 보면서 자아를 통하여 자기를 성찰하고 인식하는 과정을 강조하면서 개인의 전체성을 회복하고 자기를 실현해 가는 과정을 강조하였다. 주요 개념인 인간관으로는 미래지향적, 전체성, 성장지향적, 가변적 성향을 중심으로 개성화, 아니마와 아니무스의 이해, 리비도, 심리유형 등 인간의 특성에 대한 중요한 연구들을 하였고 이는 현대사회의 전체성을 지향하는 게슈

탈트 치료 등에 영향을 미치고 있다.

융의 자기의 개념은 인간의 마음이 가장 완전한 인격의 통일을 달성한 상태로 의식과 무의식을 포함하는 전 인격의 중심이며 인간 정신 전체의 조화와 통일을 보장해주는 통합원리를 지향하였다. 즉, 충분히 발달된 여러 가지 체계 전반에 걸쳐 다양한 에너지가 조화를 이루는 상태를 이상적으로 보았다.

(1) 주요 개념

① 정신 : 융은 인간의 정신을 생리적 충동에 예속되지 않은 독자적이면서도 실체인 생활 에너지로 보았다.

② 리비도 : 융은 프로이드의 리비도 개념에서 확장하여 사회적, 문화적, 창조적인 모든 형태의 활동에 에너지를 포괄하는 생명력을 의미한다고 보았다.

③ 콤플렉스 : 인간의 특수한 종류의 감정으로 감정, 사고, 지각, 기억 등으로 이루어진 무의식 속에 있는 관념으로 보았다.

④ 원형 : 표상이 불가능한 태초로부터의 무의식적이고 선험적인 이미지를 의미하는데 출산, 죽음, 권력, 영웅, 신, 나무, 태양, 달, 바람, 강 같은 무수한 잠재적 이미지의 원형이 인간의 내면의 무의식에 존재한다고 보았다.

⑤ 자아 : 의식의 개성화 과정에서 생기며 이러한 개성화는 개인의 의식이 다른 사람으로부터 분리되는 과정이며 자아를 실현하는 과정에서 중요하게 기능하는 것으로 보았다.

⑥ 페르소나 : 환경의 요구에 조화를 이루려는 적응적인 모습으로 자아의 가면, 개인이 외부세계에 보여주는 이미지, 즉 개인이 사회적 요구에 대한 반응으로 설명하였다.

⑦ 아니마와 아니무스 : 양성론적 입장이론에서 인간은 본질적으로 양성성을 가지고 태어난다는 것으로 아니마는 무의식 속에 존재하는 남자의 여성성이며 아니무스는 여자의 남성성으로 중년 이후 이러한 성격이 표출될 수

있다.

⑧ 음영 : 쉐도우라고도 하는데 인간의 양면성으로 긍정적인 면과 부정적인 면의 반영이며 밝은 이면의 어두운 면을 설명하고자 하였다.

⑨ 자기 : 융이 본 자기는 중심성, 전체성, 의미를 무의식적으로 통합하고자 하는 원형으로 인간의 마음이 완전한 인격의 통일을 달성한 상태를 뜻한다. 융은 의식과 무의식을 포함하는 전 인격의 중심 및 인간 정신 전체에 대하여 조화와 통일을 보장해주는 통합원리를 지향하였다.

⑩ 집단무의식 : 융의 집단무의식은 원시적 집단이 가지는 역사와 문화, 종교 및 신화 등을 통하여 전승되고 공유되어온 종족의 경험 및 생각과 관련된 원시적 감정이나, 공포감, 토템적인 사고 등을 포함하는 무의식이다.

프로이드의 이론과 융의 이론을 비교하면 당대에 활동하던 두 학자는 무의식의 중요성을 강조하였다는 점에서 공통점이 있으나 차이점으로는 융은 프로이드와 달리 성의 역할을 담당하는 무의식이 아니라 리비도를 창조적인 정신적 에너지로 보았다. 따라서 자아의 현재의 역동적 양상에 초점을 두므로 치료자는 적극적 역할을 담당하며 따라서 단순히 무의식이나 자유연상기법에서 더 나아가 MBTI, 단어연상 검사, 생애사 구성기법, 전이 분석, 꿈의 분석 등을 치료에 활용하였다. 또한 중년기 이후의 생산적 에너지를 중요시하였다.

특히 융의 MBTI는 오늘날 인간을 다루는 많은 상담의 영역에서 자신을 이해하는데 효과적으로 활용되고 있으며 인간이 성인기와 노년기에도 지속적으로 미래의 목표와 열망에 대하여 창조적으로 이해하고 준비하고 대처하는 것에 기여하였다.

4. 아들러의 개인심리학

아들러(Adler) 이론의 인간관은 미래지향적이며 사회성에 대한 지향의 특징을 가

아들러

지고 있다. 또한 발전적 차원에서 창조적이며 열등감과 보상이라는 인간행동의 동기를 이해하는 것이 중요하며 이에 따라 우월을 향한 노력은 자아의 창조적 힘에 의해 발현되어 인간발달의 원동력이 된다고 하였다. 아들러는 정신과 의사로 청소년의 발달이나 정신분열의 원인 및 치료에 대한 관심이 있었다.

아들러는 사회적 관심을 심리적 건강의 척도로 보았고 이에 따라 인간의 생활양식이 결정된다고 보았는데 이를 통하여 인간은 지배형, 획득형, 의존형, 사회적 유용형으로 나타날 수 있다고 하였다. 아들러는 인간발달의 생활양식을 저해하는 요인으로 신체허약, 가족을 통한 응석받이, 학대나 방임 등을 언급하면서 가족환경이 그 사람의 생활양식에 지배적 역할을 하게 된다. 아들러는 청소년의 건전한 발달을 위한 많은 연구를 하였으며 이를 위하여 사회적 유용성과 바람직한 생활양식을 발달시킬 것을 권유하고 있다. 아들러는 프로이드의 영향을 받았으나 이후 독자적인 학문의 영역을 수립하여 개인심리학의 학문적 기틀을 정립한 학자이다. 아들러의 학문적인 특성과 전제로는 인간을 통일되고 자아가 일치된 유기체로 바라보는 관점을 견지한다는 것이다.

한편 인간을 결정론적 존재가 아닌 역동적인 존재로서 인간은 개인적으로 중요한 인생의 목표를 향하여 전진한다는 특징을 전제로 하고 있다. 그러므로 개인이 창조적인 힘을 가지고 자기 삶을 결정할 수 있으며 모든 사람은 상호작용하고 사회적 관계를 맺을 수 있는 선천적인 능력을 타고났다고 보았다. 그리고 개인이 자신을 어떻게 지각하느냐에 의하여 생활의 행동양식이 결정된다고 보았다. 따라서 사회적으로 유용함을 지향하며 청소년의 개입에 많은 기여를 하였던 아들러의 주요 개념의 특징을 간단히 설명하면 다음과 같다.

1) 우월을 지향하는 노력과 사회적 관심

아들러는 인간발달의 원동력을 우월성을 지향하는 열등감에 대한 보상으로 보았다. 인간의 발전은 열등감을 보상하려는 욕구로부터 출발되며 주어진 환경을 더욱 잘 통제할 수 있도록 자신의 권력이나 힘을 보다 우월하게 성취하고자 한다는 것이다. 따라서 이를 성취하기 위한 바람직한 사회적 관심의 형성에 대하여 아들러는 큰 관심이 있었다. 인간은 사회적으로 유용한 사회적 관심에 대한 성취 및 좌절에 의해, 사회적으로 유용하지 않은 부분에 관심을 가질 때 비행 등에 노출될 수 있다.

즉, 그는 프로이드와는 달리 인간이 사회적인 충동에 의하여 동기화된다고 주장하면서 사회적으로 유용함에 기여하는 관심에 좌절될 때 사회적으로 유용하지 않은 영역에 관심을 기울이며, 따라서 청소년에 대한 지도는 사회적으로 유용한 부분에 대하여 관심을 가질 수 있도록 유도하는 것이 무엇보다 필요하다고 보았다. 이러한 관심은 보다 나은 미래를 추구하는 것을 가능하게 할 뿐 아니라 개인의 심리적 건강을 측정하는 척도가 되기도 한다.

이를 지지하기 위하여 아들러는 '생활양식의 개념'을 통하여 삶에 대한 개인적 생활의 양식을 설명하고자 하였다. 아들러는 다양한 영역을 탐구하였는데 이는 자아, 성격, 성의 통일성, 개성뿐 아니라 문제에 대처하는 방법, 삶의 공헌에 대한 소망을 이야기하면서 정형화된 생활양식의 중요성을 설명하고자 하였다. 아들러에 의하면 생활양식은 4~5세경에 형성되어 그 이후로는 거의 변화하지 않는다고 보았으며 이러한 생활양식의 독특성은 인간의 행동을 구체적으로 실행시키는 역할을 한다. 그리고 독특한 생활방식을 통하여 인간이 생각하고 느끼고 행하는 모든 것의 기반이 되면서 개인의 인생문제에 접근하고 해결하는 방법이 된다는 것을 관찰하였다.

인간은 이러한 사회적 유용성과 생활양식을 통하여 성장하면서 직업, 우정, 사랑과 결혼과 같은 과업적인 문제들을 사회체제 속에서 조화를 시키며 중요한 '인생과업'을 달성하게 된다고 보았는데, 이때 자아는 우월성을 지향하면서 창조적인 힘을 발휘하게 된다는 것이다.

아들러는 이러한 자아의 창조성을 통하여 자아의 힘이 인생의 목표와 자신의 목표 사이의 간극을 줄이고 사회적 관심을 통하여 성장을 도모하게 된다고 하였다. 이렇게 볼 때 인간은 스스로 자신의 삶을 만들어가며 성취하고 자신에게 적합하게 환경을 새롭게 창조해가는 능력을 발휘하게 되는 것이다. 이러한 창조력은 목표를 결정하고 실현하는 것에 도움을 주게 된다.

2) 아들러의 개인심리이론의 인간관

아들러 이론의 인간관은 미래지향적이며 사회성에 대한 지향의 특징을 가지고 있다. 또한 발전적 차원에서 창조적이며 열등감과 보상이라는 인간행동의 동기를 이해하는 것이 중요하며 이에 따라 우월을 향한 노력은 자아의 창조적 힘에 의해 발현되어 인간발달의 원동력이 된다고 하였다.

아들러는 사회적 관심을 심리적 건강의 척도로 보았고 이에 따라 인간의 생활양식이 결정된다고 보았는데 이를 통하여 인간은 지배형, 획득형, 의존형, 사회적 유용형으로 나타날 수 있다고 하였다. 아들러는 인간발달의 생활양식을 저해하는 요인으로 신체허약, 가족을 통한 응석받이, 학대나 방임 등을 언급하면서 가족환경이 그 사람의 생활양식에 지배적 역할을 한다고 하였다.

아들러의 인간관

① 인간은 사회적 존재로 발전을 지향하는 존재이다.
② 인간은 개인적으로 중요한 자아실현을 향해 전진하는 존재이다.
③ 개인이 능동적인 힘을 가지고 자기 삶을 결정할 수 있는 생활양식이 중요하다.
④ 모든 행동은 상호작용하는 가족관계 안에서 형성되며 이는 개인의 성격에 영향을 미친다.

3) 주요 개념

(1) 열등감과 보상

아들러는 자신의 삶을 통해서 열등감은 모든 사람이 무언가를 추구할 수 있는 동기라고 보았다. 또한 이에 대한 보상활동은 신체적, 정신적 기술을 통하여 훈련하여 열등감에서 우월감을 충족하려는 시도가 일어날 수 있는 반응으로 보았는데 이러한 시도는, 인간의 잠재력을 발휘하도록 자극하는 건전한 반응이라고 하였다.

(2) 우월을 향한 노력

우월을 향한 노력은 열등감을 보상하려는 욕구에서 나오지만 인간이 환경을 통제할 수 있도록 적응하는 기제이기도 하다.

(3) 사회적 관심

아들러는 인간의 에너지를 국한하고 인간의 성격이나 무의식이 5세 이전에 결정된다고 보는 프로이드와는 달리 인간이 성적 충동보다 사회적인 동기에 의하여 성장한다고 보았다. 이때 사회적 관심이란 개인이 이상적인 공동사회의 목표를 달성하고자 사회에 공헌하고자 하는 마음이며 보다 나은 미래를 추구하는 것에 관심이 있는 것을 나타낸다. 또한 사회적 관심의 개인의 심적 건강을 측정하는 척도로 인간은 사회에 적응하지 못할 때 게임이나 도박이나 중독 등 무용한 것에 관심을 가지게 된다고 보았다.

(4) 생활양식

생활양식이란 아들러의 중요한 이론적 개념이며 다양한 발생 문제들에 대처하는 방법으로 4~5세경에 형성되며 그 후엔 거의 변하지 않는 특성을 가지고 있다. 이렇게 형성된 생활양식은 인간의 일생의 모든 행동을 구체화시키고 실행시키는 특성이 있다. 개인이 가지는 생활방식은 생각하고 느끼고 행하는 모든 생활에 대한 행동의 기반이 되며, 생활양식의 형태는 우리의 인생에서 발생하고 접하는 문제에 대하여 해결하는 방법을 통해서 알 수 있다.

아들러는 그 외에도 인생을 통하여 직업, 우정, 사랑과 결혼과 같은 문제들은 사회체계 속에 존재하는 모든 사람들이 당면하고 있는 중요한 '인생 과업'이라고 하였다.

(5) 자아의 창조적 힘

아들러는 자아의 창조적인 힘이 중요하다고 하였는데 이것은 인생목표와 목표추구 방법을 결정하고 사회적 관심을 발달시킨다고 보았다.

정리

아들러는 창조적인 힘에 의하여 인간은 스스로 자신의 삶을 만들어가며 자신에게 알맞은 환경을 창조하는 존재라고 하였다. 이러한 창조력은 목표를 직시, 결정, 선택하게 하며 가치관의 결정과 행동에 영향을 미친다.

4) 가족관계와 성격의 발달

아들러는 가족관계로 출생순위에 따라 향후 사회적으로 개인의 성격이 달리 발달하게 된다고 보았다.

첫째, 맏이인 경우에는 폐위된 왕으로 비유하며 부모의 사랑을 독차지 하였다가 빼앗겼다는 감정이 생활양식에 영향을 줄 수 있다고 보았다. 맏이인 경우는 의젓하고 기대에 부응하는 행동과 책임지는 성격 등을 형성할 수 있다.

둘째, 둘째아이의 경우에는 관심의 초점이 되어본 적이 없으므로 덜 예민하며 먼저 태어난 형제를 경쟁자로 여기며 독립적으로 성장하며 도전적인 정신을 비교적 많이 가지고 있는 성향이 있다.

셋째, 막내인 경우에는 빼앗겨본 비극을 모르며 어른들과 함께 생활할 확률이 높아 일찍 사회성을 습득하는 경우가 많다.

넷째, 외동인 경우는 자기중심적이 되기 쉬우며 응석받이가 되기 쉬운 경향이 있다. 만일 응석받이라면 협동이나 계획, 책임에 대해 배우지 못하였기 때문에 다른 사람에게 어떤 것을 기대하는 생활양식이 발달한다고 본 것이다. 아들러는 이와 같이 출생순서는 태어난 상황을 반영하여 설명하였다. 특히 아들러는 모든 출생순위에서 거부된 아동의 경우에는 적대적인 성향과 세상이 위협적이라 인식하기 때문에 반항적이며 사람들과 잘 지내지 못한다고 하였다.

5) 생활양식의 유형

(1) 지배형은 활동수준은 높으나 사회적 관심은 낮은 유형이다. 따라서 독선적이고, 공격적이며, 활동적인 수준은 높지만 사회적인 관심은 거의 없는 유형이다.

(2) 획득형은 활동수준은 중간이나 사회적 관심은 낮은 유형이다. 획득형은 기생적인 방식으로 외부세계와 관계를 맺으므로 의존형이라고 보기도 한다. 어떤 일에 있어서 다른 사람에게 의존하여 자신의 욕구를 충족하는 유형이다.

(3) 회피형의 유형은 사회적 관심도 적고, 활동수준도 낮은 유형이다. 이러한 유형은 성공하고 싶은 욕구보다 실패에 대한 두려움이 더 강하기 때문에 도피하는 행동을 하는 경우이다.

(4) 사회적인 유용형은 사회적으로 유용성을 발달시켜서 적절한 사회와의 상호작용으로 기능하는 사람이라고 하였다.

아들러는 가족의 관계가 인간이 향후 사회생활에 대한 적응기제와 자신의 성향에 많은 영향을 주는 요인으로 보았다.

6) 아들러의 개인심리이론의 인간관

(1) 인간은 사회적 존재로 발전을 지향하는 존재이다.

(2) 인간은 개인적으로 중요한 자아실현을 향해 전진하는 존재이다.

(3) 개인이 능동적인 힘을 가지고 자기 삶을 결정할 수 있는 생활양식이 중요하다.

(4) 모든 행동은 상호작용하는 가족관계 안에서 형성되며 이는 개인의 성격에 영향을 미친다.

5. 에릭슨의 심리사회적 성격이론

1) 에릭슨 이론-자아심리학

에릭슨

에릭슨(Erikson, 1902-1994)은 독일에서 출생하고 미국에서 활동하였다. 그는 정신분석이론의 결정론적 시각에서 벗어나 인간의 발달을 노인기까지 연결하여 인간발달에 있어서 점증적인 점성원리를 통하여 설명하고 자아의 성장 가능성을 제시하였고, 이를 통하여 인간의 건강한 발달에 관한 새로운 통찰력을 부여하였다는 것에 의의가 있다. 따라서 에릭슨의 심리사회적 관점은 인간발달의 각 단계에서 개인은 자신과 사회와의 조화를 유지하기 위한 발달과제에 직면한다고 보았다. 또한 인간의 생애 전체를 각기 그 단계에서 해결되어야 할 위기(crisis)로 나누어 기술하였다.

에릭슨[2]의 심리사회적 성격이론은 결정론적인 프로이드의 정신분석적 성격이론

2) 1920년대의 본능을 강조하던 측면에서 자아와 외부(문화)세계 간의 관계에 주목하였으며 아동발달연구에 기여하여 『아동기와 사회』라는 저서를 집필하였다. 프로이드는 사회적 강제는 위장된 방어라고 본 반면 에릭슨의 관심은 문화(사회)와 인간(자아)의 관계성에 주목하였다.

과 다음과 같은 차이가 있다. 첫째, 인간의 행동과 기능에서 볼 때 본능적인 원초아보다 '자아'를 강조하는 개념으로 설명하였다. 둘째, 에릭슨이 지향하는 인간관은 평생을 통한 '단계적인 발달'을 강조하고 있으며, 프로이드의 인생 초반의 결정적 사고관을 비판하였다. 셋째, 삶의 단계별로 접하는 '과제의 해결'을 통하여 심리사회적 위험을 극복할 수 있는 인간의 능력에 보다 연구의 초점을 두었다.

따라서 에릭슨은 다음과 같은 단계별 과제에 대응하는 자아의 개념을 통하여 독특한 이론의 장을 제시하였다. 첫째, 자아의 개념으로 에릭슨은 인간에게 있어서 자아가 중요한 기능을 한다고 보았다. 자율적인 자아의 기능은 사회의 구성원의 영향을 받으며, 자신의 정체감을 형성하고 인생의 단계별 과업을 성취해가는 자기주도적인 역할을 한다. 이러한 자아의 정체감은 '점성원칙'을 통하여 성장하는 모든 것의 기초 안을 형성하며 이러한 기초 안은 다음 단계로의 발달의 토대를 이루며 발전해나가는 기본 역할을 하게 된다고 하였다.

에릭슨의 심리사회적 발달의 8단계는 다음과 같다. 첫째, 인간은 일생을 통하여 성장하는 존재이다. 둘째, 인간은 환경적인 영향에 대하여 전적으로 좌우되지는 않으며 자아의 자율적인 기능에 의하여 발전하게 된다. 다음은 인생의 각 단계에 따른 심리사회적 위기이며 여기에는 각각의 기본가정이 있고 그에 대한 성취와 좌절에 따른 독특한 결과와 특징이 있다. 이는 다음과 같다.

2) 에릭슨의 인간발달의 이해

에릭슨은 인간이 발달하게 되는 8단계를 제시한 바 있으며 이것은 가족 내의 모든 구성원에게 해당하게 된다. 에릭슨은 인간의 발달을 유아기부터 노인기까지 연결하여 한 단계를 통하여 다음 단계로 나아가는 축적적 성격의 점성원리를 통하여 과거의 바탕을 통하여 미래로 연속적으로 나아가는 발달의 원리를 설명하였다. 이를 통하여 자아를 통하여 인간의 건강한 발달에 관한 새로운 통찰력을 부여하였다. 이에 대한 에릭슨의 관점은 인간발달의 각 단계에서 개인은 자신과 사회와의 조화를 유지하기 위해 각 단계의 발달과제에 직면한다고 보았다. 이를 살펴보면 다음과 같다.

〈표 2-1〉 에릭슨의 심리사회적인 인간발달 8단계

노년기								통합 대 절망: 지혜
중년기							생산성 대 침체성: 보호	
청년기						친밀 대 고립: 사랑		
청소년기					자아정체감 대 자아정체감 혼란: 성실성			
학령기				근면성 대 열등감: 능력				
학령전기			솔선성 대 죄의식 : 목적					
유아기		자율성 대 수치심과 회의: 의지						
영아기	기본적 신뢰 대 불신: 희망							

※ 전제 과제 : 희망, 의지, 목적, 능력, 성실, 사랑, 보호, 지혜

(1) 신생아기(출생 후 첫 한 달)의 개념 및 특성

출생 후 첫 한 달 동안의 아기를 신생아라고 하는데 신생아기는 짧은 기간이지만 태내 환경과 다른 새로운 환경에 적응해야 한다는 것과 양육자와의 소통을 학

습한다는 점에서 의미를 갖는다.

(2) 영아기(성취과제-기본적인 신뢰감 대 불신감: 희망)

영아의 시각은 덜 발달된 상태에서 태어나 15일이 지나면 무채색의 음영부터 시작하여 색채의 식별이 조금씩 가능해진다. 이 시기는 급속한 성장이 이루어지는 시기로 제1성장의 급등기라고도 한다. 신체능력과 언어발달이 활발하게 이루어지며 성격발달의 토대가 되는 정서적 발달이 이루어지므로 성인에게서 볼 수 있는 대부분의 정서가 나타나게 되어 양육자와의 관계가 매우 중요한 시기이다. 또한 이후의 사회성 발달에 중요한 영향을 미치는 주 양육자와의 애착관계를 형성하는 시기 및 성장과정의 기틀이 형성되는 시기이기도 하므로 가족관계의 기초가 마련된다.

에릭슨은 인간이 영아기는 출생부터 만 2세까지로 가정을 통하여 기본적인 신뢰감을 쌓으며 궁극적으로 성취해야 할 과제를 희망으로 보았는데 시기로는 출생에서 1세경까지로 영아의 기본 과제는 신뢰감을 발달시키는 것이라 할 수 있다. 이 시기의 신뢰감은 인간이 보호받고 사랑받는 것에 있어서 주 양육자와의 관계로부터 학습된다. 따라서 어린 시절에 양육자를 비롯한 중요한 타인들로부터 필요한 사랑을 받으면 영아의 신뢰감은 발달되며, 자신이 수용된다고 느끼면서 건강하게 성장한다.

(3) 유아기(성취과제-자율성 대 수치감과 회의: 의지력)

인간의 성장단계에 있어서 1~3세 시간의 유아기의 단계에서 해결해야 할 과제는 독립심으로 인간이 성장과정에서 능력, 자립심, 자율성을 확립하는 시기이다. 이때 부모의 온정을 바탕으로 한 반응은 유아의 성격형성에 영향을 미친다.

이 시기를 통하여 유아는 자주성을 발달시키게 되는데 이 시기에 외부 세계에 대처하는 능력을 기르지 못하게 되면 스스로의 자아에 대한 수치심(shame)이나 회의(doubt)의 감정이 형성되게 된다. 따라서 이 시기에 유아에게 지나치게 간섭하는 부모는 유아의 독립성을 저해하게 된다.

(4) 학령전기(성취과제-솔선 대 죄의식: 목적의식)

학령전기는 4세에서 학령기 이전까지이며, 이 시기의 발달과제의 습득 여부에 따라 주도성이나 미성취 시 죄의식의 개념이 형성된다. 이 시기에 가정을 통하여 아동이 심리적으로 그들이 선택한 행동을 하고자 하여 의미 있는 행동을 선택하도록 자유가 허용된다면 인간은 주도성으로 특징지워지는 성향을 발달시키게 된다고 보았다.

(5) 학령기(근면성 대 열등감: 능력)

학령기는 인간발달에 있어서 6~11세까지의 시기이며, 이 시기를 통하여 인간이 건강한 발달을 이루게 되며 개인이 성장과정을 통하여 접하게 되는 심리 및 사회적 과제는 자신의 신체와 사회에 대한 이해를 확장하는 것이다. 에릭슨에 의하면 아동 중기의 중심 과제는 근면성을 달성하는 것으로 보았다.

(6) 청소년기(자아정체감 대 자아정체성 혼란: 성실성)

이 시기는 12~20세이며 청소년기는 자아정체감의 발달을 중요한 발달과업으로 보았다. 청소년은 자신이 누구이며 어떤 장래희망을 가지고 이에 도달하는 방법을 알고 그 일을 수행하며 자신을 믿는 자아정체감을 발달시킨다. 이러한 과정에는 그 이전에 성취되어야 할 과제가 바탕이 되어 이루어지므로 점성원리에 따른다.

만약 이 시기에 정체감을 얻는 데 실패한다면 "역할 혼미"(role confusion)가 온다. 이 시기에는 부모, 동료, 사회로부터 다양한 압력을 받기 때문에 명료한 정체감을 얻기 어렵다는 것을 발견하기도 한다. 이러한 경우는 정체감의 유예를 경험하기도 한다. 청소년은 탐색과 자신의 삶을 방향지어 줄 가치체계를 통합해야 하는 과제를 갖고 있다고 볼 수 있으며 개인의 정체감을 형성할 때 가족 구성원을 포함하여 역할모델이 중요한 역할을 하기도 하는 시기이다.

(7) 청년기(성취과제-친밀 대 고립: 사랑)

이 시기는 20~24세로 에릭슨[3]은 청년기에서 친근감 대 고립감의 과제가 있으며 다른 사람과 먼저 친근한 관계를 맺는 것은 이 시기에서의 정체감이 확립되었다는 것으로 해석하였다.

(8) 중년기(성취과제-생산성 대 침체: 배려)

이 시기는 비교적 장시간으로 장년기를 포함하는 25~65세이며 이 시기에는 자신과 남을 위해 창조적으로 사는 방법을 학습하는 시기로 보았다. 한편 생에서 가장 생산적인 시기이기도 하다. 융은 40세를 인간의 개성이 발휘되며 창조적인 에너지 형성이 가능한 시기라고 보았다. 이 시기는 젊은 시절의 비전과 현재 이루어 놓은 것과의 불일치로 고통스런 경험을 하는 시기이기도 하다.

한편 생에서 가장 생산적인 시기로 에릭슨은 "생산성"의 위기로 침체가 올 수 있다고 하였다. 그는 생산성을 직업, 가족, 여가활동 등을 통하여 창조적인 감각을 확산시키는 시기로 보았다.

(9) 노년기(성취과제-통합 대 절망: 지혜)

노년기는 인간의 발달단계상 마지막 부분으로 65세에서 사망기 전까지의 시기를 노년기로 보았으며 이 시기는 자아통합을 위하여 중요한 시기로 보았다. 이 시기의 위기는 "자아통합 대 절망감"(integrity versus despair)이다.

자아통합을 얻은 사람은 자신의 삶의 대해 일평생 잘 살았다는 느낌을 받게 된다. 그들은 생산적이고 가치 있게 살았으며 성공뿐만 아니라 실패에도 잘 대처해 왔음을 느낀다. 또한 삶을 통해 자신이 해놓은 일에서 만족감을 얻으며 죽음도 삶의 한 과정으로 생각하여 현재의 삶에서 의미를 발견하게 된다.

---

3) 에릭슨 이론의 주제는 개인과 문화 간의 상호성을 다루며, 개인의 정신은 독립적으로 문화제 맥락의 가치와 감수성 안에서 형성된다고 본 반면 프로이드는 사회가 본능적 에너지들을 통제의 형태로 충족하도록 허용하는 기능을 한다고 보는 관점을 가졌다.

그러나 자아통합을 얻는 데 실패하면 절망감, 좌절감, 죄의식, 후회, 자기 경멸 등의 감정을 가질 수 있게 되며 삶을 낭비했다는 인식은 절망감을 갖게 한다.

Chapter 3

인간발달심리의 개관 Ⅰ

1. 삐아제의 인지발달이론

1) 인지발달 단계론적 사고

삐아제(Piaget, 1950)는 인간의 발달학 중에서 특히 인지발달의 보편적인 발달과정에 관심을 가졌다. 이것은 보편적으로 연령학적 발달단계가 있다고 보는 것으로 또한 생물학적인 유기체가 가지는 인지적 발달의 준거가 있다는 것이다. 이를 살펴보면 다음과 같다.

삐아제

(1) 삐아제의 인지발달

삐아제는 인간이 기존의 정보와 새로운 정보를 종합하여 보다 창조적이고 혁신적인 사고가 가능하도록 유기체의 환경에 대한 적응과정을 설명하였는데 유기체가 환경과의 상호작용에서 이루어 가는 순응 및 적응과정(adaptational process)이 바로 그것이다. 그 대표적인 것이 바로 기존의 가지고 있는 도식 위에 동화(assimilation)와 조절(accomodation)이라는 개념을 적용하여 인지발달과정이 동화(assimilation)와 조절(accomodation)로 구성된다고 보았다. 또한 이해의 틀 혹은 도식[1)]인 스키마(schema)의 인지구조를 형성하면서 환경에 대한 인지의 영역을 확장해나간다고 하였다.

① 동화

동화란 개인이 자신에게 환경으로부터 투입되는 외부의 정보를 그들이 가지고 있던 기존 사고구조에 적합하도록 흡수하는 방법이다.

1) 도식이란 사건이나 사물 또는 사실, 그리고 자극의 특징에 대하여 추상적인 전체 윤곽이나 개념, 상징을 뜻한다.

② 조절[2)]

조절이란 과거 이미 가지고 있던 도식에 새로운 자극이나 정보가 상이함을 토대로 하여 기존의 정보를 새롭게 구성하고 사고구조를 새로운 환경적인 경험에 적응시키는 방식이다. 즉, 조절이란 전체로 종합하는 패턴으로 상이한 도식들을 서로 결합하는 과정을 말한다. 더 높고 추상적인 인지수준에서 이해하기 위하여 습득된 자신의 지각과 행동을 바꾸는 과정이다.

③ 평형

평형이란 조직화된 유기체의 각 구조들이 동화와 조절 이후에 상호 균형을 갖는 것을 의미한다.

④ 동화와 조절의 관계

동화와 조절은 인간의 인지적 발달과정에 있어서 상호 간에 상보적인 영향을 미친다. 즉, 동화는 조절작용 없이 성립할 수 없으며, 조절은 동화작용 없이 성립할 수 없다. 삐아제(Piaget)는 유기체가 동화와 조절을 통하여 사회에 적응해나가기 위한 인지적 평형체계를 성립해 나간다고 보았다. 즉, 인간의 인지체계는 그들의 평형체계를 작동하여 새로운 자극에 대하여 동화와 조절을 반복하여 개념을 수정해 나가는 것이다.

⑤ 스키마(schema)의 인지구조

인간은 유기체가 환경을 받아들여 생각의 틀(standard)에 대한 동화와 조절을 반복하면서 성장에 필요한 환경에 적응해나가는 과정을 거치게 된다. 이때 도식, 즉 스키마의 재구성 또는 확장을 통하여 인간의 인지발달을 이룬다. 인간의 인지구조는 기존 평형상태의 스키마에 새로운 환경적인 자극이 주어짐에 따라 동화와 조절의 과정을 통하여 평형을 회복하게 되는 과정에서 새로운 경험에 의해 기존의 스키마가 재구성되거나 확장되며 이를 통하여 인지적으로 발달하게 된다고 하였다.

---

2) 새로운 정보가 입력되면 이를 기존의 도식 혹은 사고의 구조의 틀 안에 통합하는 것을 뜻한다.

(2) 삐아제의 인지 구성단계

- 인지적 동화 : 인지적 동화란 외부 환경에서 들어온 정보를 기존의 자기의 틀에 맞추어 해석하고 이해하는 과정이라고 할 수 있다.

- 동화의 예 : 〈네 발 달린 짐승은 개〉라고 하는 〈이해의 도식〉을 가지고 외부환경의 동물을 기존의 자기의 틀에 맞추어 개라고 해석하고 이해하는 것을 인지적 동화라 한다.
- 인지적 조절 : 인지적 조절이란 고양이와 같은 외부의 자극이 주어졌을 때 〈이해의 틀〉에 맞지 않을 때, 자신의 도식인 〈이해의 도식〉을 외부환경에 맞추어 모든 네 발 달린 짐승이 개가 아니라 고양이가 있음으로 재해석하여 이해하는 과정을 인지적 조절이라고 한다. 즉, 새롭게 주어지는 정보가 기존의 〈이해의 도식〉으로는 해석이 되지 않는 경우에 이 〈도식〉은 변화해야만 한다. 즉, 꼬리가 길며 호랑이와 비슷한데 조금 작으면서 다른 특성을 지닌 동물로 세분화하여 재구성하는 과정이 필요하다.
- 적응의 의미 : 적응의 의미는 동화와 조절이 균형있게 이루어지는 과정으로 이런 동화와 조절은 인지 및 지능발달의 어느 단계에서 연령별로 공통적인 발달과정이 있다는 관점이다.

(3) 인지발달의 4가지 단계

아동의 감각 및 지각능력과 사고 및 추리능력, 그리고 지능 및 문제해결능력과 같은 인간발달의 인지능력, 인지발달이론(cognitive development theory)에 대하여 삐아제는 다음과 같이 제시하고 있다. 이에 대하여 삐아제는 단계적 발달이 단계의 순서에 의하여 성취된다고 보았으며 인지능력의 발달은 아동과 그를 둘러싼 환경간의 상호작용에 의하여 일정한 발달단계를 가진다고 보았다.

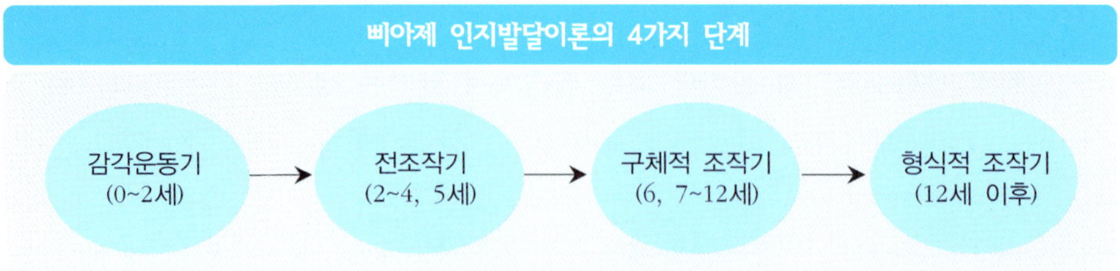

[그림 3-1] 인간의 인지발달

삐아제는 다음과 같이 인지적 발달단계[3]를 제시하였다.

① 감각적 운동기(sensorimotor stage) 영아 : 입이나 손을 사용하여 감각적 행동으로 스키마를 재구성하게 된다. 0~2세의 시기로 감각운동기는 선천적 반사능력에 따른 인지발달이 일어나며, 전조작기(2~5세)의 인지능력은 주로 외형에 따른 판단(양과 수의 보존 개념), 자아중심성과 외부권위에 의한 타율적이며 절대적 도덕성을 지니는 특징이 있다. 이후 6~12세의 구체적 조작기에서는 논리적 사고가 가능하며 현실적 대상을 통해서 나타난다. 그리고 12세 이후인 형식적 조작기에서는 논리적 사고뿐만 아니라 추상적, 가상적 대상을 이해한다.

② 전조작기(preoperational stage) 유아 : 자기중심적 사고나 직관적인 사고가 가능하며 이를 바탕으로 스키마를 재구성하게 되는 단계이다.

③ 구체적 조작기의 아동 : 구체적 대상이나 사물을 인식하여 스키마를 재구성하게 된다.

④ 형식적 조작기의 청소년 : 청소년들은 성인과 같은 완전한 사고로 논리적, 추상적, 가설을 통하여 개념을 조합하면서 스키마를 재구성해 나간다.

3) * 감각운동기 0~2세
* 전조작기 2~5세
* 구체적 조작기 6~12세
* 형식적 조작기 12세 이후

(4) 청소년기의 인지적 발달

① 형식적 조작기

형식적 조작기의 인지단계는 추상적이며 거시적 차원의 지적 능력이 급속하게 발달하는 시기이다. 이 시기에는 주의 집중력이 높으며, 학습 기억 용량도 커지기 때문에 많은 정보를 받아들이고 체계화하여 학문의 기초이론, 시민교육, 진로체험을 하기에 적합한 발달과정을 통하여 사회에 대한 적응력과 문제해결력을 향상시킨다.

② 사회성의 발달

형식적 조작기에는 추상적 사고가 가능할 뿐 아니라 사회적 태도가 현저하게 발달되는 시기로 활동력을 넓혀가며 시사적 담론이 가능하기 시작하며 각종 이론을 분석할 수 있다. 또한 합리적 사고로 인하여 현재의 사회문화적인 규범과 갈등을 유발하기도 하며 논쟁의 욕구가 있고 혼란을 겪을 수 있다. 한편 다양한 사고를 하는 가운데 감정적인 통제력은 다소 미숙한 특성이 있다.

③ 자기중심적 특징

청소년기는 형식적 조작기에 속하면서도 아동기의 자기중심적 특징을 가지고 있으므로 현재 자신의 상황과 경험, 감정을 자신만이 특수하게 겪고 있다고 느끼기도 하며 내향적이며 자기중심적으로 사고하게 될 가능성도 있다. 이를 좀 더 살펴보면 다음과 같다.

청소년기의 자아중심성(egocentrism)과 형식적 조작사고의 가능성

청소년기의 자아중심성(egocentrism) 단계에서 청소년들은 타인의 생각, 감정, 의도나 상호작용의 근거를 정확하게 인지하지는 못하며 자신을 중심으로 생각하므로 사고가 자기중심적인 경향이 있다. 그러나 반면 청소년의 형식적 조작사고의 특징을 통하여 다양한 사고가 발달하면서 자신이 가지고 있는 생각과 관념을 과대

평가하기도 한다. 객관적 지각에는 취약하다. 형식적 조작사고는 연령학적으로 보면 11~12세경에 시작되어 15~16세경에는 그 정점을 이루면서 확대되는 다양한 대인관계의 경험을 통하여 차츰 자신과 타인에 대한 객관적인 이해를 증가시켜 나가게 된다. 이와 같은 청소년기의 자아중심적 사고를 Elkind(1984)는 다음과 같이 설명하고 있다.

청소년의 자아중심성

청소년의 자아중심성은 '개인적 우화(personal fsble)'의 형식으로 나타난다. 이에 따라 청소년들은 자신이 특별하고 독특한 존재라고 생각하는 경향이 있으며, 따라서 자신의 감정이나 경험세계가 다른 사람과 다르다고 믿는다. 개인적 우화에 따라 청소년 자신의 독특성은 비합리적이고 허구적인 관념이더라도 이를 인식하지 못하며 오히려 자신만의 독특함을 남들이 이해하지 못한다고 생각한다. 자기중심적 사고의 특징은 논쟁을 즐기고 자신의 주장을 고집하는 경향이 많으며, 권위에 비판적이다.

상상의 청중

이러한 청소년의 자아중심성은 '상상의 청중(imaginary audience)' 형태로 나타나게 되는데, 청소년의 과장된 자의식을 통해 자신이 타인의 집중적인 관심과 주의의 대상이 된다고 믿는다. 즉, 자신을 지켜본다고 믿으므로 타인들은 '상상 속의 청중'이 되는 것이다. 따라서 상상의 청중을 의식하여 외모에 신경을 쓰기도 하며 작은 일에도 자신의 자존심을 손상시킨다고 생각되면 작은 비난에도 심한 분노 반응을 보이기도 하는 것이다.

(5) 성인기 이후

삐아제의 이론에서는 신체성숙이 이루어진 이후에도 지속적 성장과 발달이 일어난다고 가정하며 노년기에 있어서 인지기능의 쇠퇴도 인간발달의 한 부분으로 보았다. 그러나 최근 뇌과학에서 해마 등의 많은 부분의 시냅스 연결이 노인기 이후에도 지속적인 뇌의 성장과 발달의 가능성을 입증해주고 있다.

2. 스키너의 조작적 조건형성

스키너

스키너(Skinner)는 과학자적 배경을 가진 동물실험을 통해 인간의 심리를 규명하고자 하였다.

행동주의의 특성은 행동의 수정을 위하여 인간이 가지는 학습능력과 행동 수정 및 치료의 조건화의 형성을 중요시 하였다. 이러한 특성은 학교나 사회를 통해 바람직한 행동을 강화하고 바람직하지 못한 행동을 소거하는 방식으로 권장되는 것에서 찾아볼 수 있다. 즉, 청소년들의 행동은 올바른 행동양식이 형성되지 못한 예가 많으므로 청소년프로그램의 개발과 적용은 올바른 행동을 학습하는 것으로 활용될 수 있다. 행동주의는 실험정신에 기반하여 과학자들에 의하여 탄생되었으며 과학적인 측면의 실험적이고 과학적 관찰법은 주로 동물들을 활용한 실험과 연구가 많았으나 인간의 행동과 상담에도 많은 영향을 미쳐 바람직한 행동의 학습과 모방, 강화와 소거의 형식으로 다양하게 활용될 수 있음을 보여주었다.

특히 복잡한 행동이나 기술은 강화를 통하여 학습하는 과정이며 인간의 성격과 행동을 형성하는 데 있어서 환경의 역할을 강조하고 있다. 환경에 대응하는 독특한 행동양식은 오늘날 문화의 다양성이 존중되는 가운데에서 자극에 대한 적절한 일반화와 변별능력의 강화가 적절한 발달경로를 통하여 중요한 교육효과로 나타날 수 있다고 보는 의미를 갖는다.

1) 개입기법

(1) 주요 개념

경험적 학습은 성공적 경험을 통하여 클라이언트에게 자신의 인지적 오류에 부합하지 않는 특정한 행동을 강화하도록 함으로써 클라이언트가 자신의 인지적 오류를 인정하고 수정하도록 하는 기법이다. 이것은 인지적 불일치에 대한 인식이 선행되어야 하고 이를 통하여 자신의 행동이나 생활양식에 부합하지 않는 태도나 신념을 변화시키고자 하는 노력이 필요한 행동주의적 기법이 연결된다.

(2) 인지재구조화

인지재구조화란 클라이언트의 역기능적 사고와 인지적 도식을 인식해서 이를 현실적인 사고와 관념으로 대치하고 순기능적일 수 있도록 하며 재구조화를 통하여 보다 바람직한 적응적 적합성을 기르도록 한다.

2) 행동적 접근

(1) 행동주의의 이론적 배경

행동주의이론(behavioral theory)의 접근방법은 인간행동의 대부분이 학습되거나 학습된 행동에 의해 수정된다는 기본전제 하에 학습이론(learning theory)이라고도 한다. 즉, 인지이론과 다른 점은 행동주의이론에서는 인지, 감각, 본능과 같은 개념은 추상적이며 관념적인 것들로 과학적 연구의 대상이 될 수 없으므로 자극과 반응에 의하여 학습되거나 수정될 수 있으며 직접관찰이 가능한 인간의 행동만이 연구의 초점이 되어야 한다고 보았다.

행동주의이론에서 살펴보는 것은 인간의 특정한 행동(behavior)은 선행하는 사건으로 선행요인(antecedents)과 뒤이어 일어나는 사건으로 결과(consequences)에 의하여 일어난다고 보고 있다. 그러므로 행동주의이론에서는 인간행동과 환경적 사건이 상호 영향을 미치는 부분에 집중한다.

이러한 행동주의이론[4]은 파블로브(Pavlov)의 개 실험과 고전적 조건화와 손다이크(Thorndike)의 비둘기나 생쥐와 같은 실험을 통해 조작적 조건화 등의 개념을 도입하여 인간에 대한 학습적 효과에 대하여 검증하는 접근방식을 취하였다.

이 이론은 정신역동이론들이 공격받기 시작했던 1960년대 말부터 20세기 초 러시아의 과학자인 파블로브(Pavlov)와 손다이크(Thorndike)의 실험으로부터 발달하였다. 스키너는 인간행동이 관찰 가능한 행동의 측정을 통해서만 실증적으로 조사될 수 있다고 주장하였다.

스키너 이론의 중심은 강화(reinforcement)의 개념이라고 할 수 있다. 이러한 개념은 인간의 치료적 차원에 활용되었는데, 요지는 인간은 자신의 행동에 대한 결과에 따라 자신의 행동을 지속하거나 중단한다는 것이다. 알려진 바와 같이 강화에는 정적강화와 부적강화가 있는데, 개인의 행동은 정적 및 부적으로 강화된 행동에 따라 행동이 증가할 수 있으며 반대로 처벌을 하거나 강화를 유보하여 행동의 빈도가 감소하는 과정의 소거(extinction)를 인간의 행동의 수정 및 심리치료에 적용하였다.

반면 인지적 학습은 인간행동에 영향을 미치게 되는 사고과정, 태도, 가치 등의 요인을 전혀 고려하지 않았던 전통적 행동주의이론의 제한점을 보완하여 인간의 행동에 미치는 인지적 요인의 역할을 적용하는 방식으로 행동주의 접근법과는 차이가 있다.

4) • 고전적 조건화 이론은 파블로브(Pavlov)의 개 실험에서 살펴본 것과 같이 인간이 환경적인 자극에 수동적으로 반응하여 형성되는 반응적 행동이며 반사연구를 통하여 타액분비가 유도되어 무조건 자극(음식)과 무조건 반응(타액분비)의 관계에 주목하였다. 이때 종소리(조건화된 자극)는 타액분비(조건화된 반응)의 반응을 유도한다.

• 조작적 조건화는 신체적 반응과는 직접적인 관련성이 없으나 개인의 통제 하에 있는 조건의 형성을 연구한다. 이것은 손다이크(Thorndike)의 고양이 실험결과에서 발전된 것으로 이외에도 비둘기나 생쥐 등이 행동주의의 조작적 조건화의 실험에 활용되었다. 이에 대하여 스키너(Skinner)는 조작적 조건화의 개념을 인간행동을 수정할 수 있는 다양한 행동적 기법을 개발하여 임상적인 상담과 행동의 수정에 활용하였다.

(2) 행동주의의 특성 및 심리치료의 적용

행동주의의 특성이 사회복지 차원의 심리치료에 적용된다면 그것은 내담자로 하여금 일상생활적인 기능을 개선하기 위하여 「바람직한 행동은 증가시키고 바람직하지 못한 행동들은 감소시키는 것」에 목적이 있다. 따라서 행동주의 개입은 내담자의 일반적인 문제를 다루는 데 효과적인 전략을 제공하고자 한다.

행동사정을 하기 위해서 첫 단계로는 문제행동에 연관된 환경적 요인에 주목하여, 문제의 현실적 성격에 초점을 맞추는 것에서부터 출발한다. 이를 위해서는 개입전략이나 과정 및 진척상황을 측정할 수 있는 방법이 구체적으로 제시되어야 한다.

행동주의의 심리치료 및 상담의 실천영역에 활용되는 부분은 아동 관리를 포함하는 자녀의 양육, 부모교육의 기술습득과 연관되는 것이었다. 따라서 행동주의적인 절차는 다양한 현장에서 활용될 수 있는데, 다양한 문제와 상황 및 사람을 대상으로 그 효과를 거두고 있다. 예를 들면, 사회기술훈련, 공포증이나 과잉행동의 소거, 아동과 성인의 적응적 발달문제, 인간의 이상행동의 조절 분야에서 우수한 효과가 있다.[5] 또한 교육적 현장에서 행동기법을 이용한 훈련이나 임상연구는 교육연구의 과학화의 기반을 구축하는 것에 활용되고 있다.

인지행동치료의 활용사례로는 일반적으로 첫째, 인지행동 수정기법으로 인지의 재구조화, 자기암시 훈련, 스트레스의 예방훈련으로 반응대기, 생각 멈추기와 이완훈련 등 다양하다. 두 번째로, 자기주장 훈련을 통한 행동의 수정, 체계적 둔감화 등의 혐오치료 등이 있다. 셋째, 강화의 방법으로 토큰(보상치료, 칭찬)과 자극변별 훈련 등이 실시된다. 이러한 행동치료기법은 개인, 부부, 가족, 집단, 지역사회 및 정책을 통하여 광범위하게 적용될 수 있다.

---

5) 그 밖에도 행동주의적 관점의 적용은 현대의학에서 통증관리, 공포증, 외상 후 스트레스 장애, 수면장애, 스트레스 관리 등에 효과적이다.

3. 반두라의 자기효능감

반두라

반두라는 사회에 다양한 모델이 있으며 이에 대한 모방과 학습을 통하여 습득된 자기효능감(self-efficucy)의 형성을 중요하게 본다. 따라서 적절한 자극과 경험을 통하여 습득된 자기효능감의 형성을 위해서 올바른 형식의 모델링이 중요하며 이에 대한 관찰과 모방이 인간의 행동의 동기를 형성한다고 보았다. 주요 개념으로는 모방(Imitation) 또는 모델링(Modeling)이 있는데 이것은 다른 사람이 행동하는 것을 보고 들으며 그 행동을 모방하는 것이며 이러한 과정은 인지적인 사회적 학습을 통하여 이루어진다. 또한 그는 자기강화, 자기효율성, 자기조절의 개념을 강조하였다.

1) 반두라의 성격이론

반두라(A. Bandura)는 전통적 행동주의 관점에 인지적 접근을 추가하여 자아효능감의 형성을 통한 행동이 내적 과정과 환경적 영향 간의 복잡한 상호작용의 결과로 발생된다고 주장하면서 행동의 실제적 원인으로서 인지적 역할의 중요성을 매우 강조하였다. 즉, 인간의 모방과 대리학습의 영역은 인지를 통한 관찰학습과 수행 간에 있어서 매우 중요하다고 본 것이다. 이때 자기효능감이란 성공, 문제해결, 적응을 위해 필요한 주요 심리적 변인이라고 주장하였다. 자기효능감이란 '할 수 있다는 신념'과 매우 밀접한 개념이기 때문이다.

(1) 모방

인간은 다른 사람이 행동한 것을 관찰하고 그 행동을 따라하는 것이 인지적 활동을 통해서 형성되며 공격행동, 이타행동, 불쾌감을 주는 행동, 사회적으로 용인된 행동 등은 인간이 타인을 주로 보고 학습하는 경향이 있음을 발견하였다. 이와 같이 모방은 모델링을 통하여 다른 사람이 행동한 것을 주의깊게 관찰하고 그 행동과 그 행동으로 인하여 주어지는 보상 등을 관찰 및 학습하여 내면화하는 것으로 인하여 형성된다.

(2) 인지

인지는 모든 학습의 기본이되 학습되고 관찰된 수행의지는 인지의 과정 속에서 기능하게 되며 다음 행동에 영향을 미치게 된다. 모든 사회적 학습은 인지적 과정을 통하여 형성되며 인간의 사고 및 계획은 현재의 행동과 장래를 계획하거나 내적 준거기준에 근거하여 자신의 행동을 조정하고 행동의 결과를 미리 예측하게 하므로 다양한 모방행동은 인지의 과정을 통하여 수행과정, 판단과정, 자기반응의 과정을 반복하면서 습관화된 행동으로 형성되게 된다.

이와 같이 학습된 반응을 수행할 의지는 인지의 통제 아래 있으므로 사회적 학습은 인지적 학습이라고 할 수 있다. 인간은 심상, 사고, 계획 등을 할 수 있는 사고하며 인식하는 존재이므로 장래를 계획하고 내적 표준에 근거해서 자신의 행동을 조정하며 모델의 향방을 보고 자신의 행동 결과를 예측할 수 있다.

(3) 자기조절

자기조절(Self-regulation)의 과정은 수행과정, 판단과정, 자기반응과정으로 구성되어 성과를 평가하는 기준에 따라 자기평가적 반응과 관계가 있는데 활동의 가치는 자기조정 판단요소 중 하나로 중요한 기제라고 주장하였다. 즉, 자기조절이란 인간이 수행과정, 판단과정, 자기반응과정을 통해 자신의 행동을 스스로 평가하며 조절할 수 있다는 것이다. 사람들은 자신에게 중요한 타인들이 자기 행동에 부과한 보상과 처벌을 통해 학습한 내적 기준에 따라 활동의 가치를 판단하게 된다.

(4) 자기강화

자기강화(Self-reinforcement)는 자신에게 스스로 자신이 통제할 수 있는 보상을 주는 것으로 자기 행동을 유지하거나 바꾸는 과정에서 자기효율성은 어떤 행동을 '잘 수행할 수 있다는 개인적인 믿음'과 '개인의 신념'으로 할 수 있다는 효능감을 형성한다. 즉, 자기강화는 인간 자신이 통제할 수 있는 보상을 스스로에게 주어 자신의 행동을 유지하거나 변화하도록 하는 기제이다.

2) 반두라의 자기효능감

반두라의 자기효능감(Self-efficacy)은 자신이 바라는 목적을 위해 특정 행동을 성공적으로 수행할 수 있다는 개인적 신념이다. 이때 자아존중감은 자기가치에 대한 판단을 포함하지만 자기효능감은 개인의 능력이나 수행에 대한 판단을 수반한다. 반두라는 인간은 바로 자기효능감에 의해 스스로 행동을 수행하며, 자기효능감 평가가 자아존중감을 형성하며 상호 영향을 주면서 동기의 수준에 강력한 영향을 발휘한다고 믿었다.

자기효능감의 어떤 행동을 잘 수행할 수 있다는 신념은 과거의 성공경험을 통하여 성공신화와 신념으로 내면화되는 일종의 신념적 체계라고 할 수 있다. 따라서 바라는 목적에 대한 적극성의 여부를 결정하고 미래의 행동을 예측하여 현재의 행동을 보다 구체화하는 것에 도움을 주는 개념이다.

자아효능감(self-efficacy)은 자아존중감(self-esteem)에 비하여 자아존중감은 자기가치에 관한 평가와 판단의 개념을 강조하는 반면 자기효능감은 개인의 능력에 대한 신념을 포함하는 개념으로 반두라는 인간이 바로 이러한 자기효능감에 의하여 스스로의 행동을 수행하며, 자기효능감 평가가 인간이 보이는 동기의 수준에 강력한 영향을 발휘한다고 믿었다. 반두라는 이러한 동기의 형성은 대리학습과 대리조건화와 같은 과정을 통하여 그 강화의 정도가 영향을 받는다고 보았다. 다음은 반두라의 인간의 효능감 성취조건이다.

자기효능감

자기효율성 또는 자기효능감은 인간이 어떤 행동을 성공적으로 수행할 수 있다는 신념이다. 자기효능감에 영향을 미치는 요인으로는 성취경험이 중요한데 실제적 성취경험은 자기효율성의 가장 강력한 요인이다. 그 밖에 대리경험 혹은 대리학습은 관찰학습으로 다른 사람의 수행에 대한 정보 수집을 통하여 효능감을 증대시키기도 한다. 그 밖의 다른 사람의 칭찬이나 확신을 주는 말로 언어적 설득이 있다.

첫째, 성취경험이란 목표달성을 위해 시도한 결과로 인하여 그 경험이 성공을 경험하느냐 혹은 실패를 경험하느냐에 따라서 자기효능감과 동기가 달라질 수 있다고 보았다.

둘째, 대리경험은 각종 풍부한 간접 경험으로 독서나 타인의 모델링이 내면화되면서 향후 개인적 행동의 동기의 방향이 결정될 수 있다고 보는 개념이라 할 수 있다.

셋째, 언어적 설득이란 삶의 중요한 타인으로부터 어떤 것을 잘 할 수 있다는 신념에 관한 이야기를 얼마나 자주 듣는지에 의하여 각종 동기나 행동이 강화될 수 있다는 개념이다.

넷째, 정서적 각성이란 정서적 반응으로써 각종 심리적 연구에서 동일한 사건에 대한 심리적 대처기제가 결과에 영향을 미칠 수 있는 가능성을 함의하고 있다.

(1) 자기효능감의 요인

자기효능감의 요인으로는 성취경험으로 목표를 달성하기 위하여 시도한 결과, 성공, 실패를 얼마나 했느냐에 따라 자기효능감이 달라진다. 인간의 동기는 대리경험으로 타인의 성공, 실패를 목격했느냐에 따라 달라질 수 있다. 또한 언어적 설득으로 타인으로부터 무엇인가를 잘 해낼 수 있는지 아니면 잘 해낼 수 없는지에 대해 간접적으로 경험하는 것은 자기효능감을 증가, 감소시킬 수 있다고 본다. 그 밖에 모델링에 대한 학습을 중요하게 보았다.

(2) 모델링

반두라의 중요한 개념 중에서 대부분의 인간행동은 모델에 의해서 관찰학습이 가능하다는 것이다. 사람들은 실제 행동을 하기 이전에 본보기를 모델 삼아서 행동하는 방법을 배우기 때문에 불필요한 시행착오를 범하지 않는다. 또한 사회적으로 용인되거나 인정받는 행동을 간접적으로 경험한다. 그렇기 때문에 관찰학습에는 관찰할 대상인 모델이 필요하다. 대상이 없을 때는 대리경험을 관찰할 수가 없기 때문이다. 그러므로 모델링은 행동을 형성하는 강력한 수단이다. 모델 제시의 효과는 관찰자가 이전에 학습한 행동의 억제를 강화시키거나 약화시키는 것에 작용한다. 이때 모델의 성별 또는 연령 등에서 관찰자와 비슷할 때, 존경을 받을 때, 지위가 높을 때, 매력적일 때 특히 모델링은 더욱 활발하게 일어난다.

즉, 인간의 행동은 개인과 사회 안에서의 행동에 있어서 환경의 상호작용을 기반으로 발달한다는 상호결정론을 주장한다. 사회학습이란 인간은 어떤 모델의 행동을 관찰하고 모방함으로써 학습하게 되며 습관화된다는 것이다.

정리

반두라의 이론은 자극, 반응이라는 유형을 넘어서서 인간의 복합적인 사회적 상호작용의 중요성을 모방과 효능감 등을 통하여 설명하였다. 따라서 사건의 목적, 동기, 의미에 대한 개인의 인지와 사고나 신념을 포함하고 있다는 측면이 다른 행동주의이론과 다른 차이이며 인간을 낙관적으로 바라보며, 과거보다는 '여기 그리고 지금', 또는 미래를 강조한다는 점에 있어서는 현상학과 맞닿는 부분이 있다.

4. 엘리스의 합리적 정서치료(REBT)

인간의 사고와 감정은 매우 긴밀하게 연관되어 있으며 부정적 감정과 증상들은 비합리적 신념에서 비롯된다고 주장한 관점으로 비합리적인 인식을 논박하여 바람직한 행동을 이끌어낼 수 있다는 관점이다.

1) 엘리스의 인지행동모델의 특징

정리

- 인지행동모델의 치료의 목표는 부정적 감정의 근원이 되는 비합리적 신념을 규명하고 논박하여 이에 도전함으로써 신념을 재구조화하고 행동을 수정하는 것을 목표로 한다.
- 인지행동모델의 비합리적 신념을 반영하는 언어적인 습관으로는 "반드시, 절대로, 모든, 완전히, 전혀" 등을 통하여 알 수 있는데 엘리스 자신이 대중 앞에서 연설할 때 반드시 긴장하는 현상을 극복하는 데 이 방법이 활용되어 타인에게 적용되었다.
- 인지행동모델의 개입방법으로는 교육적 환경에서 클라이언트의 비합리적 신념을 합리적인 신념으로 바꾸도록 돕는 것을 포함한다.

2) 엘리스의 비합리적 신념

(1) 인정의 욕구 : 인간은 주위의 모든 사람들로부터 사랑과 인정을 받아야만 한다는 일종의 강박관념이 작용할 수 있다.

(2) 지나친 염려와 완벽주의 : 타인에 대한 지나친 염려, 즉 자신이 책임지고 있는 자녀나 가족에 대한 지나친 염려는 오히려 부정적인 영향이 될 수 있다. 그

밖에 완벽주의로는 모든 문제는 완전한 해결책이 있고 그를 수행하지 못하는 것에 대한 열등감이나 무기력감은 잘못된 신념으로 작용하여 행동에 영향을 줄 수 있다.

(3) 과대한 자기 기대감 : 인간은 자신이 가치있게 지각되기 위해서는 모든 영역에서 완벽하게 유능하여 성공을 거두어야 한다는 믿음과 이를 위한 강박적인 노력은 열등감, 삶에 대한 무력감, 실패에 대한 두려움의 원인이 될 수 있다.

(4) 정서적 무기력 : 직면한 불행에 대하여 개인이 느끼는 무기력감으로 개인이 인생에서 일어나는 불가피한 상황을 통제할 수 없다는 잘못된 신념이다.

(5) 좌절반응의 성향 : 삶에서 난관에 부딪히거나 어려움에 직면했을 때 이를 회피하고 싶거나 좌절하는 성향을 인간은 어느 정도 가지고 있으며 따라서 이에 대한 논박으로는 이에 대한 극복의 과제와 성취경험이 필요하다.

(6) 과잉불안 : 과거 발생한 사건에 대하여 과도한 불안적 기제를 가지고 앞으로의 일을 미리 염려하고 근심하는 것이다.

(7) 비난성향 : 자신에게 불리하거나 부정적인 반응을 보이는 사람에 대한 비판적 견해와 자기방어의 형식으로 그러한 사람이 처벌을 받거나 부당성을 지니고 있다는 의견을 가지기 쉽다.

(8) 의존감 : 자신은 자율적이며 독립적인 존재이기보다 누군가의 도움이 필요하다고 믿는 믿음은 불합리한 믿음일 수 있다.

(9) 문제의 회피 : 삶의 어려움은 직면하기보다 다양한 이유가 있으며 이를 해결할 수 없는 이유가 있다고 믿어 문제를 회피하고자 하는 경향이 있다.

5. 벡의 인지치료

1) 벡의 인지치료의 기본 가정

한 개인이 자신에 대해 가지고 있는 지각과 인식은 자신의 심리적, 사회적 문제나 행복에 있어 다른 무엇보다 중요한 역할을 한다고 가정하고 있으며 나아가 행동에도 영향을 줄 수 있다고 가정하고 있다. 엘리스가 비합리적인 인식으로 인한 역기능적인 행동을 유발하는 오류에 초점을 맞추고 있다면 벡(Beck)은 개인의 왜곡적 인지로 인한 정보처리의 역기능에 초점을 두고 있다고 할 수 있다.

2) 벡의 주요 개념

벡의 인지치료에 활용되는 개념으로는 자동적 사고와 스키마 등이 활용된다. 이를 살펴보기 위하여 추론과정에서의 체계적 오류를 지적하고 있다.

(1) 자동적 사고

자동적 사고란 어떠한 사건에 대하여 즉각적이고도 계획되지 않은 반사적 해석으로 사건에 반응함에 있어 자동적으로 떠오르는 사고나 인지 혹은 행동을 포함한다. 즉, 개인이 어떤 상황에 대해서 내리는 즉각적이며 자발적인 평가를 뜻하며 사고의 타당성을 평가할 수 있게 한다. 자동적 사고는 과거의 경험으로부터 비롯되는 인지체계의 불합리한 신념이다.

(2) 스키마

스키마는 인간의 인지를 형성하는 요소들을 도식적으로 스키마, 규칙, 신념 등으로 구분해서 기본적인 설명을 하였다. 여기서 '스키마'란 인지의 구조를 뜻하는 일종의 도식이다. 즉, 기본적인 신념과 가정을 통하여 사건에 대한 한 개인의 지각과 반응을 형성하는 인지적인 구조로 이전의 경험에 의해 형성된다고 할 수 있는데 개인의 인지를 통하여 도식이 형성된다고 할 수 있다. 이러한 스키마는 '자동적 사고'에 영향을 주며 부정적 자동적 사고는 논박의 원리에 의해 행동수정을 요하게 된다.

(3) 벡의 추론과정에서의 체계적 오류

벡은 예를 들어 불안이나 자신감의 결여 및 무력감이나 우울감 등의 정서적인 문제를 생활사건에 대한 왜곡된 사고나 비현실적 인지적 평가의 결과로 설명하고자 하였다. 이에 따라 다음은 역기능적 사고체계의 예시를 제공한다.

① 이분법적 사고 : 모든 경험을 상반되는 양 범주로 간주하는 것으로 이는 흑백논리로 작용하여 편협한 사고의 원인이 될 수 있다. 사물이나 사람에 대한 정확하고 객관적인 판단을 내리지 못하게 하는 기제로 작용할 우려가 있으며 과도한 일반화와 흑백사고로 이어질 수 있다.

② 과도한 일반화 : 분리된 사건들에 대한 결론을 서로 연관하거나 연관되지 않는 상황을 적용하여 일반화하는 경향을 의미한다. 이는 작은 사건을 크게 확대해석하는 것에 작용할 수 있다. 이는 핵심신념이 강한 나머지 그에 부합하지 않을 때 자신을 비난하는 성향을 통해 부정적으로 작용하게 된다.

③ 선택적 추론 : 상황에 대한 보다 정확하며 객관적인 특성을 무시한 채 맥락에서 벗어난 세부 내용에 초점을 두어 판단하는 것으로 명확한 상황의 파악에 저해가 되는 요인이다. 선택적 추론은 이미 부정적 사고과정이 일어난 이후 더욱 관점의 편견이 심해지는 경향이 있다.

④ 긍정적 측면의 격하 : 부정적인 측면으로 긍정적 측면들을 무시하거나 축소하여 해석하는 것으로 이는 자신감이 결여된 사람들에게서 흔히 발견되며, 선택추론이 발생한 이후 더욱 부정적 관점과 연합하여 불합리한 관점을 형성하게 된다.

⑤ 정서적 추론 : 본인이 상상하는 정서를 실제 상황으로 인지하여 상황을 맥락에서 보지 못하고 자의적으로 추리하는 경우이다. 정서적 추론의 과정은 인지적 왜곡을 일으킨다.

⑥ 예언하기 : 개인의 부정적인 예언을 믿고 부정적이거나 어두운 예측을 통하여 일을 합리적으로 처리하지 못하는 역기능적인 정보처리 성향이 많다. 혹은 부정적인 객관성을 무시하고 잘못 판단하는 경우도 해당할 수 있다.

⑦ 비극화 : 가능한 부정적 사건을 비극으로 간주하는 경우로 일이나 상황이나 맥락에 대한 잘못된 정보처리과정으로 자신에 대한 관점에 대해 부정적인 결과를 예견하는 것이다.

⑧ 개인화 : 외부 사건이 자신과 관련이 전혀 없음에도 불구하고 자신과 연관시키는 것으로 정신분열증상의 초기에 많이 발생하기도 하며 상황을 객관적으로 인지하는 것에 방해가 된다. 모든 상황이 자신과 연관이 있다고 믿는 자기중심화경향과 크게 다르지 않다.

⑨ 라벨링 : 부정적 라벨링은 낙인화를 촉진하여 인지적 오류로 작용할 수 있으며 크게는 개인적 문제가 아니라 사회적인 편견의 문제가 될 수 있다.

⑩ '~해야만 해'라는 명령식의 진술 : 이는 압박감이나 불만족이 내재되어 보다 적극적이며 자율적인 의사결정을 방해할 수 있는 요인이 되며 인지적 왜곡이 될 수 있다. 이는 완벽주의인 경우, 혹은 기대치가 높은 경우, 관점이 자신이 아니라 타인이 기준이 되는 경우, ~해야만 인정이나 사랑받을 것이다 등의 기준을 스스로 만듦으로써 생겨나기 쉽다.

(4) 인지치료를 활용한 개입방법

인지치료방법은 클라이언트의 학습경험을 다음과 같이 강조한다. 인지치료방법에서 점검될 요인을 다음과 같이 정리할 수 있다.

인지치료의 점검사항

① 사건의 판단에 앞서서 자신의 부정적 자동적 사고과정을 모니터링하는 과정이 필요하다. 즉, 자신의 잘못된 신념이 왜 일어났는가? 하는 부분에 대한 정당성을 점검하는 것이다.

② 사건의 해석에 있어서의 인지와 정서, 행동의 연관성을 점검하고 인식하는 것이 필요하다. 예를 들면, 부정적인 핵심신념이 있는지에 대하여 탐색하는 것이다.

③ 자신에게 형성되어 있는 왜곡된 자동적 사고를 뒷받침하거나 논박하는 근거를 점검한다. 즉, 잘한 부분에 대한 강화와 그에 대한 스스로의 격려도 필요하다.

④ 기존의 도식을 통하여 왜곡된 인지를 보다 현실지향적 해석으로 대체하여 바람직한 인지와 도식을 새롭게 형성할 필요가 있다. 이를 통하여 잘못된 가정들과 믿음을 논박하고 변경할 수 있도록 행동을 구체화하여 체득한다.

⑤ if~then의 요법은 일어나지도 않은 가정을 실제로 해보고 체험하여 그것이 주는 효과에 대한 낙관성을 통해 불안감을 해소한다.

Chapter **4**

인간발달심리의 개관 Ⅱ

1. 사티어의 의사소통유형[1)]

사티어(Satir)는 사람이 스트레스 상황에 놓이게 되었을 경우 자주 사용하게 되는 의사소통을 유형화하여 회유형, 비난형, 초이성형, 산만형, 일치형으로 나누어 이를 설명하였다.

첫째, 회유형(placating)은 자기 자신의 감정은 무시하고 타인의 관점에서 동의하는 말을 한다. 회유하는 사람은 다른 사람과 함께하는 상호작용하는 상황은 존중하지만 반면에 자기 자신의 진정한 감정을 존중하지 않는다. 즉, 회유의 방법은 스스로의 안정을 유지하는 방법으로 자신이 느끼는 감정보다 상대방을 중심으로 생각하면서 자신의 스트레스를 다루는 방법이라고 할 수 있다. 따라서 회유형의 반응은 타인에게 순종하고 모든 일의 잘못을 자신의 탓으로 돌려 희생적 행동을 한다. 이러한 반응은 은연중으로는 상대로 하여금 죄책감을 느끼도록 하는 것인데, 상대방의 죄책감으로 인하여 자신을 인정받고자 한다. 이러한 행동의 원인은 자신의 욕구를 분명하게 표현하지 못하는 데 있으며 이러한 반응이 지속되면 올바른 의사소통 방식을 익히지 못하는 역기능으로 자아존중감은 더욱 낮아질 수 있으므로 자신의 의사전달법, 올바른 거절법 등이 학습되어야 한다.

둘째, 비난형(blaming)은 자신을 보호하기 위해 타인을 비판하는 것이다. 비난의 과정에서 타인의 가치를 격하시키고 자신과 상황에 가치를 둔다. 비난형의 사람은 자신이 옳으며 타인을 비난함으로써 자신을 보호하고자 하나 실은 자신의 약함과 자신을 돌아봐달라는 메시지가 숨겨져 있다. 이러한 비난형의 의사소통 방식은 참을성이 없고 독선적이며 명령적이나 내면은 외롭고 자아존중감이 낮으므로 다른

1) Satir는 가족 구성원들에게 각각 회유형, 비난형, 초기이성형, 산만형 중의 하나의 입장을 취하여 의사소통하도록 한다. 이를 통하여 가족의 구성원은 상대에 대하여 좀 더 이해하는 기회를 가지며 상호 감정을 서로 나눈다. 이를 통하여 가족 구성원들은 효과적인 의사소통의 방식을 깨달을 수 있다.

사람을 손가락질 하는 모습을 통하여 자신을 보호하고자 한다. *비난형은 감정조절, 비난의 단어사용의 통제, 긍정사고 유도, 인지적 오류의 수정, 이성적 사고의 훈련, 자기감정의 통찰과 경청의 훈련 등이 필요하다.

셋째, 초이성형(super reasonable)은 자신이나 타인의 느낌이나 감정을 무시하고 상황이나 합리성만을 중요시하며 이를 위한 논리를 중요시한다. 따라서 감정보다 상황에 초점을 두는 방식으로 의사소통하는 방식이다. 이러한 초이성형은 경직되어 있는 상태인 경우가 많으며 항상 논리적으로 비판하고 평가하면서 자기 주장을 한다. 초이성형은 대체로 조용하고 침착한데, 내면적으로는 감정적 상처를 받기 쉬우므로 자기 자신을 억누르거나 숨기는 경우가 많다. *이들에게는 감수성 훈련 등으로 보다 감정에 충실하는 연습이 도움이 된다. 초이성형의 사람은 지나친 감정억제로 인한 스트레스성 질환에 노출되기 쉽다.

넷째, 산만형(irrelevant)은 상황의 중요성과 상관없는 유머 등으로 광대와 같이 주의를 다른 곳으로 돌리고자 하여 혼란시킨다. 이는 행동이나 말의 초점을 흐리며 기능적이며 책임감, 정직성, 능력, 창의성, 현실성에 기반한 능력이 없는 경우에 나타날 수 있는 의사소통의 방식이다. 이러한 산만형은 자기를 걱정해 주거나 받아주는 사람이 없다고 생각하는 고독감과 무가치함을 느낀다. *치료방법으로는 주의 집중, 경청, 자기생각 표현하기, 자아존중감 향상, 자기감정 인식하기 등의 훈련이 필요하다.

다섯째, 일치형은 자신이 중심이 되어 타인과 관계를 맺으므로 의사소통의 내용이나 방식이 일치하며 자신과 상대방 그리고 상황을 모두 존중하는 자세로 의사소통하게 된다. 이는 나의 위치(I-position)에서 타인을 동등하게 대하는 자세이기도 하다. 일치형은 언어와 감정이 부합하여 균형감 있는 메시지를 전할 수 있으며 자신의 자아존중감이 높고 상대방의 개별성을 존중하며 자신과 상대방을 신뢰하므로 비난의 의사를 가지지 않는다.

2. 칼 로저스의 형상학에 기반한 인간관

1) 칼 로저스의 견해

칼 로저스(Carl Rogers)의 이론은 개인의 존엄성과 가치, 자기결정권, 사회적 책임과 상호성을 강조하고 있다. 여기에서 인간과의 올바른 관계를 통해서, 인간은 자기를 이해하고 성장할 수 있으며, 필요한 자원은 인간 스스로 이미 갖고 있다고 가정한다. 또한 진실성, 일관성, 클라이언트에 대한 무조건적인 긍정적 관심, 클라이언트의 세계관에 공감해야 한다는 현재 우리가 알고 있는 치료적 관계 원칙은 상담에 많은 기여했다. 특히 '지금 여기'를 강조하므로 현상학적 성격이론이라고 하며 이에 따라 인간은 완전히 통합된 유기체로서 행동하기 때문에 전체론적 관점에서 접근해야 한다는 입장을 견지하고 있다.

인간의 의식과 행동을 이해하기 위해서는 '경청'을 통해 개인의 내적 준거 틀의 이해가 필요하다는 것이다. 나아가 인간 본성의 핵심이 근본적으로 합목적적이고 전진적이며 건설적이고 현실적이며 신뢰할 수 있다고 칼 로저스는 주장하였으며 이는 사회복지 실천의 적용이나 가족의 관계에도 적용될 수 있다.

2) 주요 개념

(1) 현상학적

인간의 경험적인 세계 또는 주관적인 경험을 의미한다. 인간은 과거의 사건 그 자체가 아니라, 과거의 사건보다는 현재 어떻게 해석하는지가 바로 현재의 행동을 결정한다. 따라서 어떤 사람을 이해하기 위해서는 그가 자신의 길과 현실에 대하여 어떻게 체험하고 있는지 알아야 한다. 또한 「현상학적 관점은 선입견을 내려놓고 판단을 유보한 채 관찰의 폭을 넓히는 것이 사물의 올바른 인지의 중요한 과정」이라고 생각한다.

(2) 자기

인간은 현재 자신이 어떤 사람인지에 대한 개념, 자신의 자아상을 의미하는 '현재의 나'라는 존재를 인식하는 것, 내가 할 수 있는 것의 기능을 인식하는 것을 포함하여 스스로 생각하는 자기의 인식을 중요하게 보았다.

따라서 인간은 자기의 행동에 대해 타인이 어떻게 반응하는지 지각하면서 삶에 있어서 일관성 있는 자아상을 만들어 나간다. 이러한 자기개념은 현재 자기 모습뿐만 아니라 이상적 자기까지 포함하며 성장하게 된다.

(3) 자기실현

모든 인간은 생물학적 잠재능력을 성취하는 것뿐만 아니라 심리적인 잠재능력도 실현해야 하는 존재로 강점과 긍정성을 가지고 창조를 실현해 나갈 수 있는 전인적이면서 완전한 존재라는 기본 개념을 가지고 있다. 이를 위한 인간의 성향으로 다음과 같은 것을 설명한다.

① 충분히 기능하는 사람(fully functioning person)

충분히 기능하는 사람의 특성은 다음과 같다. 즉, 인간은 현재 진행되는 자신의 자아를 완전히 자각할 수 있는 사람이다. 로저스는 충분히 기능하는 사람은 심리적 적응, 심리적 성숙, 완전한 일치, 경험에 개방되어 있는 사람이라고 보았다. 이러한 사람의 특성은 과정지향적이며 성취지향적이나 실패로 인하여 성장이 단절되지 않는다. 즉, '충분히 기능하는 사람은 계속적으로 성장 및 변화하는 사람'으로 과정 중에 있는 사람이라고 언급하였다. 인간은 성장하기 위하여 끊임없이 노력하는 존재이다.

② 충분히 기능하는 사람의 특성

충분히 기능하는 사람의 특성을 정리하면 다음과 같다. 즉, 삶을 통한 경험을 개방하는 사람으로 그 자신의 목소리에 귀를 기울이며 내면의 목소리를 들을 수 있으며, 자신의 내부에서 무엇이 일어나고 있는가를 경험할 수 있다. 또한 감정에 민감하지만 충분하게 합리적으로 자신의 감정을 인식하며 상황에 적절하게 반응한다. 이러한 사람은 실존적이며 유기체적인 경험을 통하여 선택하며 창조적인 삶을 살게 된다.

창조적인 인간관

- 실존적인 삶은 인간이 존재에 대하여 매 순간을 충분히 만끽하며 사는 것을 의미한다.
- 자신의 유기체적 경험은 인간으로 자신이 해야 할 것과 하지 말아야 할 것을 결정하는 능동적인 존재이다.
- 창조적 존재라는 것은 자신이 존재하는 모든 영역에서 창의적인 자세와 삶에 대하여 스스로 인식하고 표현한다는 것을 의미한다.
- 선택의 자유란 인간이 삶에 대해 통제하며 일시적인 생각이나 환경, 사건들에 의해 결정되는 것이 아니라 자기 자신의 선택에 달려있다고 믿는 것이다.

로저스의 충분히 기능하는 사람(the fully functioning person)을 정리하면 다음과 같은 특성이 있다.

첫째, 충분히 기능하는 사람은 현재 진행되는 자신의 자아를 완전히 지각하여 최적의 심리적 적응, 성숙, 일치, 경험에 대하여 개방적인 태도를 지니고 있다. 따라서 정적이지 않으며 과정지향적으로 지속적으로 변화하는 과정 중에 있다.

둘째, 충분히 기능하는 사람은 경험에 관하여 개방적인 특징이 있다.

셋째, 충분히 기능하는 사람은 실존적인 삶을 통하여 매순간에 충실한 삶을 영위하는 특징이 있다.

넷째, 충분히 기능하는 사람은 자신의 유기체를 신뢰하며 창조적인 특징이 있다.

다섯째, 충분히 기능하는 사람은 선택의 자유를 가지며 어려움을 회피하지 않고 직면하는 특징이 있다. 따라서 청소년 문화활동의 개발은 이러한 면이 잘 드러날 수 있도록 개발되어야 할 것이다.

(4) 로저스가 중요시한 주관적 경험과 그에 따른 행동

인간은 경험과 인간의 행동 간의 관계를 이해하는 것은 칼 로저스의 현상학적 이론의 바탕이 되는 매우 중요한 주제이다. 이는 인간의 행위를 지배하는 것은 자극 상황에 대한 주관적인 해석과 그것에 대한 개인적 의미가 중요하므로 한 사람을 이해하는 데 있어서 경청의 과정을 매우 중요한 과정으로 보았다.

(5) 로저스의 무조건적인 긍정적 관심

칼 로저스는 인간에 대하여 조건 없이 있는 그대로 수용하거나 존경하는 것을 중요하게 보아 어떤 경우에서든지 주어지는 진실된 사랑과 존중이 중요하며 이러한 것이 참 만남을 형성한다고 보았다. 인간이 그 존재 자체로서, 귀중한 한 인간으로서 평가받고 사랑받고 있다는 것을 깨달을 그때 자신을 가치있는 존재로 판단하며, 자신의 욕구와 자아개념에 따라 행동하므로 최대한으로 기능하면서 성장할 수 있다고 하였다.

(6) 로저스의 인본주의적 성격이론

칼 로저스가 인본주의에서 바라보는 인간은 전인적이며 창조적인 인간관이다. 이를 위하여 로저스는 인본주의적 관점에서 현상학적 성격이론을 창시한 바 있다. 현상학적 성격이론이란 개인의 존엄성과 가치, 자기결정권, 사회적 책임과 상호성에 대하여 늘 열린 가능성을 인정하며 선입견을 배제하므로 청소년들에게 적합한 가치관이다. 칼 로저스는 모든 개인은 선천적으로 창의적 능력을 가지고 있으며 따라서 진실과 일관적인 태도로 무조건적인 긍정과 관심이 필요하다는 것을 강조하고 있다. 또한 인간을 이해하는 것에 있어 '지금 여기'를 강조하는 현상학적 성격의 이론을 강조하고 있는데, 여기의 중심개념으로 인간은 통합된 유기체로 행동하며 전체론적 관점에서 접근하는 것이 필요하다고 보았다.

즉, 개인의 행동을 잘 이해하기 위해서는 개인이 가지는 내적 준거 틀에 대한 이해가 중요하다고 보았다. 따라서 로저스는 인간 본성의 핵심이 건설적이고 현실적이며 신뢰할 수 있다고 하면서 충분히 기능하는 사람이 될 수 있도록 도와주는 역할을 하는 것이 무엇보다 중요하다고 주장하였다.

정리

인본주의의 주요 개념으로는 현상학적 장으로 개인의 경험적인 세계 또는 주관적인 경험을 중요시하였으며, 이러한 현상학적 장은 선입견과 판단을 중지하고 상대방을 있는 그대로 받아들이는 자세를 견지하고 있다. 또한 과거사건은 그 자체가 가지는 의미보다 과거 경험을 현재 어떻게 해석하는지에 따라 현재나 미래의 행동이 결정된다고 보았다. 그러므로 한 사람을 이해하기 위해서는 무엇보다 그가 현실을 체감하는 방식과 구성하는 방법으로 인간의 동기에 대하여 먼저 이해하는 것이 중요하다고 강조하였다.

3. 매슬로우의 5단계 욕구 위계(needs hierarchy)

매슬로우(Maslow)의 욕구의 개념을 규정하는 전통적 분류법(1954)은 욕구라는 추상적 관념을 알기 쉽게 그림으로 표현하고 있다. 매슬로우에 의하면, 인간이 일상생활을 영위하는 데 있어서 필수적인 것과 선행되는 것이 결핍될 때 나타나는 공통적인 위계가 있다는 욕구의 위계설을 제시하였다.

이와 같은 5단계 욕구의 위계에서 제일 기초에는 생리적 욕구(생존욕구)가 있으며, 이러한 욕구가 충족되면 그에 대한 상위욕구로 안전욕구, 사회적 욕구, 자아충족욕구, 자아실현욕구 순으로 단계적으로 욕구충족이 일어난다고 하였다. 만약 하위욕구가 충족되지 않으면 상위 욕구충족을 위한 행위나 동기를 보이지 않기 때문에 하위욕구가 긴급하고 절실한 욕구라고 하였다.

정리하면 매슬로우는 욕구의 단계를 5계층으로 나누고 있으며, 의식주에 해당하는 생리적 욕구, 안전에 대한 욕구, 소속의 욕구, 존경의 욕구, 성취의 욕구로 자아실현의 욕구로 제시하고 있다. 이를 다음의 표로 이해할 수 있다.

〈표 4-1〉 매슬로우의 욕구단계설

일반적인 예	Maslow의 욕구 5계층
성취 및 성장	자아실현의 욕구
사회성	존경에 대한 욕구
사랑 및 우정	소속의 욕구
안정성	안전에 대한 욕구
의식주	생리적 욕구

(1) 생리적 욕구(Physiological Needs)

매슬로우는 생리적 욕구로 인간은 주로 생물체로 생존하기 위한 필수적인 충족을 위한 기본적인 욕구가 있다고 하여 예를 들면, 가정으로부터 의식주에 대한 기본적 욕구가 충족되어야 하며, 이와 같은 욕구는 인간이 생존하기 위해 필수적으로 충족되어야 하는 욕구라는 것이다. 이 욕구가 충족되어야 다음 단계의 욕구를 갈망한다고 주장한다. 이러한 생리적 욕구는 우리나라 헌법의 생존권에도 명시되어 있다.

(2) 안전에 대한 욕구(Safety Needs)

안전에 대한 욕구는 선행된 충족된 생리적 욕구를 바탕으로 인간의 신체적인 안정상태의 유지 및 외부적 위험으로부터 자신을 보호받으려는 욕구다.

(3) 사회적(소속) 욕구(Belongingness Needs)

사회적 욕구는 1단계(생리적 욕구), 2단계(안전의 욕구) 욕구를 충족한 이후, 타인과 친밀하고 정서적 만족을 얻을 수 있는 관계를 희망한다는 것이다. 따라서 인간은 일차적으로 가족과 같은 집단을 형성하고 그 이후에는 사회적 활동에 대한 소속을 희망한다는 것이다.

(4) 자아존중욕구(Self-esteem Needs)

자아존중의 욕구는 자신을 스스로 존중하고자 하는 욕구이며, 동시에 다른 사람으로부터 존경받으려는 욕구라고 정의할 수 있다. 이것은 자신의 힘, 능력, 지위 및 우월성을 인정받고 싶어 하는 욕구로 자아존중의 욕구가 충족되지 않을 시 열등감, 의기소침이 일어날 수 있고 달성될 시 성취감과 자신감이 증대될 수 있다. 이는 존경에 대한 욕구로 표현하기도 한다.

(5) 자아실현의 욕구(Self-Actualization Needs)

자아실현의 선행된 4가지 욕구가 충족된 이후 인간의 잠재력을 최대한 발휘하고, 인간으로서의 이상이 실현되는 상태를 뜻한다. 즉, 자아발견, 탐구, 표현, 창의성 등을 추구하는 인간으로서 가질 수 있는 최상의 고차원적 욕구로 간주되며 이를 자아실현의 욕구라고 하였다.

4. 글래서의 5가지 기본욕구

글래서(Glasser)의 이론에 의하면, 인간은 태어나면서부터 기본적인 5가지의 욕구를 선천적으로 가지고 태어나며 이 욕구에 의해 욕구가 동기화된다고 한다. 즉, 우리가 평소에 하는 행동은 이유나 목적이 있다는 것이다. 글래서 박사가 말하는 5가지 욕구는 생존의 욕구, 사랑과 소속감의 욕구, 힘의 욕구, 자유의 욕구, 즐거움의 욕구이다. 이러한 욕구는 가정이나 직장 혹은 사회에서 항상 경험하게 된다.

사랑과 소속의 욕구 (Love and Belonging Need)	사랑하고, 나누고, 협력하고자 하는 인간의 속성
힘에 대한 욕구 (Power Need)	경쟁하고 성취하고, 중요한 존재이고 싶어하는 속성
자유에 대한 욕구 (Freedom Need)	이동하고 선택하는 것을 마음대로 하고 싶어하는 속성
즐거움에 대한 욕구 (Fun Need)	많은 새로운 것을 배우고, 놀이를 통해 즐기고자 하는 속성
생존에 대한 욕구 (Survival Need)	살고자 하며, 생식을 통한 자기 확장을 하고자 하는 속성

[그림 4-1] W. Glasser의 5가지 기본욕구

(1) 사랑과 소속의 욕구(Love and Belonging Need)

가장 상위의 욕구는 사랑하고, 나누고, 협력하고자 하는 인간의 속성을 의미한다. 이러한 일반적인 소속 욕구의 예는 자기 자신의 가족을 형성하기를 바라며 결혼하고 싶어 하거나 친구를 사귀고 싶어 하는 것, 혹은 학생이나 청년의 경우는 또래집단에 들고 싶어 하거나 주부들 역시 각종 모임에 가담하고 싶어 하는 것 등을 통하여 알 수 있다.

(2) 힘에 대한 욕구(Power Need)

인간은 사회적으로 경쟁하고 성취하고, 중요한 존재이고 싶어 하는 속성을 가지고 있다. 즉, 권력이나 힘에 대한 욕구의 매력을 느끼게 되면 소속에 대한 욕구 등 다른 욕구와 직접적인 갈등을 경험하게 되기도 한다. 즉, 사랑과 소속에 대한 욕구를 만족시키기 위해 결혼을 하지만, 부부 사이에서 힘에 대한 욕구를 채우고 싶어 하며 서로 통제하려 하다가 결과적으로 부부관계를 파괴시키는 원인이 되기도 하는 것은 힘에 대한 욕구가 있기 때문으로 해석할 수 있다.

(3) 자유에 대한 욕구(Freedom Need)

자유에 대한 욕구는 이동하고 선택하는 것을 마음대로 하고 싶어 하는 속성을 인간이 가지고 있다는 것이다. 즉, 자유의 욕구란, 인간 각자가 원하는 곳에서 살고 대인관계와 종교활동 등을 포함하여 모든 삶의 영역에서 독특한 방법으로 삶을 영위해 나갈 것을 선택하고 자신의 의사를 의지대로 표현하고 싶은 욕구를 말한다. 그러나 욕구충족을 하는 데 있어 다른 사람의 자유를 침범하지 않도록 타협하고 이웃과 함께 살 수 있는 절충안을 찾아야 하는 것이 자유에 대한 욕구에서 고려해야 하는 사항으로 청소년기에 자유와 책임의 조화를 이루는 것을 배워야 한다.

(4) 즐거움에 대한 욕구(Fun Need)

인간은 기본적으로 태어날 때부터 많은 새로운 것을 배우고, 놀이를 통해 즐기고자 하는 속성을 가지고 있다는 것을 의미한다. 글래서는 인간이 즐거움에 대한 욕구는 기본적이고 유전적인 것이라고 언급한다. 가령, 성장하면서 즐거움의 욕구를 충족시키기 위해 생명의 위험을 감수하면서 자신의 생활방식을 바꾸어 나가는 경우를 들 수 있다. 즉, 생명을 걸고 암벽을 타거나 자동차 경주를 하려는 것과 같은 위험한 활동을 택하는 것, 음주나 과속을 즐기는 것이 그 예이다.

(5) 생존에 대한 욕구(Survival Need)

인간은 살고자 하고, 생식을 통한 자기 확장을 하고자 하는 속성을 가지고 있다는 것을 의미한다. 인간의 이 욕구는 척추 바로 위의 구뇌(old brain)로부터 생성된 것으로, 호흡, 소화, 땀, 혈압 조절 등 신체를 움직이고 건강하게 유지하도록 하는 과업을 수행하고 있다. 이러한 기능은 우리가 생존하는 데 없어서는 안 되는 요소이나, 우리가 일상생활을 영위하는 데 의식적인 힘을 발휘하지는 못하며 무의식적이나 위기상황 등에서 표출된다.

정리

이러한 상기와 같은 인간의 욕구(need)는 기본적으로 본질적인 것이지만, 욕구를 충족시켜주는 구체적인 대상인 바람(needs)은 각 개인에 따라 독특한 특성을 지닌다. 이러한 바람들은 상황과 문화에 따라 변할 수도 있으며, 서로 갈등을 일으키기도 한다. 따라서 현실에서 얻고자 하는 바람을 충족시켜주지 못할 때 스트레스나 욕구 좌절을 경험하고, 이때의 불균형과 고통이 동기가 되어 다른 행동을 유발하게 된다.

Chapter 5

Human Behavior and Social Environment

동기의 본질과 인간의 사랑

사회 속에서 인간의 행동은 여러 가지 개인수준 변수의 영향으로 인해 매우 다양하게 나타난다. 이렇게 다양한 인간이 사회 속에서 성장하고 역량을 발휘하기 위해서는 동기 유발에 의해 촉진되는 행동의 방향을 사회와 조직의 선순환적인 효과성과 일치하도록 하는 것이 필수적이다.

스티어스와 포터(Steers & Porter, 1991) 및 랜디와 베커(Landy & Becker, 1987)에 의하면, 동기란 사람들이 어떤 방향으로 행동하도록 원인을 제공하는 동력의 집합이다. 예를 들면, 전공서적을 20분 이상 읽기 어렵다고 생각하는 학생이 반나절 만에 소설책 한 권을 읽어 낼지도 모른다. 즉, 동기는 개인과 상황과의 상호작용의 결과로 볼 수 있으며, 상황이나 시간에 따라 달라진고 할 수 있다.

정리

"개인의 행위를 어떤 목적을 위해 어떤 방향으로 작동시키는 내적 심리상태(inner state)" 라고 할 수 있는 동기(motivation)는 모든 사회와 조직에게 중요하다. 왜냐하면 사회 구성원의 동기수준에서 팀이나 조직이나 사회의 건강성을 찾는 경우가 많기 때문이다. 이 장에서는 동기를 유발하는 필요조건이라고 할 수 있는 인간의 욕구(need)를 중심으로 인간의 동기를 설명한다.

1. 개인 행위와 동기

사회문화가 발전할수록 사회와 조직체에서의 개인의 역할이 더욱 중요해지는데, 이것은 결국 개인 행위가 조직체에 주는 영향은 더욱 커진다는 것을 의미한다(이학종, 1984). 사회 내 개인의 행위는 일반적으로 다음과 같이 설명된다(Coffey, Athos, & Reynolds, 1975; Gibson, Ivancevich, & Donnelly, 1982).

사회 내 개인의 행위에 영향을 주는 요소에는 개인적 요소와 조직체 요소가 있는데, 개인적 요소는 다시 환경적 요소, 육체적 요소, 심리적 요소로 나눌 수 있다. 환경적(environmental) 요소는 사회 · 문화와 가족관계 등 거시적인 사회규범과 윤리 · 도덕 등 개인으로 하여금 집단사회의 일원으로서 사회의 공통된 행위를 형성시키는 요인들을 말한다. 육체적(physiological) 요소는 유전에 의한 선천적 요인으로서 신체적 특성 및 지능적 특성을 들 수 있다. 심리적(psychological) 요소는 선천적으로 주어진 성격과 후천적으로 사회환경과의 상호작용을 통해 경험적으로 이루어진 성격 · 지각 · 욕구 · 동기 등 개인 고유의 독특한 행위를 형성시키는 요인들을 말한다.

즉, 사회 내에서 이러한 개인적 요소에 직접적인 영향력을 행사하여 개인의 행위를 동작시키는 조직체 요소로는 직무의 특징, 작업조건, 집단의 특징, 리더십의 유형, 조직의 방침 및 각종 제도 등을 들 수 있다. 결국 조직 내 개인의 행위는 이러한 조직체 요소의 영향에 대한 반응으로서 개인 자신에 존재하고 있는 위의 세 가지 개인적 요소에 의해 형성된다.

또한 이러한 개인 행위의 결과, 개인은 만족이나 불만족을 느끼게 되고 성과(performance)를 보게 되는데, 그러한 결과는 다시 개인적 요소와 사회구조에 영향을 줌으로써 계속적으로 개인의 행위에 상호 영향을 미친다. 이러한 개인의 행위는 일반적으로 목표지향적인데, 목표지향적 행동이란 무엇인가를 달성하고자 하는 욕구에 의해 동기가 유발된 행동을 의미한다(박내회, 1993).

2. 동기의 정의

동기(motivation)란 용어는 라틴어의 'movere'에서 유래되었는데, 이것은 '움직인다(to move)'라는 의미를 가지고 있다(Steers & Porter, 1991). 이 책에서는 동기부여를 조직의 목적을 달성하기 위한 개인의 노력의 강도와 방향과 지속성을 일정한 방향으로 이끄는 일련의 과정이라고 정의한다(Robbins and Judge, 2011).

결국 동기라는 것은 세 가지 주제, 즉 첫째, 인간의 행동을 작동시키는 것은 무엇인가? (What energizes human behavior?), 둘째, 그러한 행동을 일정 방향으로 이끄는 것은 무엇인가? (What directs and channels such behavior?), 셋째, 그렇게 작동된 행동은 어떻게 유지되고 계속되는가? (How is this behavior maintained or sustained?)에 관심을 집중하는 것이라고 할 수 있다(Steers & Porter, 1991: 6).

3. 인간의 성과 사랑, 심리

1) 성(性)의 개념과 정의

성(性)은 남녀 생물학적 구조에 따른 차이, 남녀에 따른 사회적인 성역할의 차이에 따라 성과 젠더라고 표현하게 된다. 성의 기능은 생명의 잉태, 친밀감, 자아정체성과 연관이 있다.

(1) 생물학적인 성(sex)

생물학적 성이란 한 인간의 해부학적 특성에 근거하여 남성(male) 또는 여성(female)을 결정하는 선천적이며 유전적 의미를 갖는다. 인간의 생물학적인 성 차이는 유전적인 성 염색체의 차이에 기인하는 것으로 남녀 간의 '자연적' 차이라고 지칭할 수 있다.

인간은 하나의 생명체로 탄생하기까지 여성의 세포인 난자와 남성의 정자의 결합으로 수정란이 되는 순간 발생한다. 동양에서는 생명의 시기를 이 시기를 포함하여 나이에 포함하고 있으며 서양에서는 모체로부터 세상에 태어난 그 순간부터 연령을 계산하게 된다.

생식세포는 23쌍의 염색체를 갖고 있는데, 이 중 23번째 염색체가 성염색체이고, 성염색체는 정자와 난자로부터 각각 1개씩 물려받게 되며 2개의 염색체가 결합하여 새로운 개체로 만들어진다. 여성의 생식세포는 XX성염색체로 구성되고, 남성은 Y의 염색체가 들어가 XY성염색체를 가지게 된다. 각각의 성염색체는 중요한 기능으로 남성 염색체는 남성호르몬을 분비할 수 있는 작용을 하고, 여성 염색체는 여성 호르몬을 분비할 수 있는 작용을 하는 것으로 알려져 있다.

그러나 정상적인 성염색체가 구성되지 못하고 XO, YO, XXY, XYY 등의 성염색체를 가진다면 태아는 태내에서 복잡한 성 분화 과정을 제대로 이루지 못하므로 사춘기나 성인 시기에 난소 결여, 정자 생산 불능 등의 결함이 나타난다. 정상적인 경우라면 2차 성징으로 사춘기가 되면서 신체적인 성장과 함께 성호르몬의 분비가 왕성해지게 되어 보다 남성과 여성의 신체적 차이가 두드러진다.

남성은 사춘기가 되면 테스토스테론과 안드로겐이라는 남성대표 호르몬 분비가 급증하면서 성 기관을 발달시키고 변성 등에 영향을 준다. 여성의 경우 사춘기가 되면 여성 호르몬인 에스트로겐과 프로게스테론 분비가 증가하면서 난자의 성장을 촉진하고 자궁기능을 발달시키며 생리현상에 영향을 준다. 프로게스테론은 수정란의 착상과 수태를 가능하게 하면서 생리주기의 경험과 임신, 출산, 수유능력 등의 어머니로서의 준비를 하게 된다.

남성과 여성은 아동기에 1차 성징에 의해 자신의 성에 대한 정체감을 갖게 되고, 2차 성징의 출현과 함께 사춘기를 맞이하면서 신체적인 변화는 심리 및 정서적으로 매우 중요한 성적인 정체성을 성립하게 된다. 특히 2차 성징의 경우에는 사회문화적 영향과 함께 복합적으로 작용하여 사회문화적인 성적 정체감 발달인 젠더에 크게 영향을 미친다.

(2) 사회적인 성(gender)

사회적인 성은 사회문화적인 과정에서 획득 및 형성된 것으로서 사회적인 통념상 가지는 성의 구분을 의미한다. 예를 들면, 여성적인 것, 남성적인 것, 그리고 여성다움, 남성다움 등으로 표현되어 왔다. 과거 가사와 관련한 가전제품의 CF는 여성이 앞치마를 두르고 출연하던 고전적 역할에 기반하여 사회적 성인 젠더가 〈구조주의적 입장〉에서 표현되곤 하였다. 그러나 이와 같은 차이는 페미니즘이 발달하면서 새롭게 비판되고 있다. 즉, 프랑스의 미셀푸코는 이에 대하여 우리가 가지고 있는 사고의 대부분이 사실상 사회로부터 주어진 통념이라는 것이다.

기존의 남녀가 생물학적인 차이가 있고 이로 인하여 서로 다른 본성이나 능력을 지녔다는 주장은 페미니즘의 발달과 함께 도전을 받아왔다. 페미니스트들은 생물학적인 성은 '자연적'으로 만들어진 차이지만 사회적인 성은 그렇지 않으며 인간이 살고 있는 시대의 사회와 문화적인 요인들에 의하여 형성된다고 하였다.

즉, 분홍색은 여성, 파랑색은 남성을 상징하는 이와 같은 것들은 사회적, 문화적, 환경적 양육방식의 차이로 인해 생기는 것이며 남녀는 성격이나 기질, 능력과 역할 등과 같은 차이를 갖는 것이 아니라는 것이다.

(3) 시몬느 드 보봐르

시몬느 드 보봐르

시몬느 드 보봐르(Simone de Beauvoir)는 『제2의 성』에서 "여성은 태어나는 것이 아니라 만들어진다"라는 유명한 말에서 알 수 있듯이 페미니스트들의 주장은 여성의 지위는 '자연적'인 것도 '생물학적'인 것도 아니며 성 차별적인 사회로부터 만들어질 수 있다는 것이다. 즉, '여성(female)'으로 태어나더라도 '여성(woman)'을 만드는 것은 문명으로, 사회적 문명에 의하여 무엇이 여성적이며 무엇이 남성적인 것인지 행동과 역할과 기대심리가 사회적 시각에 의하여 규정된다는 것으로 시대에 맞는 숙고가 필요하다. 즉, 남성은 주도적이며 힘을 상징하고 여성의 역할은 배려와 부드러움이라는 젠더에 의한 역할은 우리사회의 가부장적인 사고를 부추기고 '남자답게', 혹은 '여자답게'라는 여러 가지 고정관념을 만들었다. 이러한 왜곡된 성적 고정관념과 성역할은 고정관념에 의해 남자는 어떤 일을 해야 하고 여자는 어떤 일을 하는 것이 바람직하다는 역할을 규정하게 되면서 사회적으로 강화해왔다고 볼 수 있다.

(4) 성역할

① 성역할 정의와 이론

성역할(sex role)이란 성별에 따라 문화권 내에서 인정되고 기대되는 행동양식이나 태도를 의미하며 개인의 행동기준에 영향을 미친다. 즉, 한 개인이 속하고 있는 사회에서 바람직하다고 보는 성에 적합한 행동이나 가치에 기준한 역할이 바로 성역할이며 이에 대한 습득과정을 성의 사회화라고 한다.

성역할 정체감(sex-role identity)은 성역할 자아개념에 가까운 것으로 자신이 소유하고 있는 '남성다움' 또는 '여성다움'에 대한 자기지각이다. 물론 모든 학문과 사회가 그렇듯이 초기에는 올바른 구조와 체계의 정립을 위하여 보다 적합한 양식을 규정하고 규범화하기 마련이다. 즉, 자신이 태어난 문화권에 자신의 성에 적합한 규정된 가치관을 형성해 가는 성 전형화(sex-typing) 과정을 통해 형성된 성적 특성, 선호 경향, 행동 등이 성역할이며 이때 습득한 특성을 행동으로 인하여 나타내는 그 정도와 형태를 성역할 특성이라고 한다(Cook, 1985). 성역할 특성이란 한 개인이 그가 속해있는 문화권 내에서 남성 또는 여성으로 특징지을 수 있는 여러 특성으로 정의된다(Black, 1973).

이에 대하여 Parsons과 Bales(1955)에 의하면 남성성은 목표지향적이며 주장이 강하고, 독립적인 행동을 하고 기능적인 특징이 있으며, 여성성은 감성적이고 정서적이며, 이타적이고, 상호관계를 추구하고, 표현적이며, 친화적 특성을 가지고 있다고 하였다. 초기에 심리학자들은 성역할 특성에 대한 연구를 시작하였는데 남녀가 심리적으로 어떻게 다른지 성차(gender difference)를 중점적으로 다루었으나, 이 접근방식에는 남녀 차이가 생물학적인 차이 때문에 발생하는 자연적인 결과라는 가정이 깔려 있었다(Kaplan & Sedney, 1980).

이에 따른 성역할의 사회화는 사회적 측면을 통하여 사회화를 촉진하며 문화적 성을 전수한다. 남녀 성별에 의해 구별되는 사회적 기대는 사회적 동조를 경험하게 하며, 성역할의 사회화는 타인과의 상호작용을 통해서 남자로서 또는 여자로서 스스로를 규정하고 사회적 정체감을 형성해 나가도록 한다. 이러한 성역할의 사회화는 인간의 전 생애적 관점에서 이루어진다. 이와 같이 남녀 행동의 본질적인 특성인 '남성성'과 '여성성'이 생물학적 요소로 결정되기보다는 사회적으로 형성된 고정관념이라는 성찰로부터 현대사회에서는 남성적일 수도 있고 여성적일 수도 있는 남성성과 여성성 모두 어느 정도 독립적인 특성으로 본다(Bem, 1974).

② 양성성

양성성 'androgyny'는 그리스어를 어원으로 하는데 andro는 남성을, gyne은 여성을 뜻하며 사회의 성역할 고정관념을 이루는 특성 중에서 바람직한 남성적 특징과 바람직한 여성적 특징이 결합되어 공존하는 것을 의미한다. 따라서 양성성은 개인이 주장적이며 온정적인 면을 가질 수 있고 남성적인 도구적(instrumental)이면서 여성적인 표현적인 면을 소유할 수 있으며 남성적이면서 여성적인 면을 동시에 가질 수 있는 것으로 설명될 수 있다(Bem, 1977).

Bem(1974)은 인간이 양성성으로 성역할 지향성 속에서 남성성과 여성성의 특성 두 가지를 모두 높은 수준으로 가질 수 있으며, 한쪽 성역할 특성은 높게 혹은 미분화된 성역할 정체성으로 인하여 모두 낮은 수준으로 지닐 수도 있다는 것으로 남성성과 여성성 간의 표준화된 차이점을 이용하여 심리적 양성성에 관련한 측정 도구를 만들었다(Bem Sex-Role Inventory: BSRI, 1974).

그는 여기에서 더 나아가 전통적인 남자와 여자가 정신적으로 건강하다는 기존의 사고를 거부하고 남녀 모두 양성적인 사람들이 심리적으로 더 건강할 수 있다는 사실을 주장하였다. 왜냐하면 양성적인 사람들은 성에 적절한 행동을 하려는 내면적 구속이나 동기에서 자유롭기 때문에 상황에 융통성을 발휘하며 적응력이 뛰어나다는 것이다(Bem, 1975; Biaggio & Nielsen, 1976).

이에 대하여 Drager와 Bailey(1985)는 남녀 성인들을 대상으로 한 연구에서 자아발달수준이 양성적인 사람들이 가장 높고, 남성성, 여성성의 순으로 나타남을 보여주었다. Major, Carnevale와 Deaux(1981)는 성에 관계없이 양성적인 사람들의 특성으로는 호감이 가고 잘 적응하며 미분화된 사람은 그 반대의 결과를 보였다고 보고하였다. 따라서 현대사회에서 특정 남성성을 혹은 여성성을 사회적으로 주지하거나 혹은 이를 여과없이 받아들이는 것은 다원화된 현대사회에는 맞지 않는 개념이라고 할 수 있을 것이다.

4. 인간과 결혼 : 배우자의 선택–사랑의 삼각형

인간의 성장에 따라 배우자의 선택에 있어서 사랑에 관한 점검이 필요하다. 사랑에는 3가지 필수요소가 있다고 하는데 이에 대하여 Sternberg에 의하면 사랑은 여러 가지 종류가 있으나, 두 사람이 공유하는 사랑에는 세 개의 변이 있는데, 이 각각은 열정, 친밀감 그리고 헌신이라고 하였다. 사람들을 행복하게 하는 사랑은 이 세 가지 요소가 어떻게 조합되는가에 따라 그 색깔이 달라진다고 주장하였다. 먼저 친밀감과 열정으로 구성된 사랑은 낭만적인 사랑이라고 보았다. 그리고 친밀감과 헌신이 전제가 된 사랑은 동료애적인 사랑으로 Sternberg는 보았다. 이러한 사랑은 친밀감과 헌신 속에서 서서히 발전해가는 사랑이라는 것이다. 이러한 우정의 기초 위에 세워진 동료애는 지속적이고 성공적인 관계로 발전할 가능성이 크다.

반면 친밀감과 헌신이 없는 열정만이 있는 사랑은 지속성이 없는 것으로 보았다. 또 헌신만 있고 친밀감도 열정도 없다면 그것은 공허한 사랑이라고 지칭하였다. 그렇다면 완벽한 사랑은 어떤 것일까? 그것은 바로 친밀감과 열정과 헌신이 있는 사랑이다.

행복한 사랑을 위해서는 바로 이 3가지 요소인 '친밀감과 열정과 헌신'을 점검해 보는 것이 필요하다.

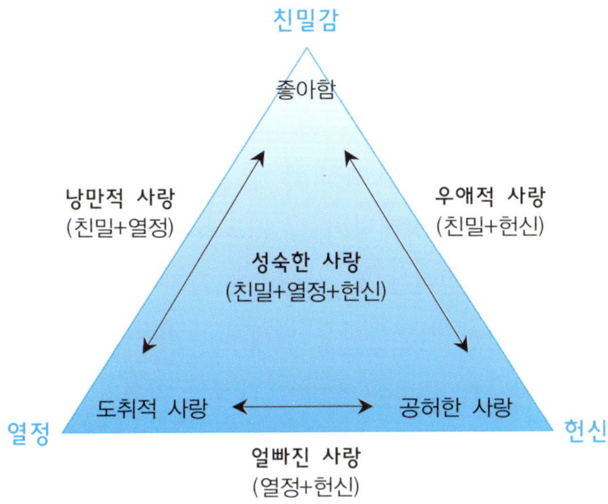

[그림 5-1] 사랑의 삼각형

예를 들면, 'Away from her'라는 영화는 뉴욕 타임즈가 북미 최고의 작가로 격찬한 앨리스 먼로의 단편 소설 '곰이 산을 오르다'를 각색한 영화인데, 알츠하이머병에 걸려 기억을 잃어가는 아내와 요양원에서 새로운 사랑을 하는 아내를 지켜보는 남편의 오랜 시간에 걸친 아름다운 사랑을 그린 영화이다. 영화를 통해 아내는 남편의 사랑을 기억하고 가족의 사랑과 의미를 다시금 떠올려보게 한다.

물론 본문에서 피오나가 남편의 기억을 잃어버리고 오브리와의 친구관계를 유지하는가 하는 것에는 보는 이들의 의문이 있을 수 있으나, 노부부의 극진한 아가페의 사랑을 보여주는 예로 충분한 영화였다.

이와 같이 결혼은 이처럼 오랜 시간을 두고 서로의 생각과 느낌을 충분히 표현하고 상호 간 충분히 존중되며 시간이 흘러도 변하지 않는 가족의 사랑이 무엇인가 하는 것에 대하여 숙고한 이후에 이루어지는 것이 바람직할 것이다. 본 영화를 〈사랑의 유형〉에 대입하여 본다면, 이 영화에서 보여주는 사랑은 친밀감과 열정과 헌신이 있는 완전한 사랑을 보여주고 있다고 할 수 있다. 또한 우정의 단계인 스토르게의 측면과 아가페의 측면에 가깝다고 할 수 있다. 영화에서 보면 피오나는 노년에 알츠하이머라는 자신의 현실을 인정하고 이에 대한 현실적인 이야기 및 도움을 그랜트에게 요청하고 있으며 그랜트 역시 이를 받아들이고 최대한 피오나의 입장을 이해하려고 한다.

이를 통해 사랑의 속성(Fehr, 1988)에서 볼 수 있는 다음과 같은 속성들, 즉 신뢰감, 돌봄, 정직성, 우정, 존중, 상대방이 잘 되도록 마음을 쓰는 것, 관심, 충실함, 헌신, 상대방의 방식을 받아들이는 것, 상대방을 지지해주는 것, 상대방과 함께 있기를 원하는 것 등이 건강한 결혼생활을 위해서 그리고 자신에 대한 점검으로 이루어져야 할 것이다. 이러한 특성은 건강한 가정의 기초가 되며 위기에 대처하는 자원이 될 수 있다.

1) 사랑 유형이론 – 리의 사랑 유형의 이론

리(Lee, 1973)는 사랑이 인생에서 가장 어려운 문제라고 보아 사랑의 유형에 관하여 연구하게 되었는데 그 이론에 따르면 사랑은 자연스럽게 학습되는 것이라 전제하였으며 기존의 사랑의 유형을 크게 '기본 유형'과 '2차 유형'으로 분류하였다.

(1) 사랑의 기본 유형

사랑의 기본 유형은 사람들에게서 일반적으로 나타나는 사랑의 유형으로 세 가지 하위 유형으로 구분하였다.

- 에로스(Eros)는 '낭만적, 열정적, 로맨틱한, 에로틱한, 한눈에 반한 사랑'을 의미하며 애정으로 발전할 수 있다.
- 스토르게(Storge)는 친구와의 우정과 관련한 사랑으로 보살핌이나 연민 혹은 우정과 같은 감정이 있어 커플은 애정표현보다는 공동의 활동을 통하여 편안한 관계를 유지하는 특성이 있다.

- 루두스(Ludus)는 유희적이며 게임식의 사랑으로 이러한 사랑을 추구하는 사람은 사랑에 빠질 수 있는 능력을 발휘하여 사람을 사귀지만 헌신도는 낮은 것이 특징이다.

(2) 사랑의 2차 유형

사랑의 2차 유형은 앞에서 언급한 사랑의 기본 유형들을 상호 결합하여 나타내는 유형으로 다음의 3가지 유형으로 구분하였다.

- 매니아(Mania)는 소유적이며 의존적인 사랑으로 앞서 에로스와 루두스의 결합에 의해 나타나는데, 상대에게 강렬하게 사로잡힘, 애증의 복합적인 감정, 질투, 소유욕, 상대방의 사랑을 확인하려 하며 종종 분별력을 잃거나 사랑을 증명하기 위해 극단적인 일을 자행하기도 하는 특징이 있다. 이러한 사랑을 하는 사람은 자기중심적으로 생각하는 경향이 강하고, 어울리지 않는 사람을 선택하여 그 상대를 자신에게 맞추려 무리한 노력을 하는 경우가 많으므로 상대로부터 냉정함을 경험하기 쉽다.
- 프래그마(Pragma)는 실용적, 논리적, 현실적, 계산적인 사랑으로 스토르게와 루두스가 결합하여 나타난다. 예를 들면, 상대의 사회경제적 지위나 배경으로 학력, 직업, 재력 등의 실용적인 지표에 관심을 두는 경향이 있을 수 있다.
- 아가페(Agape)는 모성애와 같이 이타적이며 헌신적 사랑으로서, 에로스와 스토르게가 결합함으로써 상대방에 대하여 애정 어린 보살핌을 베풀고 친절하고 인내하고 배려해 주는 자기희생적 특성이 강하다.

5. 행복과 긍정심리

마틴 셀리그만

긍정심리의 용어를 처음 언급했던 심리학자는 Martin Seligman이다. 1998년 마틴 셀리그만은 미국의 심리학회 연설에서 심리학이 과거의 진단주의, 질병이론 등 학술적 연구가 그동안 인간의 부정적인 측면에 관심을 가졌음을 지적하였다. 따라서 그는 향후에는 심리학이 인간의 보다 좋은 점을 향상시키는 방향으로 관심이 전환되어야 함을 언급하면서 긍정심리학을 제시하였다. 그는 이러한 관점으로 학습된 무기력에 대한 연구에서 방향을 전환하여 2000년대의 심리학의 새로운 전환을 가져오게 된다. 이것은 Carl Rogers가 제시하고 있는 전인적 인간상, 즉 인간의 본성이 기본적으로 긍정적인 잠재력을 가지고 있으며 이러한 잠재력의 실현이 바로 삶의 진정한 원동력이 된다고 한 것과 비교하면 인간의 긍정적 역동성에 의한 긍정성을 강조한 것이라 할 수 있다. 마틴 셀리그만은 학습된 무기력을 연구하고 이 단어에 대한 노출만으로 무기력의 영향이 확대될 수 있음을 발견하고 이후 긍정심리학의 중요성을 역설하였다.

긍정심리학은 우리의 정신과 삶에 대하여 보다 긍정적인 측면을 중심으로 생활할 필요가 있음을 과학적으로 알려주고 있다. 이에 관련한 연구에서 술과 담배를 하지 않는, 즉 수명에 영향을 미치는 다른 요인이 동일하게 통제된 상태에서, 180명의 수녀를 대상으로 수명을 연구한 결과 긍정적 정서와 수명은 정비례 관계로 두 집단의 평균 수명의 차이는 무려 10.7세로 조사되었다.

이것은 긍정심리는 우리의 삶과 밀접한 연관이 있는 심리를 다루는 학문이라는 뜻이기도 하다. 긍정심리는 삶을 즐겁게 하고, 몰입하게 하며, 의미있고 풍요하게 한다. 또한 일상생활 중에 일반인도 실천할 수 있는 다양한 실천방법을 가지고 있다. 예를 들어 긍정 정서와 부정 정서를 이분화하여 각기 다르게 일주일을 생활해

본다면 그에 대한 삶의 의미가 확연히 다름을 알 수 있으며 이러한 생활이 누적된 경우 그에 대한 결과도 상이하게 다를 수 있음을 체험적으로 경험하도록 하는 과학적 방법을 긍정심리학은 활용하고 있다.

구체적으로 긍정과 부정의 정서로 인한 경험적 결과를 기록하여 긍정성과 부정성이 갖는 결과에 대하여 '무엇이 하루를 더 풍요롭게 하는가'에 관한 답을 어느 정도 얻을 수 있을 것이다. 긍정심리의 감사 헤아리기, 몰입의 시간 측정해보기, 몰입이 가져다주는 효과 헤아리기, 영성에 관하여 이야기 해보기, 자기와 가족 혹은 친구에게 매일 감사편지를 써보기, 거울을 보며 칭찬해보기 등을 한 달 동안 실천해보고 자신의 삶에 어떠한 변화가 일어났는지 이야기해보는 것을 실천하는 것이다.

이러한 상호작용이 관계를 보다 풍요롭게 하고 있음을 체험할 수 있을 것이라 생각된다. 이것은 일상생활에서의 행복이 사실은 연습에 달려있을 수 있음을 함의하기도 한다. 독일의 철학자 칸트는 권태를 방지하기 위해 매일의 산책 일과를 바꿔가며 즐겼다고 한다. 긍정적인 습관과 부정적인 습관은 결국 감정의 선택을 의미하기도 한다는 것을 나타내 주고 있다. 긍정심리에 대한 가치를 위해 다음을 탐색해본다.

1) 삶에서의 부정성향 vs 긍정성향

일상생활에서 본인과 상대방의 부정성향과 긍정성향에 대해 객관적인 체크와 점검은 중요하다. 즉, 부정적인 감정과 경험들은 파급력이 크기 때문에 긍정적인 것들을 덮어 버리고 있을 수도 있다. 부정적인 감정은 당장 급한 문제들 혹은 객관적으로 존재하는 위험을 반영하고 경계를 강화하고 자신의 행동을 바꾸게 할 만큼 강력하므로 어떤 측면에서 심리학이 부정적인 측면에 초점을 맞추는 것은, 부정적인 감정 대 긍정적인 감정의 생존 가치상의 차이를 반영하는 것일 수도 있다.

Seligman(2002)은 기존의 심리학이 주로 사람들의 손상된 부분과 부정적인 부분들을 교정하고 치료하는 데에 치중하였다고 하였다. 즉, 정신장애의 진단 및 통계 편람(DSM)은 문제행동을 중심으로 기술되고 있다. 대조적으로 그동안 심리학에서는 인간의 긍정적인 측면, 강점, 자원, 미덕, 긍정적 가치 등은 거의 주목을 받지 못해 심리학은 대다수의 사람들이 긍정적인 부분에 대해 배울 수 있는 기회를 갖지 못했고 이는 인간 이해의 측면에서 심각한 불균형을 가져오고 있다고 하였다.

따라서 긍정심리학에서 강조하고 있는 긍정심리(positive psychology)는 이러한 불균형을 해소하고 인간의 잠재력을 계발하여 행복을 추구하는 하나의 과학적인 패러다임이라 할 수 있다. 다음의 체크리스트를 통하여 한국판 향유신념에 관하여 개발된 문항으로 다음의 20문항을 체크해보자. 각 문항은 다음과 같으며 강도가 높을수록 1-5 사이의 점수를 부여하면서 체크해본다. 본 척도는 사람에 따라 차이가 있을 수 있으며, 자신을 돌아보고 그에 대한 생활의 파장을 살펴보는 것에 도움이 될 수 있다.

① 나는 과거의 행복했던 기억들을 떠올리면서 즐겁다 ( ).
② 재미있는 경험을 하게 되면 나는 나중에 다시 떠올릴 수 있도록 잘 기억해두곤 한다 ( ).
③ 나는 과거의 즐거웠던 일들을 회상하면서 나의 기분을 즐겁게 만들 수 있다 ( ).
④ 즐거웠던 기억을 통해서 나는 그때의 즐거움을 쉽게 다시 느낄 수 있다 ( ).
⑤ 좋은 일이 있었더라도 나는 그런 일들을 되돌아보는 것을 좋아하지 않는다 ( ).
⑥ 일단 즐거운 일들이 지나가고 나면 다시 그 일에 대해 생각하지 않는 것이 최선이다 ( ).
⑦ 즐거운 일들에 대해 회상하면 나는 종종 슬퍼지거나 낙담하게 되곤 한다 ( ).
⑧ 행복한 순간에도 나는 그 기쁨을 잘 느끼지 못하는 것 같다 ( ).
⑨ 나는 행복한 시간을 최대로 즐긴다 ( ).
⑩ 어떤 일에서 남들이 그렇듯 당연히 느껴야 하는 즐거움을 충분히 즐기지 못한다 ( ).

⑪ 나는 내가 경험하는 즐거운 일들을 충분히 즐길 수 있다( ).
⑫ 나는 즐거움을 느낄 수 있는 경우에도 좀처럼 즐거움을 느끼지 못한다( ).
⑬ 내가 원할 때 시간을 즐겁게 보내는 일은 나에게는 쉬운 일이다( ).
⑭ 나는 좋은 기분을 오래 유지하기 어렵다 ( ).
⑮ 좋은 일이 생긴 경우 어떤 생각이나 행동을 함으로써 그 즐거움을 좀 더 오래 유지할 수 있다 ( ).
⑯ 나는 좋은 일이 있을 것으로 예상되더라도 실제로 그 일이 일어나기 전까지는 너무 기대하지 않는다 ( ).
⑰ 좋은 일이 일어날 것으로 예상될 때 나는 그 일을 기대하며 즐겁다 ( ).
⑱ 나는 곧 일어날 좋은 일에 대해 상상하면 기분이 좋아진다 ( ).
⑲ 즐거운 일들이 일어나기 전에 미리 그 생각을 하면 종종 마음이 불안해진다 ( ).
⑳ 내 생각에 어떤 즐거운 일들이 생길 것이라고 상상하면 기분이 좋아진다 ( ).

2) 긍정심리의 유용성

긍정심리학은 기존의 심리학을 일상생활로 끌어올려, 측정 및 적용범위의 폭을 훨씬 구체적으로 제시하고 있기 때문에 각종 집단이나 영역에 다양하게 활용될 수 있다. 또한, 긍정심리학에서는 긍정적 감정과 부정적 감정을 대비하여 다룸으로써, 사람들이 그 특성을 잘 이해하고 실생활에서 실천해보도록 하는 것에 유익하다.

이와 같은 특징들은 특히 감정적으로 통제하기 어려운 시기에, 여러 가지 감성들을 예비적으로 탐색하는 것이 도움이 되며, 일상생활을 점검하는 시야를 좀 더 넓게 함으로써 다양한 상황에 맞추어 활용할 수 있는 가능성이 있다. 특히 가족 모두가 함께 일정기간 활용해보는 것도 바람직하며 긍정심리학은 다양한 탐색활동을 통하여 기존의 인지행동치료의 활동에 도움을 줄 수 있다. 그렇기 때문에 긍정심리학의 이러한 다양한 활동들은 상담이나, 프로그램 혹은 각종 개인 및 그룹 활동에 유용하게 적용될 수 있는 가능성이 있다.

그러나 긍정심리학의 제한점도 생각해 볼 수 있다. 즉, 긍정심리학에서 감성적

인식을 긍정의 측면과 부정적 측면으로 이분화하여 살펴보는 것은, 긍정을 좋은 측면, 부정을 좋지 않은 측면으로 인식하게 할 수 있다는 것이 바로 그것이다. 긍정과 부정을 반으로 나누어서 생각한다는 것에 대한 이분방식의 사고가 문제가 될 수도 있다는 것을 알 필요도 있다. 또한 긍정심리학이 사회의 부정적인 사건들에 대한 구체적인 비판의식을 제시하고 있지는 않다. 긍정심리학의 다양하고 유용한 특성은 이 분야가 각종 훈련프로그램으로 구조화될 수 있는 가능성을 지니며 일상생활 속에서 자신만의 커다란 장점을 이끌어 내어 강점관점의 가치관을 지향하고 행복한 삶을 이끌어 가는 데는 분명 도움이 된다고 할 수 있다.

3) 긍정심리학의 연습

이와 같은 긍정심리도 연습이 필요하다. 즉, 행복도 연습이 필요하다고 강조한 오혜정은 저서 『행복도 연습이 필요하다』에서 다음과 같이 역설하고 있다. 즉, 행복에 이르는 길, 즉 연습으로써 감사와 낙관주의를 위해 감사의 표현, 과도한 생각의 지양, 사회적 비교를 피하라는 것이다. 그리고 사회적 관계를 위한 친절 실천, 인간관계에 대해 이야기하고 있고 스트레스를 관리하기 위한 대응전략, 행복 연습, 용서에 대한 연습이 필요하다고 하고 있다. 그 밖에는 몸과 영혼의 건강을 돌보기 위한 종교생활과 영성훈련, 명상과 신체활동 및 행복한 사람처럼 행동하기라는 다소 이색적인 소개를 하고 있다. 마지막으로는 행복을 지속시키는 5가지 비결을 소개하고 있는데, 이것은 긍정적 감정, 적절한 타이밍과 변화, 사회적 지원, 동기, 노력, 헌신, 그리고 습관이 있다.[1]

4) 긍정심리학과 자아의 실현의 문화

긍정심리학을 통한 자아의 실현을 점검하기 위하여 다양한 척도를 통한 점검은

1) 오혜경, 『행복도 연습이 필요하다』, 지식노마드.

긍정심리학을 보다 과학적인 체계로 자리잡게 하고 있으며 자신의 일상을 통한 과학적 분석이 가능하도록 하고 있다. 이것은 인간이 스스로 간단하게 자신의 일상을 컨트롤할 동기와 계기를 부여하고 자신을 객관적으로 바라보는 데 도움이 되는 역할을 한다.

칙센트 미하이

이에 대하여 Csikszentmihalyi(1997)는 감정과 목표만큼 중요한 것이 바로 사고의 인지적인 과정이라고 언급하면서, 자신의 일상적인 생활의 패턴을 ESM(Experience Sampling Method)으로 분류하여 생각해보도록 권하였다. 이것은 바로 자신의 생활 가운데 시간의 쓰임들을 되짚어 보도록 하여, 불필요하게 할애되는 시간을 점검해보는 기회를 갖도록 하는 것이다. 또한 몰입이란 아무런 감정(의식적인 사고)없이 현재에 대해 갖는 긍정적 정서라고 정의된다고 하면서 몰입의 상태에서 경험하는 성과나 감정의 종류 및 질에는 차이가 있으므로, 삶의 질을 끌어올리기 위해 알고 있는 것, 활동, 시간, 장소, 사랑의 느낌의 포착, 잘 할 수 있는 것을 하는 것과 자신과의 대화가 중요하다고 하다고 하였다(Csikszentmihalyi, 1997).

(1) 시간의 소중함

시간의 소중함은 우리들이 무심코 흘려버리는 시간의 양과 질을 체크하는 것과 자신의 적성과 삶의 탐색에 유용한 활동이 될 수 있을 것이다. 또한 조화적 관점으로써 볼 때, 긍정적 심리학에서는 내면적 자아를 탐색하는 것에 다양한 시간을 할애한다. 즉, 내면적 자아와 가정, 사회, 영성 등의 측면을 다양하게 살펴보는 것은, 사람들이 치우치지 않는 균형 잡힌 시야를 형성하는 데 도움이 될 수 있다. 더욱이 다양하고 간략하게 구분된 체크리스트들(Seligman, 2002)은 긍정심리학을 통해 사람들이 스스로 자신을 탐색하고 균형적 차원에서 평가해보도록 하는 것에 용이하게 활용될 수 있을 것이다.

이에 대하여 Seligman(2004)은 체크 목록을 통하여 일반 행복도, 긍정 및 부정적 감정상태, 낙관주의도, 대표감정 등을 다룰 수 있도록 하고 있다. 이를 위해 긍정적 심리의 핵심 요소로 긍정적 정서(positive emotions), 몰입, 흥미 그리고 의미 및 목적의 예를 들면서 추가적으로 자존감(self-esteem), 낙관주의(optimism), 회복탄력성(resilence), 활력(vitality), 자기결정능력(self-determination), 긍정적 관계(positive relationship)가 조화를 이루어야 한다고 말하고 있다(Seligman, 2009).

(2) 강점관점의 이해

긍정심리는 인간의 강점중심의 역할 이해에 초점을 맞추어 강점과 함께 자기실현이 균형을 이룰 필요가 있음을 역설하는 것이라고 할 수 있다(Lopez, S. J., & Snyder, C. R. 2003). 그리고 긍정심리학이 제공하는 또 다른 것은 부정적 감정과 긍정적 감정의 성과나 사례 및 효과를 과학적인 방법으로 비교하여 제시하고 있다.

즉, 부정적 감정들에 탄력적으로 제공할 수 있는 방법을 제시하면서 다양한 감정들을 분류하고 이들을 탐색하는 시간들을 가질 수 있도록 하고 있다. 특히 감정의 대비과정을 통하여 사람들로 하여금 다양한 감정들에 대한 객관적 지식을 얻을 수 있으며, 문제를 좀 더 낙관적인 각도에서 바라볼 수 있는 훈련을 할 수 있게 될 것으로 전망된다. 또한 다양한 대처방법으로써 스트레스의 사건을 위협보다는 도전으로 지각하도록 하여 문제에 대해 이성적이고 효과적으로 접근하도록 권하고 있다(Lopez & Snyder, 2003).

그 밖에도 Lyubomirsky(2007)는 긍정적인 습관이나 부정적인 습관이 결국 감정에 대한 자신의 선택을 의미한다고 하면서, 자신의 심리적인 취약함은 없는가 하는 문제에 대하여 스스로 생각해보도록 하는 시간을 갖도록 하여야 한다고 하였다. Lyubomirsky(2007)는 스스로 직면하게 되는 역경이나 좋지 못한 사건 등의 문제의 특성을 글로 적어보도록 하여 이를 좀 더 구체적으로 파악하도록 권하고 있다. 부정적인 믿음에는 어떤 것들이 있는가 하는 것들을 탐색해보고 그에 따른 결과적 행동 및 결과에 관해 기록하게 함으로써, 부정적 믿음에 대해 도전하는 과정에서 문제의 다른 각도의 해석과 가능성에 대해 탐색하도록 하고 있다.

따라서 이러한 활동들은 가족 구성원으로 하여금 부정적으로 인식되는 상황에 머무르지 않고, 스스로 그 문제를 탐색하여 분석하고 그에 따른 대안을 세우며 실천하는 과정에서 중요한 훈련이 될 수 있다. 따라서 긍정심리학에서는 행복, 의미있는 삶 등의 가치있는 정의에 관하여 생각해보도록 함으로써 일률적 사고로부터 탐색적 사고가 가능하도록 하는 견지를 지향하고 있다.

이러한 과정을 통하여 사람들은 자신의 감성을 실생활을 통해 살펴보는 기회를 가지게 되고 이에 대한 주관적인 가치에 대해서 각자의 경험을 비추어 구체적으로 생각해볼 수 있다. 또한 이러한 활동은 사회적 관계를 위한 친절함의 실천, 인간관계 및 스트레스 관리에 대한 대응전략, 행복의 연습, 용서하기 등을 통하여 훈련될 수 있다.

5) 긍정심리학과 생활의 기여

(1) 철학적 가치

긍정심리학의 가장 중요한 것은 긍정심리학이 동양의 사상이나 철학에서 거의 논의되지 않는 행복이라는 주제를 탐구하도록 하는 시간을 갖도록 한다는 것이다. 즉, 긍정적인 감정과 삶에 대한 의미를 다룰 뿐 아니라 행복의 근원에 대한 탐색을 하도록 한다(Lyubomirsky, 2007). 또한 이를 위하여 그는 적절한 타이밍의 변화에 대한 중요성을 사례로 들고 있다. 이를 위한 사회적 예로는 유사한 문제를 지닌 사람들의 모임이나, 동기, 노력, 헌신의 중요성을 이야기 하고 있다. 즉, 동기가 분명한 헌신적으로 노력하는 것은 행복의 활동을 계속 실천하도록 하여 그렇지 않은 사람들보다 더욱 장기적인 혜택을 누릴 가능성이 있다고 언급하고 있다(Lyubomirsky, 2007).

Lyubomirsky(2007)는 이러한 활동들이 행복을 헤아리는 행위를 통하여 삶을 향한 고마움과 이해의 폭을 넓히는 행위가 된다고 하면서 다음과 같이 말하였다. "6주간 일정시간을 정하여 감사를 헤아리는 연습만으로 행복지수가 높아진 실험이 있으며, 감사의 경험에 대한 음미, 표현은 가치와 자존감과 정신적 외상에 대처하며 도덕적 행동을 촉진한다. 또한 사회적 유대를 쌓을 뿐 아니라 다른 사람과의 비교를 억제하는 효과와 부정적 감정과의 공존이 어려운데, 행복을 지속시키는 5가지 비결은 긍정적 감정, 적절한 타이밍과 변화, 사회적 지원, 동기, 노력, 헌신, 그리고 습관이다"(Lyubomirsky, 2007; 오혜경 역, 2008).

(2) 생활 속에서의 유용함

이와 같이 Seligman(2009)은 긍정심리학에서 과거와 현재, 미래의 긍정적 정서 키우기에 대하여 언급하고 있다. 뿐만 아니라 미래의 직업이나 행복한 결혼생활에 대한 사례 등을 언급함으로써 사람들의 미래탐색활동에 도움을 줄 수 있을 가능성이 있다. 즉, 사회적 관계로써 우정관계, 사랑과 결혼, 직업과 직무만족, 여가생활, 가족 및 관계성의 일반적 효과에 대하여 탐색해보도록 돕는다(이훈구, 1997).

이와 같이 긍정심리학은 일상생활의 자원과 피드백을 통한 생활과 학문의 접목이며, 따라서 이론에서 출발하였으나 다양한 실천적 차원을 함의하고 있는 행복한 삶을 위한 중요한 분야가 될 가능성이 있다고 할 수 있다. 다음 [그림 5-2]는 긍정심리학의 생활적 기여 및 교류 가능성을 알기 쉽도록 도표화하여 나타낸 것이다.

권석만(2008)에 의하면 또한 웰빙의 차원에서 심리학을 다룰 때, 행복이 개인이 주관적으로 경험하는 유쾌한 상태라는 '쾌락주의적 입장'과 행복이 개인의 잠재적 가능성을 충분히 발현하는 것이라는 '자기실현적 입장'에 기반하고 있다는 점을 들어 생활만족도 연구를 진행하였다. 그리고 이 두 입장은 심리학에서 '긍정심리학'이 태동하게 된 철학적 기반이 되었다. 이때 전자의 입장에서 행복을 탐구하는 학자들은 긍정적인 주관적 경험(주관적 복지감, 행복감, 생활만족도, 몰입경험, 긍정 정서 등)에 초점을 맞추고 있으며, 후자의 입장을 중시하는 학자들은 인간의 긍정적 특질, 즉 성격적 강점과 덕목(지혜, 용기, 창의성, 관용, 절제, 영성 등)에 초점을 맞추고 있다(권석만, 2008).

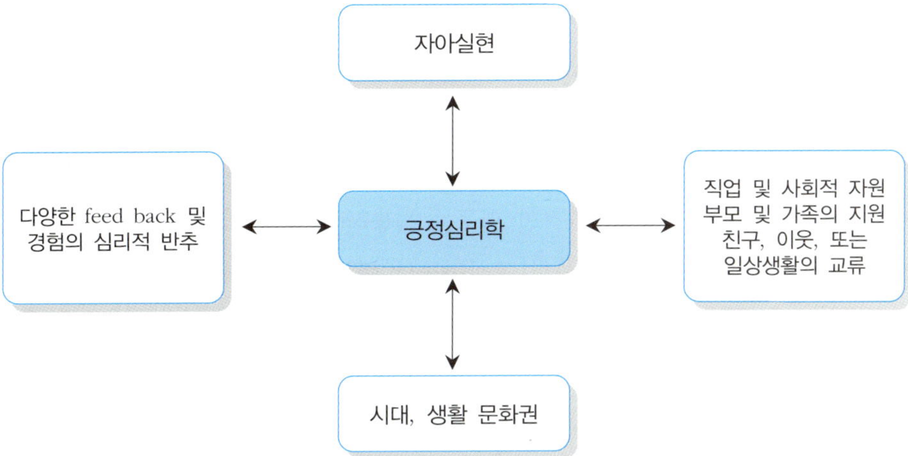

[그림 5-2] 긍정심리학의 다양한 생활적 기여 및 교류 가능성

6. 삶의 질

1) 삶의 질이란

삶이란 안화선(2008)에 의하면 살아있는 존재, 살아가는 방식, 살아있는 현상, 생명, 목숨을 의미하며, 질은 어떠한 것이 소유한 우월성의 정도, 어떤 대상의 특성을 일컫는 추상적인 복합어라고 하였다. WHO(세계보건기구)에서 삶의 질이란, 한 개인이 살고 있는 문화권 및 가치체계 안에서 자신의 목표, 관심, 기대, 사회규범과 관련하여, 삶에서 자신이 차지하는 상태에 관한 개인적 지각이라고 하였다.

우리나라의 경우에 삶의 질의 개념은 박대식 등(2007)에 의하면 1980년 이후부터 이에 대한 연구가 본격적으로 착수되었다고 하였다. 그 이후 삶의 질에 관하여 박대식 등(2011)은 2000년대 초 여성가족부가 외국인 여성인권 위협에 대한 사업을 추진한 것을 기점으로 하여, 2000년대 중반부터 다문화가족의 안정적인 가족생활

영위와 삶의 질 향상 그리고 사회통합을 위한 정책으로 추진되어오고 있다고 하였다. 이에 대하여 송건섭(2007)은 삶의 질의 개념이 인간의 안녕과 복지의 정도를 표현하는 포괄적이며, 다차원적 개념이라 하면서 삶의 질을 신체적, 정신적 및 사회 경제영역에서 각 개인이 지각하는 주관적 만족감과 행복감으로 정의하였다.

이러한 삶의 질에 관한 본격적인 연구는 김봉선(2007)에 의하면 1960년대 지속되는 경제성장에도 불구하고 사회 구성원들의 행복이 증가하지 않았다는 자성의 목소리로부터 시작하였다고 하였다. 즉, 사회가 지속적인 경제성장을 통하여 경제자원이 풍족해졌음에도 불구하고 빈곤, 양극화, 자살 증가와 같은 사회문제가 높아짐에 따라 경제성장과 삶의 질과의 상관관계에 관하여 학문 및 정책적인 측면의 본격적인 논의가 시작된 것이다.

이에 대하여 관점에 따라서는, 삶의 질의 개인적인 요인, 경제적 요인, 정치적 요인이 행복도에 미치는 영향에서 소득은 행복도에 영향을 미치는 정도가 다른 요인에 비해 미미했다고 분석되었다(Frey & Stutzer, 2000). 이후 삶의 질은 다양한 사회적 취약계층에 대한 개입과 사회복지정책과 서비스의 목적이 되기 시작하였다(김봉선, 2007).

삶의 질과 유사하게 인간의 행복을 설명할 수 있는 이론으로는 욕구이론, 비교이론, 문화이론이 있다. 먼저 욕구이론(need theory)에서는 대다수의 사람들이 보편적인 욕구, 즉 성취욕구, 명예욕구, 생리욕구 등이 있으며 욕구의 충족 여부에 의하여 행복이 결정된다고 보았다. 그리고 비교이론(Michalos, 1985)은 비교대상과의 차이에 대한 지각을 전제로 출발하는 이론이다.

이 이론은 사람들이 어떤 기준과 스스로를 비교하며 특정 기준과의 괴리를 긍정적으로 인식할 때 행복감을 느끼게 된다고 하였다. 그러므로 이것은 객관적 사실 혹은 상태 그 자체보다는 특정 대상과의 비교기준에 의한 기대수준이 스스로 지각하는 행복에 영향을 주게 된다는 이론이다.

그 밖에 〈우리 자신이 누구이며, 무엇을 생각하고 느끼며, 어떻게 행동하는가에 관한 것이 결국 문화에 의해 결정된다〉고 보는 관점도 있다(Diener & Oishi, 2000).

그 밖에도 삶의 질이란 복합적인 개념으로 개인적인 특성에 따라 다르게 형성되며 인적자본으로 교육, 취업 등도 포함된다(Schulz, 1961). 또한 외부환경이나 내부환경의 영향을 받는데, 외부환경 요인은 자연환경과 정치환경, 사회환경이 해당되며, 내부환경요인은 신체건강, 개인역량, 사회활동, 물질적 풍요가 해당된다(Lindstrom & Ericsson, 1993; Pukeline & Starkaukiene, 2011; Veenhoven, 2000). 그리고 교육수준이 높을수록 안정적인 직업과 사회관계를 가질 확률이 높으므로 개인으로 하여금 심리적 안정감을 갖게 할 수 있다(Ross et al., 1997).

그러나 이에 대하여 Glatzer(2006)는 생활환경 등의 객관적인 차원이 향상되었음에도 사람들이 느끼는 만족도는 저하되는 객관적인 차원과 주관적인 차원이 반드시 비례하는 것은 아니라고 주장하였다. 따라서 삶의 질은 객관적 영역과 주관적 영역으로 구분할 수 있는데, 객관적인 영역은 소득, 주거형태 등이 포함되며 주관적 영역은 개인의 주관적 감정을 통해 측정되는 소득의 만족도, 직업의 만족도 등이 포함된다(Delhey, Bohnke, Habich, & Zapf, 2002).

그리고 삶의 질에 관하여 우리나라의 송건섭(2007)은 삶의 질이 인간의 안녕과 복지의 정도를 구체적으로 표현한 포괄적이고 다차원적인 개념이며, 삶의 질을 주관적 관점으로 신체적, 정신적 및 사회 경제적 영역에서 개인이 지각하는 주관적 만족과 행복감으로 정의하였다. 그 밖의 삶의 질과 관련하여 임진택(2003)은 일정한 범위 내에서 지역주민들이 보다 만족하며 안락한 삶의 물리적인 상태나 조건을 영위하는 것이 삶의 질(행복)이라고 하였다. 이에 이원일 등(2000)은 인간의 만족스러운 생활에 영향을 주는 객관적인 삶의 조건에 관하여 분석하였으며, 김구(2003)는 삶의 질 평가 및 측정대상자가 거주하고 있는 환경적 요소와 물리적 요소를 포괄하는 삶의 종합적인 상태가 삶의 질이라고 정의하였다.

구체적인 삶의 질의 측정방식으로 펠스와 페리(Felce & Perry, 1995)는 삶의 질의 평가영역이 5가지 영역, 즉 신체, 물질, 사회, 정서, 생산적 안녕으로 구성되며, 신체적 안녕은 건강과 연관이 있고 물질적 안녕은 수입과 관련되며 사회적 안녕은 대인관계, 사회참여, 그리고 정서적 안녕은 정서상태나 스트레스와, 생산적 안녕은 발전적 성장이 하위요인이라고 하였다.

또한 에스테스(Estes, 2004)는 교육, 건강, 경제, 환경, 여성지위, 문화다양성, 인구학적 특성, 사회적 혼돈, 복지노력을 통해서 삶의 질이 측정된다고 하였다. 이에 대하여 우리나라의 김태룡 등(2000)은 지방정부 차원의 삶의 질 수준과 그 결정요인을 분석하기 위하여 의 · 식 · 주, 가치관, 사회관계, 교육, 안전 · 보건 · 복지, 경제 · 노동, 여가, 행정과 참여, 사회제반시설, 환경의 10개 영역에 대하여 33개 하위변수를 사용하여 삶의 질을 분석하였다.

한편 최준호 등(2003)은 재난관리, 치안관리, 교통, 주거생활, 자연환경, 환경관리, 교육, 복지, 문화, 주민참여를 통하여 삶의 질을 측정하였다. 그 밖에 송인성(2004)은 캐나다에서 평가하고 있는 삶의 질 지표를 우리나라의 삶의 질 평가지표와 비교하여 평가영역을 인구, 주거, 소득 및 고용, 건강, 교육, 교통안전, 주민참여, 자연환경 및 여가활동, 인공환경, 토지시장 등의 10가지 항목으로 제시하였다. 한편 송건섭(2007)은 건강한 생활여건, 편리한 생활여건, 공공안전 생활여건, 자연환경여건, 여가활용 및 문화생활, 교육여건, 경제생활여건, 기타생활여건의 지표를 적용하였다. 그 외에 권용현(2009)은 건강한 생활여건, 가족 및 주거여건, 환경여건, 공공안전여건, 복지여건, 교육문화 · 관광여건, 경제여건, 참여여건을 통하여 삶의 질을 측정하였다.

삶의 질은 크게 두 가지 방식으로 정리될 수 있다. 첫째는 김영란 등(2005)은 삶의 질을 객관적인 자료를 통하여 측정하는 방식으로 각종 사회지표나 인구사회학적 요인을 통한 측정방식이 있다고 하였다. 두 번째는 개인의 주관적인 차원에 의하여 삶의 질을 측정할 수 있다고 하였다.

즉, 삶의 질을 주관적인 차원에서 보았던 대표적인 학자인 Campbell(1976)은 삶의 질이 결국 개인이 삶에 대하여 느끼는 만족감이나 행복감이라고 정의하였다. 따라서 이정규(2009)는 객관적으로만 삶의 질을 측정하는 측정지표는 인간의 삶의 내면적 수준을 고려하지 못하므로 사람들의 삶에 있어서 주관적인 만족을 반영하지 못한다고 하였다. 또한 강점숙(1997)도 삶의 질이란 개인 스스로 자신의 가족관계, 결혼생활 등에 대해 어느 정도 만족하는가를 측정하는 주관적 방법으로 정의하였다. 그 밖에는 이 두 가지 방식 모두를 적용하여 삶의 질을 측정하는 방식이 있다(김미령, 2006; 박희봉, 이희창, 2007; 안화선, 2008).

이와 같이 삶의 질에 대한 논의는 결국 다양한 영역을 통해서 측정되지만 객관적인 영역보다는 주관적 영역이 관여하고 있음을 알 수 있다. 따라서 우리나라의 청소년들의 삶의 질의 함양을 위한 다양한 활동이 논의되어야 할 것이다.

2) 삶의 질의 측정[2)]

삶의 질의 측정연구는 OECD의 삶의 질 지표가 대표적이라고 할 수 있다. 1970년 OECD는 회원국의 삶의 질을 알아보기 위해 미국의 사회학자들이 연구한 사회지표와 비슷한 지표를 만들었고, 이에 관한 1차적인 연구를 통해 1976년 공통의 삶의 질 지표를 확정하였다. 그 후 2차적인 검토를 거쳐 1982년에 사회지표 항목을 개정하였는데 OECD가 작성한 삶의 질의 지표는 인간의 삶의 질을 대표할 수 있는 모든 항목을 포함하지는 않는다. 그러나 OECD의 삶의 질 지표는 조사가 가능하고 회원국들이 앞으로 달성할 수 있을 것으로 추정된 지표들이며, 이러한 지표들은 우리가 앞으로 추구해야 할 삶의 내용이 무엇인가를 제시해 주기 때문에 측정할 필요가 있다.

정리

삶의 질에 미치는 요소들을 종합적으로 정리하면 영향을 주는 6가지 요소는 소득, 주택 등의 경제적 요소(economic factors), 친구 및 이웃 관계 등의 사회관계적 요소(social relational factors), 성격, 문화 등의 사회심리적 요소(social psychological factors), 재난, 치안 등의 환경적 요소(environmental factors), 민주주의, 사회보장 등의 제도적 요소

2) 최창현, 김명하(2017). 행복이 뭘까요? 행복한 58문답 참조.

(institutional factors), 건강, 연령 등의 신체적 또는 인구학적 요소(physical or demographic factors) 등이 있다.

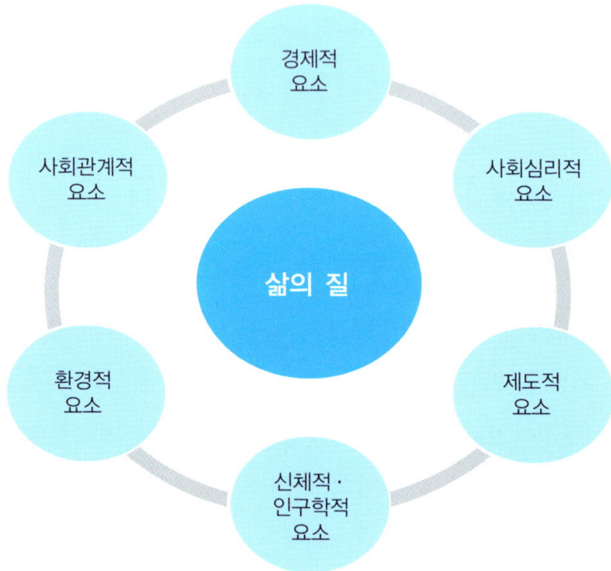

[그림 5-3] 삶의 질 구성요소

〈표 5-1〉 한국의 더 나은 삶의 질(Better Life Index) 국가별 비교

영역	지표명	정의
주거조건 (Housing)	주거관련지출	주거관련 가계의 최종소비지출
	기본시설 충족	실내 수세식 화장실 보유 주택의 비율
	개인당 방수	주택 방수를 거주 인원으로 나눈 수
소득 (Income)	가계 금융자산	금융부채를 제외한 순수 가계 보유 금융자산
	가계 순가처분소득	가계의 임금, 재산 및 임대소득 등 순가처분소득
공동체 (Community)	지원관계망의 질	어려움에 처했을 때 도움을 요청할 수 있는 타인이 있다고 응답한 사람의 비율

영역	지표명	정의
직업 (Jobs)	직업안정성	전년도에 고용된 사람 중 다음연도에 실업자가 된 사람의 전년도 고용자수 대비 비율
	개인소득	정규 노동자의 연평균 소득
	고용률	생산가능인구 중 일자리 고용 인구 비율
	장기실업률	1년 이상 실업상태에 있는 사람의 비율
교육 (Education)	기대교육기간	5세 아동이 39세까지 공식 교육을 받을 것으로 기대되는 평균 기간
	학생 역량	PISA(국제 학업성취도평가) 점수
	교육 성취	고등학교 졸업 이상의 학력을 보유한 성인 비율
환경 (Environment)	수질	거주 지역의 수질 만족도
	대기오염	인구 10만명 이상 대도시의 미세먼지 농도
시민참여 (Civic Engagement)	규칙 제정에 참여	법과 하위 규정 도입 시 이해당사자의 공식적 참여 수준
	투표 참여율	선거에 참여한 인구 비율
건강 (Health)	건강 자신감	본인의 건강상태에 대한 자신감 또는 만족도
	기대수명	현재 사망률에 근거한 평균적인 기대 수명
삶의 만족도 (Life Satisfaction)	삶에 대한 만족	전반적인 삶에 대한 만족도
안전 (Safety)	살인율	인구 10만명당 경찰에 신고된 피살자 수
	야간보행 안전	밤거리를 혼자 걸을 때 안전하다고 응답한 비율
일과 여가 균형 (Work-Life Balance)	여가/휴식 시간	여가 및 개인 돌봄에 사용한 시간
	장시간 근로자	주 50시간 이상 근무한 임금근로자의 비율

자료: http://www.oecdbetterlifeindex.org(2017)

이와 같이 삶의 질에 대한 논의는 결국 다양한 영역을 통해서 측정되지만 객관적인 영역보다는 주관적 영역이 관여하고 있음을 알 수 있다.

7. 행복(well-being)[3)]

UN의 세계행복보고서는 각국별로 매년 1,000명의 15세 이상 인구를 표본조사하고 있으며, 각국의 국민들이 자신의 삶에 대하여 스스로 인식하는 만족도를 10점 척도 또는 2점 척도를 통해 평가한 후 국가별 평균치를 산정하고 있다. 2012년 첫 보고서 발간을 시작으로 현재까지 2013년, 2015년, 2016년 4개의 보고서가 발간되었다. 보고서에서는 GDP, 기대수명, 사회적 지지, 선택의 자유, 관대함, 부패에 관한 인식 6가지 지표를 중심으로 행복도를 산출하고 있다. 또한 6가지 지표와 별개로 긍정적, 부정적 영향에 대한 조사와 Dystopia 조사(행복도가 가장 낮은 국가를 기준으로 지표값을 비교함) 등을 진행하고 있다.

세계 각국의 행복도는 지역에 따라 차이를 보이고 있지만, 대체적으로 경제 발전 수준을 반영하고 있다. 2016년 보고서에 의하면, 1위는 덴마크로 나타났으며, 2위 스위스, 3위는 아이슬란드가 차지하였다. 지역별로는 북아메리카 및 호주, 뉴질랜드 지역이 7.251점으로 행복도가 가장 높았으며, 사하라 이남 아프리카 지역이 4.186점으로 가장 낮게 나타났다.

한국이 포함된 동아시아 5개국(한국, 대만, 일본, 홍콩, 중국)은 5.774점으로 보통수준의 행복도로 나타났다. 특히 주요 선진국의 행복도는 2011년을 정점으로 하락하고 있으며, 한국 또한 하락의 추세에 있다. 한국은 사회적 지지, 선택의 자유, 관대함, 부패에 관한 지표가 OECD 평균은 물론 세계 평균에도 못 미치는 것으로 나타났다. 특히 GDP나 기대수명과 같은 객관적 지표보다 주관적 지표가 매우 낮게 나타나, 세계행복보고서의 이러한 결과는 양적 발전이 아닌 질적 발전을 도모하여 행복도를 높여야 한다는 시사점을 제시하고 있으며 앞으로 발전적 모습을 기대해보자.

3) 최창현, 김명하(2017). 행복이 뭘까요? 행복한 58문답 참조.

〈표 5-2〉 2016 세계행복보고서 지표 평균값 비교

	GDP	기대수명	사회적 지지	선택의 자유	관대함	부패
한국	10.368	73.148	0.788	0.637	-0.063	0.817
OECD 평균	10.436	70.395	0.905	0.799	0.041	0.648
남유럽	10.301	71.623	0.878	0.651	-0.137	0.909
세계평균	9.220	62.313	0.810	0.723	-0.005	0.753

자료: World Happiness Report(2016).

한편 미국 미시간대 사회연구소가 1981년부터 발표해 오고 있는 '행복지수'는 세계 각국의 국민 1,000~2,000명을 대상으로 한 실태조사를 보자. '세계가치조사(World Values Survey)'의 자료를 기초자료로 확보하여 조사하고 있다. '행복지수'는 유럽인 가치조사(European Value Study)를 확대 발전시킨 것으로써, 미국 사회학자이자 정치학자인 미시건 대학의 Ronald Inglehart 교수가 연구를 주도하고 있다. '행복지수'는 가장 공신력 있게 인용되는 데이터베이스 중 하나이며 사회문화, 도덕, 종교, 정치에 관한 가치조사로 삶의 만족도, 행복감 등의 조사항목이 포함되어 있다.

이것은 개별 응답자가 느끼는 '행복도'와 '생활만족도' 점수를 매긴 다음 평균을 내서 '주관적 웰빙 순위(Subjective Well-being Rankings)'를 산출하였는데, 이를 '행복지수'라고 한다. 국민의 '주관적 웰빙 순위'가 행복지수를 의미하며 행복지수의 측정결과는 다음과 같다. 즉, 30년간 이루어져온 행복지수의 측정결과로 1999~2001년 조사에서는 아프리카 나이지리아 국민의 행복지수가 세계 1위로 나와 화제가 된 바 있다. 이어서 1999~2001 조사를 업데이트한 새 자료에서는 1위 푸에르토리코, 2위 멕시코, 3위 덴마크, 4위 아일랜드 등의 순이었다.

주요 국가를 보면, 스위스 6위, 오스트리아 11위, 미국 15위, 스웨덴 18위, 싱가포르 24위, 대만 32위, 일본 42위 등이었으며, 한국은 49위를 차지하여 낮은 위치에 있음을 알 수 있었다. 심지어 우리나라보다 훨씬 개발수준이 낮은 국가들이 높은 행복지수를 보였는데, 엘살바도르 12위, 나이지리아 19위, 베트남 29위, 필리핀 31위, 중국 48위로 나타났다. 우리나라보다 낮은 행복지수를 보인 국가는 대부분 구

동구권이나 구소련 국가들인 탄자니아, 인도, 파키스탄, 인도네시아 정도였다. 행복지수와 일인당 국민 총생산 간의 관계를 나타낸 그래프는 의미 있는 결과를 보여주었다. 빈곤선에 근접할수록 소득과 행복지수가 긴밀한 관계를 나타내며 가난한 나라일수록 소득이 행복에 비교적 확실한 영향을 미치나, 일단 1인당 국민소득이 $15,000을 넘어서면 소득과 행복지수가 별 상관이 없다는 결과가 나타났다. 1945년부터 2000년까지 55년 동안 미국 국민 1인당 소득은 3배나 늘었지만, 행복지수는 제자리를 맴돌고 있었다. 물질적 풍요와 행복은 비례하지 않는다고 해석이다.

또한 한국과 중국, 일본 등의 동아시아 행복지수가 중하위권으로 나타난 결과에 대하여 네덜란드의 사회학자 루트 빈호벤은 "아시아 국가에서 생산방식은 변했지만 개인보다 집단을 중시하는 가치가 그대로인 문화지체 현상을 보이고 있다."고 분석했다. 개인의 행복을 우선시할 수 있는 사회적 환경에 놓여 있지 못하기 때문에 상대적으로 덜 행복해하는 것이라는 의견이다. 1995~1998년 조사에서 한국은 24개국 중 15위(66.04점)였다. 10년 후 2005~2007년 조사에서 한국은 39개국 중 28위(65.93)로, 10년 전과 비교해 덜 행복하다고 느끼는 것으로 나타났다. 1995년 1인당 국민소득 1만 달러를 갓 넘겼을 때보다 한국인의 행복지수는 오히려 떨어진 것이다.

행복으로 가는 길 10가지

연구진은 현장연구를 토대로 '행복으로 가는 길' 10가지를 제시하였다. ① 쉽게 행복을 느끼는 유전적 성향, ② 결혼, ③ 친구를 사귀고 존중하기, ④ 욕심을 줄이기, ⑤ 좋은 일 하기, ⑥ 신념 갖기(종교적이든 아니든), ⑦ 자기 외모를 남과 비교하지 않기, ⑧ 돈을 더 많이 벌기, ⑨ 우아하게 늙기, ⑩ 천재가 아니라고 비관하지 않기 등이다.

행복지수가 낮다는 것은 이 10가지를 제대로 행하지 않거나 아예 반대쪽으로 가는 경우가 많음을 의미한다. 따라서 이 중에서 가급적 많은 항목을 찾아실천하면 행복해질 수 있다.

그 밖에 영국의 심리학자 로스웰(Rothwell)과 인생상담사 코언(Cohen)이 만들어 2002년 발표한 행복공식은 대표적인 행복지수라 하였다. 이들은 18년 동안 1,000명의 남 · 여를 대상으로 80가지 상황 속에서 자신들을 더 행복하게 만드는 5가지 상황을 선택하는 실험을 하였다. 그 결과 행복은 '인생관 · 적응력 · 유연성 등 개인적 특성을 나타내는 P(personal), 건강 · 돈 · 인간관계 등 생존조건을 가리키는 E(existence), 야망 · 자존심 · 기대 · 유머 등 고차원 상태를 의미하는 H(higher order) 등 3가지 요소에 의해 결정'된다는 사실을 발견했다.

로스웰과 코언은 3요소 중에서도 생존조건인 E(existence)가 개인적 특성인 P(personal)보다 5배 더 중요하고, 고차원 상태인 H(higher order)는 P(personal)보다 3배 더 중요한 것으로 판단하여 다음과 같이 행복지수를 공식화하였다.

〈로스웰(Rothwell)과 코언(Cohen)의 행복방정식〉

행복방정식 = P + (5 * E) + (3 * H)

P (Personal characteristics) : 인생관, 적응력, 탄력성 등 개인적 특성
E (Existence) : 건강, 돈, 인간관계 등 생존의 조건
H (Higher order needs) : 자존심, 기대, 유머감각 등 더 높은 수준의 조건

로스웰과 코언은 행복을 측정하기 위한 3가지 요소의 측정문항으로 행복을 측정하기 위한 측정문항들로 다음의 4가지 문항을 제시하고 있다. 이들의 행복지수는 100점을 만점으로 하며, 아래의 질문에 대한 각자의 만족 정도에 따라 1에서부터 10점까지 점수를 매겨 위의 행복방정식에 대입하여 계산하게 된다.

〈Personal, Existence, Higher order의 측정문항〉

- P1 : 당신은 사교적이고 원기 왕성하며 변화를 잘 받아들입니까?
- P2 : 당신은 긍정적인 인생관을 가지고 있습니까, 실패해도 빨리 일어섭니까, 또 삶을 스스로 잘 통제하고 있습니까?
- E : 건강과 돈, 안전, 선택의 자유, 공동체 의식 등 삶의 기본적인 욕구가 잘 충족되는 편입니까?
- H : 필요할 때 도와달라고 부탁할 사람이 주위에 많습니까, 지금하고 있는 일을 열심히 하는 편입니까, 목표를 달성하기 위해 애쓰고 있습니까?

로스웰과 코언은 인간이 행복하기 위해서는 건강 · 돈 · 인간관계 등이 다른 어떤 요소들보다 중요한데, 인간이 스스로 행복해지기 위해서는 다음과 같은 내용에 힘을 쏟아야 한다고 강조하였다.

로스웰과 코언의 행복도를 높이기 위한 8가지 조언

첫째, 가족과 친구 그리고 자신에게 시간을 쏟아라.
둘째, 흥미와 취미를 추구하라.
셋째, 밀접한 대인관계를 맺어라.
넷째, 새로운 사람들을 만나라.
다섯째, 기존의 틀에서 벗어나라.
여섯째, 현재에 몰두하고 과거나 미래에 집착하지 말라.
일곱째, 운동하고 휴식하라.
여덟째, 항상 최선을 다하되 가능한 목표를 가져라.

또한 영국 BBC TV의 다큐멘터리 〈슬라우 행복하게 만들기(Making Slough Happy)〉는 심리학, 의학, 사회학 분야의 최근 조사를 통해 얻어진 새로운 행복학

이론이 효과가 있는지 알아보기 위해 2005년 5월부터 영국의 작은 도시 슬라우에서 3개월에 걸쳐 실시한 사회실험이다. 그리고 이 실험의 과정을 BBC TV에서 4부작으로 방영되었다.

심리학자, 경영 컨설턴트, 사회사업가 등 다양한 전문가로 이루어진 행복위원회가 행복의 근원을 찾기 위해 영국의 작은 도시 '슬라우'에서 계획한 이 실험은 큰 반향을 일으켰다. 행복위원회는 '행복학'이라는 현대 학문이 어떻게 하면 현실적으로 현대인에게 도움을 줄 수 있을지 고민하며, 이 실험을 계획하였다. 우리나라에서도 『행복(영국 BBC 다큐멘터리)』이라는 저서로 출판되었다. 이 책은 슬라우에서 행해진 프로그램에서 얻은 성과들, 즉 실험결과 변화된 슬라우 사람들의 생생한 증언과 함께 행복학에 대한 전반적인 내용들을 풍부하게 담고 있다. 각 분야에서 전문성을 인정받은 행복 전문가들이 실험결과로 입증된, 누구나 할 수 있는 행복의 실천적 방법들을 심리학적 근거와 함께 구체적으로 소개하고 있다.

책의 1부에서는 최신연구 분야인 '행복학'에 숨겨져 있는 놀라운 사실과 이론을 논의하였고, 2부에서는 우리 삶에서 찾을 수 있는 다양한 행복의 모습들을 조망하면서 우리의 삶을 변화시킬 수 있는 현실적인 내용을 자세히 다루고 있다.

행복위원회가 제시한 10가지 행복수칙을 따르는 행복 프로젝트 이후에 슬라우 주민들의 행복지수는 상승했다. 슬라우 주민들의 10대 행복수칙에는 친구, 돈, 일, 사랑, 성생활, 가정, 음식, 긍정적 마음, 운동, 공동체, 반려동물, 영성 등의 행복조건이 내포되어 있었다. 행복위원회가 제시한 슬라우 주민들의 행복수칙 10가지는 다음과 같다.

행복수칙 10가지

1. 운동을 하라. 일주일에 3회, 30분씩이면 충분하다.
2. 좋았던 일을 떠올려 보라. 하루를 마무리할 때마다 당신이 감사해야 할 일 다섯 가지를 생각하라.

3. 대화를 나누라. 매주 한 시간은 온전히 배우자나 가장 친한 친구들과 대화를 나누라.
4. 식물을 가꾸라. 아주 작은 화분도 좋다. 죽이지만 말라!
5. TV 시청 시간을 반으로 줄여라.
6. 미소를 짓자. 적어도 하루에 한 번은 낯선 사람에게 미소를 짓거나 인사를 하라.
7. 친구에게 전화하라. 오랫동안 소원했던 친구나 지인들에게 연락해서 만날 약속을 하라.
8. 하루에 한 번 유쾌하게 웃으라.
9. 매일 자신에게 작은 선물을 하라. 그리고 그 선물을 즐기는 시간을 가져라.
10. 매일 누군가에게 친절을 베풀라.

근년에 들어서 행복연구의 계기를 제공한 사람은 히말라야 산간의 조그만 왕국 부탄(Bhutan)의 5대 왕 왕처크(Jigme Singye Wangchuk)이다. 국왕은 취임 2년만인 1974년 GDP가 아닌 국민총행복지수(Gross National Happiness, GNH)를 기준으로 나라를 통치하겠다고 발표했다(DEREK BOK, 2011: 1).

그는 "만약 정부가 그들 국민의 행복을 창출해낼 수 없다면, 그렇다고 한다면, 그 정부는 존재의 가치가 없다(If the government cannot create happiness for its people, then there is no purpose for government to exist(Legal Code of 1629).)"는 철학에 입각해 좋은 거버넌스(Good Governance), 안정적이고 공평한 경제사회발전(Stable and equitable socioeconomic development), 환경보호(Environmental protection), 문화보호(Preservation of culture) 등의 4대 정책방향을 제시하고 추진했다. 이에 따라 부탄은 국민총행복(GNH)를 핵심지표로 채택하여 국민들의 행복증가를 위한 정책 및 개발 계획을 수행하고 있다.

국민총행복지수(Gross National Happiness, GNH)는 식량 · 거주지 · 의료 등 생존을

위한 몇 가지 요건이 충족되면 소득 증가가 개인의 행복에 큰 영향을 끼치지 못한다는 전제에서 시작되었다. 물론 정책추진과정에서 부작용이 없었던 것은 아니다. 다른 목적으로 정책충돌을 빚기도 하고 건강, 환경, 평등을 증진시키기 위해 개인의 자유를 제한하기도 했다. 그러나 부탄은 현재까지 정부의 공식목표로 국민 행복을 최우선으로 하는 유일한 나라이다.

부탄연구센터(Centre for Bhutan Studies)의 조사에 의하면, 2010년 부탄의 GNH 지수는 0.737로 부탄 국민의 41%가 행복하다고 나타났다. 부탄은 전반적으로 지식 가치, 안전, 모국어, 가족, 정신건강, 도시화문제, 환경에 대한 책임감, 삶에 대한 만족도, 정부수행기능, 건강일수, 자산 등에서 행복하다고 조사되었다.

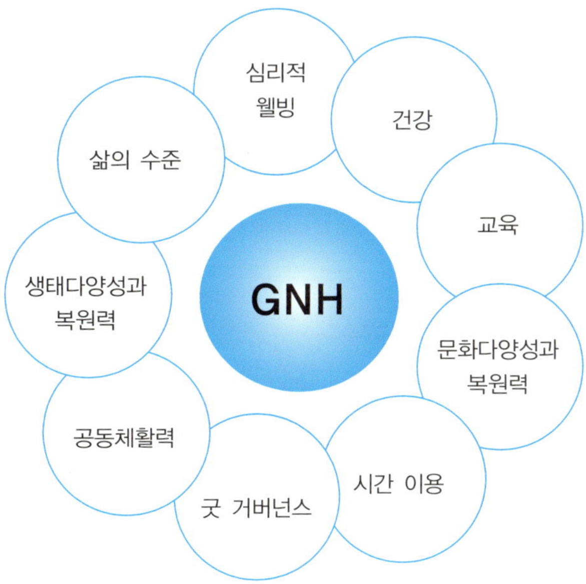

[그림 5-4] 국민총행복지수(Gross National Happiness, GNH)

고무적인 예로 부탄의 행복추구 정책은 UN이나 OECD를 비롯하여 많은 나라에 영향을 미쳤다. 프랑스의 사르코지(Nicolas Sarkozy) 전 대통령은 국민의 일상생활에서의 웰빙을 측정코자 하였고, 영국 또한 공공정책을 국민의 행복과 관련시켜 연구하고자 했다. 이 영향으로 보수당의 캐머런 총리는 사람들의 지갑에 돈을 넣어주는 것이 아니라 마음속에 즐거움을 넣어주는 것이 좋은 정책이고 정부의 역할이라고 하였다.

Chapter 6

Human Behavior and Social Environment

인간행동 및 인간의 발달

1. 태아기와 인간발달

1) 태아기의 개념

(1) 태아기란? 임신에서 출생시기까지로 자궁에 착상된 정자는 임신기간 동안 자궁 속에서 발달하게 된다. 이때 태반이란 조직은 신체와 태아를 연결시키고 태아가 필요로 하는 영양소를 공급하게 되고, 불필요한 배설물을 배출하는 기능을 담당한다. 이에 대하여 개인에 따라 차이가 있을 수 있지만 약 9~10개월, 즉 280일 동안 정상적 임신기간을 거치는 동안 아기는 어머니의 자궁 속에서 영양분을 공급받으며 어머니의 정서와 교감하며 지내게 된다.

(2) 유전인자란? 유전인자는 전 생애에 걸친 성장의 특수한 내용과 정보에 대한 성장률의 정보를 지니며 염색체 속에서 다양한 개인적 특성으로 자리한다. 이것은 향후 인간의 다양한 특징을 나타내면서 운동신경의 발달과 함께 연령에 따르는 지적능력의 변화를 가져오고, 인간 개인의 퍼스낼러티의 발달과 함께 신체적 성숙의 시기 등을 통하여 강력한 유전적 영향을 나타내게 된다.

(3) 성숙은 유전적으로 결정되어 있는 성장률에 어느 정도 기인하기 때문에 특정한 연령에 특정한 기술을 습득하는 것은 유전적 특성의 영향을 받을 수 있다.

(4) 개인적 특징이란? 유전인자에 의한 성장정보와 함께 개인적 특성에 따라 달라질 수 있다. 대다수의 중요한 신체적 특징들을 포함하여 사회성, 활동적인 성격과 같은 기질적인 측면도 이러한 영향을 받는다. 경우에 따라서는 임신 초기에 약물에 대한 노출이나 알코올 중독의 아버지로부터 정자의 상태가 영향을 받을 수 있는 등의 각별한 유의가 필요하다. 대표적인 유전적

결함으로는 다운증후군 등이 있으며 신생아의 3% 내외가 비정상적인 상태로 출생하게 된다.

2) 태아의 발달

(1) 임신 초기(착상부터 3개월)

이 시기는 매우 중요한 시기로 정자와 난자의 수정에서부터 임신 3개월까지를 의미하는데 착상 후 3주 동안 태아에 대한 충격방지 역할을 담당하는 양수가 들어있는 양막 주머니의 형성 및 영양분을 공급하는 태반이 형성된다. 임신 후 약 3~8주 사이에는 빠른 속도로 세포분열이 일어나 성장에 필요한 세포분열을 하게 된다. 이 시기를 배아기라고 한다. 이후 임신 4주 말이 되면 뇌, 팔, 다리, 귀의 전구체가 발달하여 임신 2개월 말경에는 거의 인간의 모습에 가까워지고 무게는 2.25g, 몸길이는 28mm 정도로 성장하게 된다. 이후 3개월 무렵 태아의 몸길이는 7~8cm, 무게는 14g 정도에 이르며, 급속한 세포 분열이 일어나며 민감한 시기이며 신체의 각 부분 출현과 함께 생식기관도 분화된다. 따라서 이 시기에는 영양상태나 감기약을 비롯하여 약물복용 장애에 영향받기 쉽다.

(2) 임신 중기(4-6개월)

임신 이후 태아는 약 7~8cm에서 25cm 정도까지 성장하며 몸무게는 약 30g에서 900g까지 증가하게 된다. 임신 5개월 말부터 태아는 급성장을 하게 되는데 하루에 2~3cm 정도의 급성장을 한다. 이후 임신 6개월경에는 감각수용기의 발달로 촉각에 민감, 근육 움직임에 의한 접촉을 인식하게 된다. 한편 30주 정도가 지나면 신경계의 조절능력이 생기며 인큐베이터에서 생존이 가능하다. 태아는 성장하면서 손가락 발가락, 피부, 지문, 머리털 등이 형성된다.

(3) 임신 말기(9개월)

이 시기를 통하여 태아의 발달이 완성된다. 태아는 신체의 내부 기관들이 완성되어 기능할 수 있게 되며 뇌와 신경체계도 완전히 발달하여 세상에 나올 마지막 준비를 하게 된다. 따라서 이 시기에는 모체로부터 분리되어도 생존이 가능하게 된다.

2. 영아기와 인간발달

1) 신체적 발달

(1) 태어났을 때의 평균 몸무게는 3.3kg, 키는 51cm 정도이나 이는 개인적인 편차가 있다.

(2) 신생아의 주된 반사는 입으로 빨기 및 손으로 쥐기이다. 신생아는 쥐기 반사에 의한 힘을 통하여 자신의 몸무게를 지탱할 수 있으며 대상에 대하여 반사적으로 손을 뻗어 잡으려 하는데, 4주 정도 되면 이러한 신경의 반사적인 행동은 사라지며, 5개월쯤 되면 자유 의지에 의하여 손을 움직여 보다 정확하고 단단하게 쥐거나 놓는 행동으로 발전하게 된다.

2) 운동발달의 단계

인간의 발달단계는 다음과 같다. 먼저 아기가 2개월인 경우에는 엎드린 상태에서 가슴을 들 수 있으며 3개월가량부터는 몸을 뒤집을 수 있다. 그리고 4개월부터는 받쳐주면 앉을 수 있으며 6개월 무렵에는 혼자서 앉는 것이 가능하다. 이후 9개월 무렵부터는 붙잡고 걷기가 가능하게 되며 11개월 정도가 되면 혼자서 서는 것이 가능하고 12개월의 무렵에는 불완전하기는 하나 혼자서 걷는 것이 가능하다.

16개월부터는 손잡고 계단 오르내리는 것이 가능하며 24개월 무렵부터는 혼자서 계단 오르내리기와 달리기가 가능하여 근육을 활용한 움직임이 가능하게 된다.

3) 영유아기의 인지적 발달

(1) 인간의 기본적 인지적인 발달단계

① 반사(reflex)작용 : 생후에 나타나는 본능적인 신경반사 단계로 원인과 결과가 자유의지에 의해서가 아니라 반사적 반응에 의하여 연결되는 특성이 있다.

② 최초의 습관(first habits) : 태어난 지 2주 후부터 보이는 현상으로 반사적 반응이 다양한 자극을 탐색하는 데 사용되게 된다. 탐색을 위하여 장난감, 손가락 등을 입으로 빨기 반응을 통하여 주위 환경을 탐색하기도 한다.

③ 순환적 반응(circular reactions) : 생후 4개월 정도가 되면 수단과 결과의 조정 통합이 가능하게 되며, 유아는 자신의 행동을 예측되는 결과에 연결시키는 것이 가능하게 된다. 예를 들면, 소리가 나는 장난감이나 딸랑이를 흔들면 그에 대한 반응으로 소리를 들을 것을 학습을 통하여 기억하게 된다.

④ 수단과 결과의 통합(coordination of means and ends) : 생후 8개월이 되면서부터는 새로운 목적을 성취하기 위해 익숙한 행동을 사용하게 된다. 예를 들면, 자신이 듣기 위해서가 아니라 엄마를 놀래주기 위하여 딸랑이를 흔들거나 하는 행동이 가능하고 그에 대한 반응을 예측하기도 한다. 또한 새로운 수단의 실험(experimentation with new means)이 가능하게 되는데 생후 11개월 정도면 목적을 성취하기 위해 행위를 수정할 줄 알게 되어 새로운 목적을 성취하기 위해서 기존의 익숙한 수단을 가지고 시도해 보다가 이것이 안 되면 상황에 맞게 방법으로 전환시킨다.

⑤ 통찰력(insight) : 생후 18개월이 되면 정신세계 내에서 수단과 목적을 연결시켜 사고하는 능력이 생긴다.

⑥ 대상영속성(object permanence) : 대상영속성의 습득은 생후 9~10개월 정도가

되면 환경에 있는 대상은 그 존재가 영속적이며, 자신의 눈앞에서 혹은 자기가 잡을 수 있는 거리에서 사라진다 해도 그 존재가 사라지지 않음을 인식하게 된다. 3개월에 가능하던 까꿍놀이는 가려졌던 얼굴이 없어졌다가 나타나는 것으로 인식하여 놀이에 활용된 반면 성장하면서부터 대상영속성을 획득하게 된다.

(2) 사회적 애착의 형성

타인과 긍정적인 정서적 유대감을 형성하는 과정으로, 유아는 자신을 돌보아주는 주 양육자에 대한 긍정적인 정서적 관계를 확립하는 것이 중요하다. 유아기에 부모에게 애착을 경험하는 것은 후에 신뢰감을 기반으로 하는 인간관계를 확립할 수 있는 능력의 기초가 된다.

(3) 사회적 애착의 형성단계

① 1단계(출생 후~3개월) : 주 양육자와의 관계를 형성하기 시작한다. 소리가 나는 쪽으로 머리 돌리기, 쥐기, 눈으로 따라가기 등을 통하여 주 양육자로서 자신을 돌봐주는 사람과의 관계를 형성하게 된다. 이러한 친밀한 감각적인 접촉을 통해서 유아는 자기 자신을 돌봐주는 사람의 독특한 관계를 인식하게 된다. 이는 성인기까지 중요한 애착형성의 기초가 된다.

② 2단계(3~6개월) : 주 양육자에 대한 얼굴을 인식하면서 다른 사람들보다 익숙한 대상과의 관계 이외의 낯선 사람에 대한 낯가림을 하게 된다. 즉, 이 시기에는 몇몇의 친밀한 대상에게만 선택적으로 반응하는 것으로 반응적인 애착을 표현하게 된다.

③ 3단계(7개월~학령전기) : 능동적으로 주관적으로 애착하는 대상이 생긴다. 선호의 표현을 애착하는 대상에 신체적 접근을 시도하여 가까이 가서 접촉을 유지하고자 한다.

④ 4단계(학령전기 이후) : 애착하고자 하는 대상과 가까이 있고 싶은 욕구충족을

하기 위해 그 대상에게 영향을 줄 수 있는 여러 가지 유형의 행동을 요청할 수 있다. 가령 잠들 때 재워 달라고 하거나 책을 읽어 달라고 하는 것 등의 관심을 표현하며 아동이 사랑하는 대상과 접촉을 유지하고 싶은 욕구를 표출하는 현상을 보인다.

(4) 불안과 격리불안

생후 6개월에서 1년 특정한 사람을 향한 애착이 형성되므로 낯선 사람에 대한 불안(stranger anxiety)현상과 익숙한 사람과의 격리불안(separation anxiety)을 보인다. 낯선 사람에 대한 불안(stranger anxiety)에서 낯선 성인의 출현에 대한 유아가 긴장이나 불편을 보이는 현상을 보이며 격리불안(separation anxiety)으로 엄마에게서 떨어질 때에 보이는 분노와 절망감을 포함하는 감정을 의미한다.

4) 정서적 발달

(1) 성장과정을 통하여 인간으로서 기본적으로 느끼는 두려움, 흥분, 즐거움, 분노 그 외의 다른 감정들을 느낄 수 있다.

(2) 정서분화의 단계

① 생후 초기 : 가장 기초적이고 신체적인 불편함을 표현하는 것에 그친다. 그럼에도 타인과의 관계형성이 시작되는 중요한 시기이다.

② 생후 1~6개월 : 자신의 욕구가 충족되지 않을 때에는 유보하지 못하고 이에 대한 분노를 표현한다. 이때 충족되지 못한 욕구는 성인이 되어 분노를 유보하는 시간과 인내심 등의 결함을 보일 수 있다. 그 밖에 신기한 것에 대한 호기심과 함께 익숙한 얼굴에 친숙함을 보이는 경향이 있다.

③ 6~12개월 : 일의 전후관계를 이해하게 되면서 그에 따라 정서적 반응을 나타내게 된다.

④ 1~2년 : 감정이 보다 세분화되면서 그에 따라 불안, 자랑스러움, 수치심을 포함하며 다양한 감정을 느낄 수 있다. 이것은 유아의 자의식의 발달을 의미하는 것으로 자기가 인과관계에서 일정 부분의 요인이 될 수 있다는 것을 알고 다른 사람들의 감정에 반응을 하기 시작한다.

3. 유아기와 인간발달

1) 유아기의 개념

(1) 유아기란 출생에서 2세 정도를 의미한다. 이 시기를 통하여 지적인 능력의 발달과 함께 단기간의 신체가 빨리 성장하게 된다.
(2) 이 시기의 특징으로는 태어난 지 1년 이내에 몸무게가 3배 정도로 증가하게 되며, 2세가 되면 기본적인 운동능력의 습득과 함께 언어 및 개념 형성을 살펴볼 수 있다. 유아의 특징은 전체 신장에 대한 머리의 비율이 성인에 비해 큰 특징을 지닌다.
(3) 인간의 발달단계는 유아에 따라 순서나 시기가 다소 다를 수 있다. 또한 여러 가지 감각적, 운동적 과제를 잘 수행할 수 있게 하는 것은 유아의 성숙수준과 환경적 조건 등의 영향을 받는다.

2) 유아기의 발달학적 개념

유아기의 시기는 사회성을 배우기도 하면서 매우 활동적이며 끊임없이 움직이고 말이 많아지는 시기이다. 이 시기를 통하여 자기주장과 지배에 대한 욕구가 강해지는 특징이 있다. 따라서 특징적으로 유아는 자아를 의식하며 반항과 고집, 자기주장을 강하게 할 수 있다.

3) 신체적 발달

(1) 신체적 발달에 관한 사항으로 유아기에 비하여 팔다리가 길어지고 성인으로 갈수록 머리의 비율이 작아진다.

(2) 세 살 정도가 되면 걷는 능력은 보다 정교해지며 근육의 발달로 인하여 달리기와 뛰기 등의 운동능력을 습득할 수 있다. 이러한 시기에 다양한 움직임을 경험할 수 있는 수영, 스케이트, 체조 및 율동과 같은 여러 가지 다른 형태의 운동을 접하게 된다.

4) 인지적 능력의 발달

(1) 상상능력의 발달

① 상상력이 급속도로 발달하는 시기를 통하여 놀이에 다양한 활동과 역할을 상상을 통하여 포함시키게 되는데, 이것은 아동에게 인지적 능력의 확대에 따른 현상이기도 하다.

② 놀이의 초점이 점점 더 상상적이 되면서, 인물이나 상황에 대한 다양한 상상에서 아동은 자신의 감정을 표현할 수 있는 독특한 특성의 인물과 상황을 만들어 낸다.

(2) 언어의 발달

① 처음 사용하는 말은 그것이 완전한 단어이기보다는 상대방에게 자신이 전하고자 하는 의미를 전달하기 위하여 명사나 상태를 표현하는 위주로 간단한 언어를 구사한다.

② 모든 대상이 이름을 갖고 있다는 것을 발견하게 되면서 15~18개월이 되면 인지적 발달에 따라 사물의 이름을 배우고 그 이름을 생활 속에서 적용하는데 진전을 보이게 된다. 이후 2세경에는 두 단어로 이루어진 문장을 사용할

수 있게 된다.

5) 사회 및 정서적 발달

(1) 자기통제력의 발달

자기통제(self-control)감이란 타인의 특정한 욕구를 인식하고 이에 순응할 수 있고, 상황에 맞추어 자신의 행동을 조절하거나 자신의 욕구를 일정시간 지연시킬 수 있으며, 외부에 의해 지시받지 않더라도 사회적으로 수용되는 방식을 인지하고 행동할 수 있다. 즉, 자신이 지금 원하는 것이 당장에 주어지지 않는다고 하더라도 조금 지연된 후에 일정환경이나 조건 때 가능함을 알고 유보할 수 있다. 또한 좌절감이 일어나더라도 그에 대한 감정을 다루는 기술을 습득하게 된다.

4. 아동기와 인간발달

1) 아동기 전기의 개념

이 시기의 해당 나이는 4~6세이다. 이 시기를 통하여 사회생활에 필요한 기본적인 기술과 능력을 습득하고 학령기에 필요한 사회적응 기술을 준비하면서 적응하는 시기이다.

2) 신체적 발달

5세가 되면서 체중은 출생 시의 5배, 키는 2배 정도에 달하며 이 시기의 손 기능도 5세가 되면 사각형과 삼각형을 그릴 수 있으며 팔로 작은 공을 똑바로 던지고 받을 수 있게 된다. 이 시기 이후로 비교적 원만한 신체의 성장과 발달이 있다.

이전보다 속도, 정확성, 안정성, 호응성, 역량 등 운동기능의 발달, 정교화되는 시기이다.

3) 인지적 발달

인간은 출생 이후 양육자로부터 해야 하는 것과 하지 않아야 하는 것을 배우게 되는데 이러한 도덕발달은 부모로부터 습득된 가치가 아동의 사고에 통합되면서, 적합한 행동에 관한 기준이 자아개념의 일부가 된다. 이 시기 아동이 자기가 속한 가족과 지역사회의 도덕적 규범을 학습하여, 향후 그것을 자신의 행동을 평가하는 지침으로 내면화되어 사용할 수 있게 되기도 한다.

4) 사회적 발달

(1) 성역할에 대한 인식의 발달

아동은 성장하면서 자신의 성과 맞는 성역할에 따른 행동이 가능하게 되고 사회적 관계에 관심을 갖기 시작하면서 자기와 같은 성의 친구들과 함께 어울리며 성에 따른 옷차림, 놀이, 직업에 대하여 사회적 기대를 의식하고 사회적인 기대에 따라 이를 준수하고자 노력하게 된다.

(2) 자아개념의 형성

아동은 성장하면서 한 개인이 가진 고유한 특성과 그 사람이 속한 세계의 특성, 그리고 그 사람과 환경 간의 상호작용을 반영하여 행동한다. 이러한 발전을 가져오는 과정 중에는 모방, 놀이, 게임을 통해서 자신의 주관적인 I와 타인으로부터의 객관적인 Me를 획득하게 되며 일반화된 타인의 개념을 형성할 수 있게 된다. 이 시기에는 자부심이나 자신의 가치에 대한 느낌과 감정의 기복이 심하다. 이 시기에 양육자인 부모나 지도 선생님은 아동의 능력에 대하여 자주 인정해주고, 또한 자신이 사랑받고 있다는 것을 확인시켜 주는 것이 바람직하다.

5) 정서적 발달

정서적인 발달이 이루어지는 시기로 즐거움, 사랑, 분노, 공포, 질투, 좌절감 등 여러 가지 감정을 다루게 된다. 한편 교육을 통하여 충동과 사회적 요구 간에 균형을 취할 줄 알게 되며 자신의 감정을 적절하게 표현하는 방식도 배운다. 아동기에는 예측 및 상상력을 통하여 불안과 공포심을 경험하며 때로는 비현실적이고 근원을 알 수 없는 불안도 존재한다. 따라서 아동의 불안과 공포에 대하여 부모나 양육자가 이해해주고 감정이입적인 태도를 취하면서 아동이 그것을 극복해 나가도록 도와주어야 하며 불안이나 공포를 놀리거나 강제로 금지하려고 하는 것은 바람직하지 않다.

6) 아동기 후기

(1) 신체적인 발달

아동 후기에 해당하는 연령은 6~12세이다. 이 시기를 통하여 왕성한 신체적 활동을 보이며 활동력이 증가하여 신체적 균형을 시험해 보기도 하며 구기 운동이나 기구를 활용한 놀이에도 흥미를 보이게 된다. 아동의 신체적 변화는 점진적이고 지속적으로 이루어지며 활동력과 호기심이 증가하여 다양한 모방놀이가 가능해지는 시기이다.

(2) 인지적 발달

아동이 6~7세경이 되면 새로운 형태의 사고과정이 등장한다. 이 시기의 인지적 발달에 대하여 피아제는 구체적 조작사고, 유목화, 조합의 능력이라 지칭하며 그 특색을 다음과 같이 설명하였다.

① 구체적 조작기

구체적 조작기의 발달사항으로 보존의 개념이 획득될 수 있다. 이는 형태가 변화하거나 담는 그릇이 달라지더라도 담긴 내용물에 대하여 질량이나 부피와 같은 물리적인 문제는 변화하지 않는다는 것에 대하여 이해할 수 있는 것이다. 이러한 보존의 개념을 획득한 아동은 세 차원의 논리를 통하여 동일성의 원리, 보상성의 원리, 역조작의 원리를 학습하고 이해할 수 있다. 이러한 동일성, 보상성, 역조작의 개념을 획득하고 아동은 질량이나 부피, 길이, 숫자 등에 대하여 보존의 능력을 적용할 수 있게 된다.

② 유목화의 개념적 기술의 습득

유목화기술이란 대상들을 그들이 공유하는 어떤 차원과 특성에 따라 집단화할 수 있는 능력을 말한다. 이를 통하여 동물의 종류에는 무엇이 있으며 곤충에 분류되는 것들과 식물 등의 구분이 가능하며 각각에는 어떤 것들이 속하는지에 대한 학습이 가능하다.

③ 조합의 능력

보존의 능력 중의 하나로 숫자에 대한 보존능력을 획득한 후에 아동이 갖게 되는 추상적이며 개념적 기술이라 할 수 있다. 조합의 능력을 획득한 이후 구슬이나 손가락을 가지고 더하기, 빼기, 곱하기, 나누기와 같이 수를 조작할 수 있는 능력을 이해하게 된다.

5. 청소년기의 특징과 인간발달

청소년이란 어휘는 산업사회 이후 교육학을 중심으로 아동과 성인 사이의 시기를 인간발달단계에서 다루면서 등장하기 시작하였다. 즉, 성인 이전의 시대에 사회에서 필요로 하는 교육을 마치며 진로의 계획을 세우고 사회 준비생으로서의 시기를 보내게 된다.

청소년의 어원을 살펴보면 'adolescent'와 'youth'로, adolescent는 라틴어의 adolescere에서 파생되어 "성장하다." 또는 "성숙에 이른다."는 의미가 내포되어 있다(Lloyd, 1985). 한편 'youth'는 후기 산업사회가 사회 구성원들에게 높은 교육적 성취를 기대함으로써 새로운 인생주기로써 구분한 개념이며 이러한 youth를 adolescence와 adult의 사이에 위치한 개념으로 보기 시작하였다는 견해가 있다. youth는 교육, 취업, 출가, 결혼 등의 사회적 역할을 기준으로 연장된 의존기라고 할 수 있다(최윤진, 2000).

최근 adolescent는 육체적 성장뿐 아니라 사회 · 심리적이며 임상 심리적인 측면에서의 성장과 성숙을 모두 포함하는 보다 포괄적 개념으로 사용되었다(Idem, 1991). 이 관점은 인간의 연령 발달학적 입장을 인정하면서도 문명 및 사회의 발달에 따른 교육기간의 연장과 취업 준비기간의 중요성 등을 사회 및 심리적 맥락에서 수용한 것이다(허혜경, 2003).

1) 청소년의 개념

청소년의 개념과 정의는 시대와 문화와 정책 및 법령에 따라서도 다르며 이를 명확하게 하기 위해서는 그 기준에 따라 다르지만 보편적으로 연령에 따른 구분이 일반적이다. 청소년기의 구분으로 1985년 UN에서 공식적으로 청소년의 개념을 규정한 바 있다. 이에 따르면 청소년은 '15세부터 24세까지 사이의 집단'이며 우리나라에서는 관련 법령의 성격에 따라 청소년의 정의가 다소 상이하다.

청소년은 성인 이전의 신체적 · 정신적으로 완전한 발달수준에는 미치지 못하며 성인처럼 성숙하게 행동하기에는 미숙한 성인이 되기 위한 연속선상의 발달학적 과정의 존재이다. 따라서 명확하게 연령상으로 구분하기에는 어려움이 있으며 각 나라의 청소년의 연령적 기준에서의 규정을 살펴보면 한 나라의 사회와 문화적 척도에 따라 상이하게 규정되고 있음을 알 수 있다.

연령상으로 이를 살펴보면 노르웨이, 이탈리아, 호주, 스위스는 14~18세 미만을, 핀란드는 16~18세 미만을, 프랑스는 13~18세 미만을, 영국은 8~17세 미만, 캐나다는 7개 주에서 16세까지, 3개 주에서 18세까지를 청소년이라고 정의하고 미국의 경우는 8개 주에서 16세까지, 11개 주에서 17세까지, 1개 주에서 19세까지, 2개 주에서는 21세까지를 청소년이라고 정의한다(표갑수, 2000).

2) 청소년기의 특징

청소년기는 아동기로부터 성인기로 발달하는 과도기적인 과정으로 볼 수 있으므로, 보다 독립적이고 자율적인 건강한 성인으로 성장할 수 있는 연속선상의 시기이다. 청소년은 생물학적인 환경 및 사회적인 환경과 시대적 상황, 문화적 영향을 받으며 성장한다. 시민사회가 요구하는 건강한 인간으로서 사회화 가정에서 책임과 사명을 다하고 행복한 인생을 살아갈 준비를 하는 시기에 청소년기를 어떻게 보내는지에 따라 후기 인생의 모습이 달라질 수 있으므로 매우 중요한 시기이다.

그러나 이 시기는 보편적으로 정체감의 위기(identity crisis)를 경험한다. 이것은 정체감의 유예를 통하여 혹은 정체감 혼미(negative identity)나, 부정적 정체감(identity diffusion)을 형성하기도 한다. 그러나 이것은 향후 성인으로 성장하기 위한 기초가 되므로 다양하고 자유로운 탐색을 요하는 시기이기도 하다.

3) 청소년 인지의 발달

청소년기의 인지능력의 발달은 급격한 신체적 성장 변화로부터 시작되어 심리적 발달과 함께 사회적 관계형성에 많은 영향을 미치는 시기이다. 청소년의 시기는 교육학적 차원에서는 형식적 조작기에 해당하여 추상적 사고가 가능하므로 원대한 가치관과 인생관의 수립이 이루어질 수 있다. 다만 청소년기에는 아동기의 자아중심적 사고의 흔적이 있어서 인지적 미숙함이 남아있으나 차츰 인류애적인 차원으로 확장되어가는 도덕적 문제와 자신의 미래설계에 대한 진로 탐험과 같은 과거에 비하여 좀더 거시적이고 추상적인 사고가 가능한 것이 특징이다.

(1) 청소년기의 자아중심성(egocentrism)과 형식적 조작사고의 가능성

청소년들은 타인의 생각, 감정, 의도나 상호작용의 근거를 정확하게 인지하지는 못하며 자신을 중심으로 생각하므로 사고가 자기중심적인 경향이 있다. 그러나 반면 청소년의 형식적 조작사고의 특징을 통하여 다양한 사고가 발달하면서 자신이 가지고 있는 생각과 관념을 과대평가하기도 하며 객관적 지각에는 취약하다.

형식적 조작사고는 연령학적으로 보면 11~12세경에 시작되어 15~16세경에는 그 정점을 이루면서 확대되는 다양한 대인관계의 경험을 통하여 차츰 자신과 타인에 대한 객관적인 이해를 증가시켜 나가게 된다.

이와 같은 청소년기의 자아중심적 사고를 Elkind(1984)는 다음과 같이 설명하고 있다.

청소년의 자아중심적 사고

- 청소년의 자아중심성은 '개인적 우화(personal fsble)'의 형식으로 나타난다. 이에 따라 청소년들은 자신이 특별하고 독특한 존재라고 생각하는 경향이 있으며, 따라서 자신의 감정이나 경험세계가 다른 사람과 다르다고 믿는다. 개인적 우화에 따라 청소년 자신의 독특성은 비합리적이고 허구적인 관념이더라도 이를 인식하지 못하며 오히려 자신만의 독특함을 남들이 이해하지 못한다고 생각한다. 자기중심적 사고의 특징은 논쟁을 즐기고 자신의 주장을 고집하는 경향이 많으며, 권위에 비판적이다.
- 이러한 청소년의 자아중심성은 '상상의 청중(imaginary audience)' 형태로 나타나게 되는데, 청소년의 과장된 자의식을 통해 자신이 타인의 집중적인 관심과 주의의 대상이 된다고 믿는다. 즉, 자신을 지켜본다고 믿으므로 타인들은

'상상 속의 청중'이 되는 것이다. 따라서 상상의 청중을 의식하여 외모에 신경을 쓰기도 하며 작은 일에도 자신의 자존심을 손상시킨다고 생각되면 작은 비난에도 심한 분노 반응을 보이기도 하는 것이다.

(2) 청소년의 지능(Intelligence)

① Binet

비네

"지능은 잘 판단하고 잘 이해하고 잘 추리할 수 있는 복합적 개념"이라고 정의하고 있으며, 지능지수 척도는 제2차 세계대전 군인들의 신속한 배치를 위하여 개발된 이래 청소년 및 아동의 학습적 측면 등에 적용되고 있다. 즉, 최근에는 지능검사지를 통하여 학업성취에 대한 지능을 참고자료로 활용하고 있다.

② Gardner의 다중지능이론

가드너

다중지능이론을 통해 인지발달의 기본개념을 통하여 청소년기의 인지발달은 IQ와 같이 단편적인 측면으로는 판단할 수 없다는 주장을 하면서 공감을 얻었다. Gardner의 다중지능이론은 전통적인 학업지능뿐 아니라 음악, 신체운동, 개인내적 지능 등을 포함하고 있으며 청소년기의 다양한 지적 활동의 이해를 높여주고 있다. 이를 통한 지능의 특성은 다음과 같다.

지능의 특징

첫째, 인간의 언어 지능은 정보를 학습, 기억, 창조, 전달하는 능력으로 인간발달의 노년까지 유지 발전된다.

둘째, 인간의 논리 및 수학적 지능은 추상능력과 일반화할 수 있는 능력으로 30세 전에 절정기에 이른다.

셋째, 인간의 시각 및 공간적 지능은 공간에 대한 이미지를 형성하고 파악을 돕고 개념화한다.

넷째, 인간의 음악 지능으로 리듬, 고저, 음색과 음질의 민감한 능력은 다른 지능보다 일찍 발현된다.

다섯째, 인간의 개인 내면적 지능은 자신의 내면을 들여다보고 분석하는 능력으로 자신을 이해하고 자아정체감을 형성해 나가는 데 필요한 능력이다.

여섯째, 인간의 관계 지능은 타인의 마음을 파악하고 적절하게 반응하는 능력으로 타인에 대한 공감적 이해로 상호작용을 하는 능력을 형성해간다.

(3) 청소년의 적성

일반적 지능(Intelligence) 이외에 진로와 직업과 관련하여 특수한 지능을 '적성(Aptitudes)'이라고 한다. IQ가 100인 두 학생의 경우에도 그들의 적성 프로파일을 살펴보면 언어 요인과 추리 요인, 수리 요인, 공간 요인, 추리 요인 등에서 각각 다른 성취를 나타내는 것과 같이 지능을 토대로 하여 향후 진로와 관련한 적성의 파악은 중요하다.

(4) 청소년의 감성지능

청소년의 감성지능으로 자신의 감정을 조절하는 능력이 중요한데 이는 감성지능(EQ)라고 하여 다른 사람에 공감하면서도 자신의 감정을 잘 조절하는 사람으로, 인간관계의 신뢰성이 높고 감정에 의해서만 좌우되는 것이 아니라 지적 능력과 조화하여 환경에 보다 잘 적응할 수 있는 유형으로 상황을 더욱 긍정적으로 보며 만들어나갈 수 있는 능력이다.

감성적 지능은 자신의 감정을 아는 것(knowing one's emotions)을 포함하여 감정이 일어날 때 조건과 상황을 직시하고 자신의 감정을 다루는 것(managing emotions)과 부정적 감정을 조절하는 능력, 현재의 욕망을 장래의 어떤 목표를 위해서 잠시 유보하는 것 등을 포함한다. 그 밖에도 감성적 지능은 스스로 동기화(motivation oneself)하는 것을 통하여 자신의 감성적 에너지의 초점을 맞추어 과제 수행력에 대한 해결 중심적인 접근이 가능한 것도 이에 포함된다. 또한 다른 사람의 감정을 알아차리는 것(recognizing emotions in others)과 공감능력 및 대인관계 능력(handling relationships)이 중요하다. 이를 통하여 자신과 타인의 감정을 다루고 집단에 대한 적응 및 조절을 통해 자율성과 협력성을 발휘할 수 있는 사회적 능력에 도움이 된다.

감성지능이 높은 경우에는 오히려 지적인 학습에 대한 주의력과 자신에 대한 가치감, 안정감, 협력 등에 긍정적 영향이 있으며 합리적 사고와 낙관성으로 인하여 인내력이나 미래의 전망 등에도 도움이 될 수 있다.

(5) 창의성(creativity)

'창의성'이란 인간의 호기심과 함께 인간관계나 문제해결에 있어서 미래지향적이며 건설적이고 아이디어를 통해 혁신적이며 유익한 방향으로 사고할 수 있는 능력이기도 하다. 이것은 전통 속에서 새로움에 대한 응용능력으로 변모하는 세계에 대한 유연성을 발휘할 수 있는 원동력이 되며 청소년들에게 유익한 개념이다.

(6) 청소년기의 사회적 관계의 발달 및 특성

청소년기의 심리 및 사회적 관계의 발달과 성장은 다양한 이론들을 통하여 설명된 바 있는데 이는 대인관계이론, 관계성숙이론, 사회학습이론 등으로 설명될 수 있을 것이다.

먼저, 대인관계이론(Interpersonal Theory)을 통하여 본다면 인간의 발달은 생애 초기단계로부터 출발하여 주 양육자의 태도로부터 타인과의 관계가 각 연령대에 따라 발전적인 특성을 이루고 있음이 일반적으로 지지되고 있다.

한편 관계성숙 이론(Relationship Maturity)에 따르면 인간관계의 수준은 개인뿐 아니라 사회적 역할과 교류적 관계로 설명되기도 한다. 즉, 아동이나 초기 청소년기에는 개인수준의 자기중심적 관계가 주된 관계성을 형성하게 되나 연령이 증가함에 따라서 타인에 대한 공감 및 사회성이 형성되고 관계성숙을 이루게 된다는 것이다.

그리고 사회학습이론(Social Learning Theory)은 인간이 성장함에 따라서 사회적 행동에 대한 학습으로 관찰과 모방이 이루어지며 이러한 경험을 통하여 성장한다는 관점이다.

인간의 행위는 이와 같이 대인관계이론, 관계성숙이론, 사회학습이론 등을 통하여 설명될 수 있으며 환경과의 상호작용을 통하여 인간은 개인의 자아정체감 및 자아존중감에 영향을 받는다. 또한 청소년기에 발달하게 되는 사회적 접촉이나 사회적 상호작용은 청소년기의 발전과 성숙을 통하여 향후 가정, 또래, 학교, 지역사회의 사회 구성원으로서의 역할의 습득뿐 아니라 나아가 타인과 공존하는 방식을 사회적 관계를 통하여 습득하게 된다. 즉, 청소년기는 사회적 관계의 주요한 대상을 넓혀가는 시기로 '사회성의 발달'을 이루어나가는 시기이다.

(7) 청소년 문제의 접근 방향 및 의의

청소년들의 다양한 문화체험 활동은 각종 청소년 문제의 예방과 치료를 위하여 꼭 필요한 활동이며 청소년 개입방안을 활용하여 긍정심리, 자기효능감, 역량강화와 같이 청소년에게 유익한 활동으로 개발되고 적용된다. 즉, 청소년 문제로 각종 청소년 집단 따돌림, 학교폭력, 결손이나 가족해체, 각종 약물 중독을 비롯하여 학업 스트레스에 대한 개입의 효과가 있다.

청소년의 문화활동은 생태체계적 환경이 필수적으로 고려되어야 하는데 청소년

역량강화(임파워먼트)를 다루거나 환경에 대한 적응적 적합성을 기르고 개인과 환경 간의 상호작용을 촉진하여 삶의 질을 함양하는 것에 중점을 두는 것이 바람직하다. 이것은 청소년 개인의 입장뿐 아니라 환경의 다차원적인 문제를 함께 고려하고자 하는 움직임에서 비롯되었다.

또한 청소년 문화활동은 청소년의 역량강화인 임파워먼트 함양에 도움이 된다. 임파워먼트 접근의 전문적인 목적은 '인간과 환경의 두 측면 모두에 관심을 갖는 것'이라고 하였다(Judith, 2001). 즉, 청소년의 문제는 가정과 학교 및 지역사회와 매우 밀접한 관련이 있다. 이것은 청소년들의 심리와 행동을 이해하는 것에 앞서, 청소년들에게 영향을 미치고 있는 다양한 요인을 고려하여 청소년 문화가 활성화되어야 함을 의미한다.

(8) 또래집단의 문제와 해결

우리나라는 청소년기본법에서 9세부터 24세까지를 청소년으로 보고 있다. 이 시기는 아동기에서 성인기로 넘어가는 아주 중요한 단계이다. 청소년기는 아동기에서 성인기로 이행하는 과도기이며 인간의 어떤 발달단계보다도 많은 중요성을 내포하는 시기이다. 그런데 이 시기의 청소년들은 급격한 신체발달과 더불어, 사회적으로 요구되는 과다한 과업으로 인하여 정서적으로 불안정한 상태를 경험하게 된다(홍봉선, 남미애, 2010).

① 학교폭력 · 따돌림

청소년 시기는 또래집단에게서 부정적인 영향을 받거나 또래집단과 잘 어울리지 못하면서 관계형성에 어려움을 겪게 된다. 관계형성에 어려움을 겪게 되면 자아정체감에도 손상이 일어날 수 있으며 성인이 되어서 사회생활에 지장이 생길 수 있다. 또한 사회적 기술이 부족하고, 낮은 자존감이나 공감능력으로 인하여 자신의 욕구를 충족시키기 위해 강자나 약자로 나누어져서 폭력을 행사하게 된다(류연희, 2014). 폭력을 행사한다는 것은 힘이나 여건이 불리한 대상을 괴롭히겠다는 목적과 의도를 가지고, 일정 기간 지속적이고 반복적으로 괴롭히는 것으로 모두 또래 괴롭힘에 속하게 된다(김여선, 2017: 김민지, 2013).

청소년들은 성인에 비하여 불완전하고 미성숙한 존재이기에 또래집단을 형성하여 자아를 실현하고 가치관을 확립하고자 한다. 그런데 독립적이지 못하여 의존하려 하는 청소년의 특성과 더불어 또래와의 관계형성에 어려움을 느끼게 되면 또래애착은 더욱 심화되기도 한다(류연희, 2014).

② 스마트폰 따돌림 · 따돌림

스마트폰의 발달 및 보급률 그리고 SNS의 이용률이 점차 증가하면서 스마트폰 따돌림 현상이 증가하고 있는데, 스마트폰의 노출시간이 많음에 따라 반 친구들이 이용하는 카카오톡이나 SNS에서 특정인을 비난하거나 따돌리는 또래들과의 관계도 스마트폰을 통해서 늘 소통하려 하는 것이 문제가 될 수 있다(김혜순, 변상해, 2015: 한국청소년정책연구원, 2013에서 재인용). 현대사회에서 청소년들은 스마트폰이라는 의사소통 수단을 통해서 SNS로 존재감을 확인하고자 한다. 이는 서로 원활한 소통을 해서 유대감을 더욱 강화시켜 준다는 순기능이 있으나, SNS를 통해 또 다른 개인이나 집단 갈등과 따돌림 등의 역기능의 문제도 야기되고 있다.

③ 청소년 비행의 원인과 낙인감

청소년들은 경우에 따라 다양한 상황에 노출될 경우 충동적인 문제행동을 보일 수 있다(Adams, Overholster, & Spirito, 1994). 그런데, 중요한 것은 또래집단의 가치가 반사회적으로 설정되는 경우 부정적 결과를 가져올 수 있다는 것이다(강영배, 2009). 청소년들에게 일어나는 문제나 비행은 부적절한 지지환경이나 부족한 충동제어 등으로부터 기인할 수 있으며, 그 밖에 청소년 비행의 사회구조적인 요인으로 가정환경, 부모, 형제, 교우관계 또는 사회 경제적 구조나 규범적 문화체계 등으로부터 문제행동이 유발될 수 있다(표갑수, 1986).

즉, 청소년의 문제행동의 발생원인은 개인의 심리적 요인 이외의 환경적인 요인을 들 수 있으며, 이러한 환경에는 가정 및 학교의 또래관계 등도 작용하고 있다

(정경옥, 2010). 또한 청소년 문제는 개인적인 특성적 요인과 함께 가족의 환경요인 혹은 학교와 관련한 요인을 포함한 요인들이 복합적으로 작용한다(우채영, 박아청, 정현희, 2010; Toprak, Cetin, Can, & Demircan, 2010).

그런데 이와 관련한 기존의 연구들을 보면 비행 청소년의 행동이나 비행의 과정에 대한 인과론적인 관찰에 초점을 두어 이들이 지니고 있는 개인적인 특성이나 이들을 둘러싸고 있는 위협환경에 보다 중점을 둠으로써 이들이 지니고 있는 심층적인 내면에서 가지고 있는 마음의 욕구에 관해서는 간과하는 경향이 있어왔다. 또한 비행 청소년들의 행위를 낙인화하여 접근하는 경우도 있어왔으며 비행 청소년들의 사회와의 상호작용에 있어서 선도, 처벌, 낙인이 당연시 되어온 경향이 있어왔다.

즉, 많은 연구에서 비행 청소년을 개인적으로나 사회적으로 많은 문제를 안고 있는 존재로 정의해왔다(정혜숙, 김수경, 2010). 그러나 낙인은 하나의 사회적 지위 같은 역할을 하게 되고, 이것은 이차적 범죄의 가장 중요한 원인(김준호, 노성호, 1991)이다. 이에 대하여 스케프(Scheff, 1996)는 비행 청소년으로 낙인되면 타인들은 낙인에 해당되는 반응을 기대하게 되고, 비행 청소년은 낙인에 일치되는 행동을 하여 점차 그 역할이 내재화되고 중심적 정체성으로 통합된다고 주장하였다.

주위 사람들로부터 비공식적인 낙인을 경험하면 이러한 부적응 행동을 다시 저지르고, 학교, 교우 및 부모와의 관계에 영향을 미치기 쉽다(Matsueda, 1992; Triplett & Jarjoura, 1994). 그러므로 학교에서 지속적으로 낙인을 경험한 청소년들은 커다란 좌절감과 수치심을 경험하며 이후의 삶에도 영향을 받을 수 있다(강세현, 1995). 따라서 최근 연구에서는 비행 청소년을 병리적인 시각에서 바라보는 것에서 벗어나 청소년이 경험하는 사회적인 경험의 영향이 크다고 보고 있다(김지혜, 2003).

④ 청소년 지위비행

일반적으로 청소년기라 함은 청소년 기본법을 근거로 할 때, 9세에서 24세의 연령에 해당하는 시기를 지칭한다. 이 중 비행 청소년이란 통상적으로 무단결석, 지각, 폭언, 도벽, 폭행 등으로 학교 내에서 징계를 받는 청소년을 지칭한다. 비행 청소년을 어떻게 정의할 것인가에 관해서는 국가나 제도에 따라 다르나 공통적인 입장은 청소년 비행이 인격형성과정에서 일어나며 정신적으로 성숙되지 못하였으므로 순화 가능성을 감안하여 형벌보다는 교육에 중점을 두고 있다는 것이다(Ministry of Gender Equality & Family, 2008; 2011).

청소년기에는 많은 심리 및 신체의 변화를 경험하므로 이 시기에 청소년들은 다양한 문제들에 직면할 수 있다. 이러한 현상은 청소년 시기의 발달과 무관하지 않는데 실제로 아동기에서 청소년기로 넘어가는 시기에 청소년들은 다른 연령의 집단에 비해 더욱 반항적인 양상을 보이기도 한다(Borum, 2000). 이에 대하여 다양하게 표출되는 청소년들의 문제행동에 관하여 한국 청소년 상담복지개발원(2000)에서는 청소년들이 호소하는 문제를 가족, 비행, 학업·학교부적응, 진로, 성, 대인관계, 성격, 정신건강, 생활습관의 태도(인터넷 중독과 식습관 포함)의 10개 영역으로 청소년 문제의 유형을 분류하였다(Korea Youth Counselling & Welfare Institute, 2000).

따라서 청소년 비행은 성인이 되었을 때는 문제가 되지 않는, 즉 청소년이 했을 때 지위에 걸맞지 않은 행위의 차원에서 문제가 되는 지위비행(status offense)을 포함하고 있다(김준호, 노성호, 1991). 여기에서 지위비행이란 법률상으로 위법행동은 아니지만 청소년이라는 신분에 맞지 않는 행동을 하는 것으로 흡연, 음주, 가출, 무단결석 등이 이에 속하며 이러한 지위비행은 비행에 비하여 심각한 피해를 초래하지 않기 때문에 대수롭지 않게 생각할 수 있으나, 청소년 범죄비행의 대부분이 지위비행에서 출발하고 있기 때문에 이에 대한 이해가 필요하다(이미라, 박미정, 2012).

⑤ 비행 청소년의 사회화

비행 청소년의 사회화에 대하여 놀튼(Nolten, 1994)은 사회적 지지가, 다양한 자원으로부터 개인의 기능을 강화하게 하고 대인관계를 향상시키는 데 도움이 된다고 하였다. 청소년기에서 두드러진 사회지지체계의 기능으로는 '사회화의 기능과 보호의 기능'을 들 수 있다(Nestman & Hurrelmann, 1994). 이때 사회적 지지는 완충효과로 작용하며 이것은 경험으로 인한 부정적 결과의 예방과 치료에 중요한 역할을 수행한다(강민주, 전경숙, 1995). 또한 사회적 지지는 본질적으로 상호작용하는 사람들과의 관계로부터 얻을 수 있는 사회적인 대처자원을 포함하며, 의사소통과 관련된 사회적 관계망의 일부이다(정혜정, 2000).

따라서 사회적 지지가 높은 경우, 위기 요인의 부정적인 영향은 억제될 수 있고, 오히려 위기 요인을 통하여 청소년들은 목표에 도달하도록 동기화되기도 한다(Rosenthal, 1995). 즉, 청소년의 개인적 문제에 초점을 두고 제 삼자의 입장에서 문제를 진단하는 병리적 접근의 경우에는 청소년 입장에서 그들의 구체적인 삶의 경험을 이해하려는 시도가 배제될 가능성이 크고 청소년 욕구의 복잡성과 고유성이 드러나지 못할 수 있다(정혜경, 김수경, 2010).

따라서 사회적 처벌과 낙인을 반복적으로 경험한 사람은 이후 부정적인 자기인식을 내면화하게 되고 대인관계는 물론 기회 구조에서도 제약을 받게 되어 일탈행동을 반복하게 된다(강세현, 1997).

6. 청년기의 특징과 인간발달

인간의 발달학적 측면에서 청년기는 견해에 따라 22~34세에 해당하는 것으로 보기도 하고 중년 이전의 시기로 20~40세로 구분하기도 한다. 이 시기는 인간이 공식적이고 완전한 성인으로서의 삶이 시작되는 시기라고 할 수 있으며 특징적으로는 사랑과 일을 통해 구체적으로 자아를 실현하는 시기라고 할 수 있다. 이 시기에는 신체, 인지발달의 정점을 이루며 이후의 발달은 환경 및 사회문화적 요소에 의해 이루어질 수 있다.

1) 신체적 발달의 특징

청년기는 외관상 균형 잡힌 신체를 갖추고 최상의 기능을 유지하게 되며 사회생활의 완숙성을 통해서 사회적인 입지를 구축하기 시작하며 사회관계의 형성뿐 아니라 신체적으로도 원기 왕성한 건강상태를 유지하여 행동수행에 활기가 넘치는 특징이 있다.

2) 인지적 발달의 특징

이 시기는 인간의 생물학적 감각기능이 활발하고 지능검사 결과 역시 정점에 이를 만큼 여러 인지적 수준이 완성기에 가깝다고 할 수 있다. 한편 교육면에서도 완성적 단계에 이르며 평생교육으로 이어지는 시기로 사회경제적 지위, 건강상태 등에 따라 이후 인지발달에 연속적 영향을 미치게 된다.

3) 심리사회적 발달의 특징

(1) 결혼

청년기 시기의 과제로 인생의 가치관에 따라 자율적으로 행동하며 이에 따라 상대자의 선택과 독립적인 성인으로 가족을 이루게 된다. 결혼에 대한 적응으로는 다음과 같은 생활의 변화가 있으며 이를 통해 또 다른 성인으로서의 제 2의 삶을 살게 된다.

(2) 자녀의 출산과 양육

인간은 성장과 결혼에 이어 자녀출산의 시기는 일생생활 및 삶의 방식이 급격하게 달라져야 함을 요구받기도 한다. 개인적 삶에서 공동체와 부모로서의 역할을 수행하게 된다는 것이다. 따라서 부모로서의 역할준비 및 육아관련교육, 부부간 책임과 역할의 재조정뿐 아니라 공동 양육분담에 대한 의식의 전환도 필요한 시기이다.

(3) 직업을 통한 사회와의 관계 형성

청년기는 인간이 성장하여 가정을 이루는 자아실현의 책임과 함께 사회적 승인을 얻기 위한 청년기의 적응적 과업을 수행하게 된다. 직업을 통한 사회와의 관계 형성은 또 다른 사회적 계층, 성별, 연령, 개인적 특성에 따라 직업적 태도를 결정하며 선택 직종에도 영향을 받는다. 또한 본격적 직업수행보다는 적성에 따라 직업별로 요구하는 전문적 기술을 습득하고 훈련하는 단계이기도 하다. 따라서 성공적인 직장생활을 위해서는 전문지식과 기술, 사회적 위계, 대처능력의 함양이 중요하며 직업을 선택할 때에는 개인적 능력과 특정한 직업에 갖는 요구적 사항이나 경력 등을 고려하게 된다.

7. 중 · 장년기의 특징과 인간발달

중 · 장년기의 시기는 학자에 따라 30대 후반부터 60세 이전까지 포함되기도 한다. 이 시기는 정서적, 경제적으로 안정적이며 직업적으로도 자신이 속한 분야에서의 전성기를 누릴 만큼 인생의 황금기라고 할 수 있다. 이에 대하여 융은 40대를 인생에서 가장 창조적 에너지가 발현되는 시기로 표현하기도 하였다. 반면 신체적 기능의 쇠퇴에 대비하여 건강을 관리하여야 하는 신체적 변환을 경험하는 시기이기도 하다.

이에 대하여 에릭슨에 의하면 중년기의 과제로 생산성을 성취하지 못하는 경우 침체의 우려가 있으며 펙은 이에 대해 지혜를 중시하고 대인관계의 사회화와 융통성 및 지적인 융통성이 중요하다고 하였다.

1) 신체적 변화

중 · 장년기에는 대체로 건강하지만 신진대사와 신체적 감각기능이 둔화되기 시작하는 시기로 성인병을 유의하고 호르몬 불균형에 유의해야 하는 시기이다. 또한 개인마다 다르지만 인생에서 가을에 비유되며 갱년기 장애에 대한 대비가 필요한 시기이기도 하다. 갱년기에는 호르몬 분비의 불균형 및 호르몬 감소로 인한 신체적 변화와 이로 인한 심리적 상실을 느끼기도 한다. 따라서 자신의 과거와 미래에 대해 부정적인 태도를 취할 경우에는 우울함과 같은 정서적 문제를 야기하여 인지적 오류에 의한 삶의 역기능적 자세를 취할 수 있기도 하므로 사회적인 건강한 관계와 가족의 지지도 필요하다. 그러므로 장년기의 변화를 자연스럽게 받아들이는 것이 중요하다.

2) 인지적 변화

인지적 변화로는 인지반응속도나 지적 능력이 점차 감소할 수 있으므로 평생학습적 차원에서 새로운 내용의 학습 및 단기기억력의 훈련이 필요할 수 있다. 그러나 언어나 추리 등의 종합적 사고 판단력과 문제해결능력은 여전히 우수할 뿐 아니라 장기기억이나 능력은 개인의 교육수준과 직업 등 지적 경험요인에 따라 차이가 있을 수 있으므로 꾸준한 관리와 건강한 네트워크의 형성이 중요하다. 이 시기는 사회적인 영향력도 가장 높을 수 있는 시기로 건강한 인생관으로 사회에 공헌할 필요가 있다.

한편 자녀의 성숙과 결혼으로 인하여 빈둥지 증후군에 대한 대비로 부부체계의 건강성 및 취미활동 그리고 건강한 생활에 대한 준비가 필요하다. 즉, 가족구조에서 전체적인 가족관계를 고려하여 새로운 라이프 스타일을 통한 삶의 재정립이 필요하고 새로 형성되는 가족에 대한 유대관계에 적응하고 세대 간 건강한 가족관의 정립이 필요한 시기이다.

8. 노년기의 특징과 인간발달

노년기는 학자에 따라 60대부터 길어진 노년기를 다시 노년기의 전기, 중기, 후기로 구분해야 한다는 주장도 있다. 또한 노인에 대한 용어가 가지는 낙인감을 지양하고 얼마든지 노년의 삶이 일생을 통합하는 자아통합을 성취하는 의미있는 기간으로 아름답고 자연스러우며 건강한 삶의 연속이 될 수 있음을 알아야 한다고 주장한다.

1) 신체적 변화

노년기 전기는 생물학적 노화가 일어날 수 있는데, 이는 모든 사람에게 보편적으로 일어나는 현상이라고 할 수 있다. 이 시기에는 근육이 위축되고 근육의 강도와 운동력이 감소될 수 있다. 따라서 평형감각이나 동작 조정의 능력이 감소하거나, 골밀도의 약화로 골절현상이 일어날 수 있으며 배우자 사망, 은퇴 등에 의하여 역할의 상실이나 새로운 행동양식과 관계형성을 요구하는 역할들이 출현하게 될 수 있다.

2) 인지적 변화

노년기의 인지적 변화로 노년기의 활동력의 저하는 지적 능력의 쇠퇴를 가져올 수 있고 이를 통하여 반응시간, 정보를 운동반응으로 전환하는 신속의 저하, 붉은 색을 잘 인식하는 황화현상 및 기억 등을 포함하는 다양한 측면에서 변화가 일어난다. 기억력은 각 연령마다 점진적인 쇠퇴가 일어날 수 있으므로 노년기에는 이를 방지할 수 있는 적절한 자극과 사회관계 및 또래뿐 아니라 주위사람들과의 건강한 교류가 필요하다.

3) 심리사회적 변화

(1) 역할변화에 대한 적응

노년기에는 조부모의 역할, 삶의 수용, 죽음에 대한 견해정립 등 다양한 삶의 변화를 수용해야 하는 과제를 가지고 있다. 즉, 조부모의 역할뿐 아니라 퇴직자 역할로 남성들은 정년퇴직자의 역할에 대한 적응단계와 노년기의 직업전환이나 일자리에 대한 대안을 생각해야 하는 시기이다.

(2) 삶에 대한 수용

죽음이란 인간의 자연스러운 현상으로 일생동안의 삶에 대한 성취와 추억의 기쁨 그리고 만족뿐 아니라, 자신의 종교나 믿음에 따라 죽음 역시 다른 차원의 과정 중 일부로 생각하는 견해나 혹은 하나의 생을 잘 마무리한다는 차원에서 소중하게 생각해야 하는 과제가 있다.

이에 대하여 펙(Peck)은 노년기 발달과업의 3가지를 다음과 같이 제시하였다.

노년기의 발달과업

① 자아 분화 대 직업 역할에 관한 몰두

이것은 은퇴의 영향에 의하여 오랜 시간동안 종사해 온 직업으로부터 새롭게 시작하는 활동들에서 만족을 얻을 수 있도록 개인적인 가치가 재평가되고 재정의 되어야 한다는 의미에서 비롯되었다. 직업 역할 이후의 활동들에서 자신의 가치를 느끼는 것은 새로운 삶에 적응하고 지속적으로 활기 있는 삶을 확립하기 위해 매우 중요하며 이것은 성공적인 노화에 필수적이다.

② 신체 초월 대 신체 몰두

은퇴 시기가 되면 대부분의 사람은 신체적 약화를 경험하게 된다. 그런데 이를 통해 더욱 의기소침해지는 대신 어떤 이들은 만족스런 인간관계나 창조적인 정신능력에서 행복을 새로이 정의하는 것을 배운다. 즉, 가치체계에서의 변화를 통해 새로운 삶의 만족에 대한 사회적 · 정신적인 영역을 배우고 이를 통해 신체적 요인에 집착하기보다 이를 초월하여 삶을 새롭게 만족하며 누릴 줄 아는 자세를 배우게 된다.

③ 자아 초월 대 자아 몰두

공적으로 노화하는 사람은 자아를 초월하여 인간의 사회문화와 조화를 이루는 사람이며 또한 이렇게 함으로써 자신의 생활에서 의미 있고 적극적인 참여가 가능하다. 직업과 온갖 의무적인 사업에서부터 벗어나 신체적 현상에 집착하거나 몰두하지 않고, 자아를 초월하는 자유의 삶을 즐거움을 맛보며, 성공적인 노화를 성취할 수 있다.

■ 노년기의 새로운 패러다임

최근 연소노인에게 길어진 노년기를 어떻게 활기차고 건설적으로 보내며, 많은 여가시간을 개인과 사회를 위해 어떻게 활용할 것인가가 화두가 되고 있다(이연숙, 2010). 이는 평균수명의 연장으로 인한 사회구조적 변화와 경제력 향상과 같은 시대적 흐름에 따라 최근 정신적 만족과 건강증진을 목적으로 여가활동에 참여하는 노인들이 증가하고 있다(심남수, 2012). 이에 관하여 김휘란(2000)은 사회활동의 참여정도와 노인의 심리적 만족감과는 상관관계가 있다고 언급한 바 있다. 특히 노인들은 여가활동을 통하여 신체적, 심리적, 사회적, 정서적인 측면의 혜택을 얻을 수 있는데, 노인의 여가활동을 통한 욕구충족은 삶의 질에 중요한 영향을 끼치게 된다(Kaplan, 1975). 즉, 노년기의 노인들은 여가활동을 통하여 삶의 질을 높이며 삶의 만족감을 극대화하게 되는데, 이는 개인적 욕구충족뿐 아니라 나아가 생활의 만족도를 높이고 심리적 안정감, 삶의 행복감 등을 향상시키게 된다(Kaplan, 1975; 김태현 외, 1999; 김성혁, 1999; 나항진, 2004).

이러한 노년의 여가는 사회적 측면에 있어서도 도움이 되는데, 여가를 통해 노인은 삶과 사회체계를 지원하고 강화하게 되며(나항진, 2004), 이렇게 노년기의 여가활동은 지역사회의 노인들을 통합하는 역할을 한다(Mancini, 1982; Kelly, 1996; 이미자, 2004). 또한 여가를 통해 유대감(bonding), 단결감(solidarity), 그리고 통합감(integration)을 도모할 수 있다(Burch and Hamilton-Smith, 1991; 나항진, 2004).

따라서 적극적인 여가활동은 그들의 삶에서 독립변인으로 취급되어야 하며 노인의 여가생활이, 남는 시간의 소비가 아니라 삶의 의미체계를 구성하며 자신들의 존재를 확인하는 가치있는 활동으로 조명받아야 할 것이다(나항진, 2004). 김영자(2003)는 노인이 여가를 통한 사회적 역할보상의 복구가 노인의 생활만족과 밀접한 관계가 있다고 하였다. 이렇게 노인의 여가활동이 그들의 삶의 질과 밀접한 관련이 있다고 볼 때, 개인적으로나 사회적 차원에서, 이들에 관한 연구가 보다 활발히 이루어져야 할 필요가 있음을 알 수 있다.

노년기의 이해와 여가의 개념

인간의 노화는 시간의 흐름에 따른 유기체의 발달과정상의 변화라고 할 수 있다. 생물학적 노화란 신체의 기관과 체계의 구조 및 기능의 변화를 의미하며, 심리적 노화는 축적된 경험에 의한 행동, 감각, 지각기능, 자아의 인식 등이 시간에 따라 변화하는 것, 그리고 사회적 노화는 생활주기를 통해 일어나는 규범, 기대, 사회적 지위 및 역할의 변화를 의미한다(최성재, 장인협, 2003).

최근 산업화 및 도시화로 생활수준이 향상되고 핵가족화가 확산됨에 따라 노인들이 가정에서 머무를 수 있는 요인이 감소되면서, 가정 밖의 노인 여가활동이 증가하고 있다(이재연, 2004). 이에 따라 노년기의 적극적이고 건강한 여가생활은 노인에게 새로운 출발점을 마련하고 능률적으로 노후를 보낼 수 있도록 하는데, 성공적인 노년은 여가를 어떻게 보내느냐에 따라 결정된다(김동진, 2007). Iso-Ahola(1999)는 여가란 사간, 활동, 인식을 포함하는 통합적인 개념이다. 이에 나항진(2004)은 노년기의 여가가 단순히 일상적 삶을 재충전하는 데에서 나아가 삶의 질을 고양하는 수준으로 확장되어야 하며 외국의 노인들의 경우 사교, 취미, 교육적 활동 이외에도 지역사회활동이나 정치활동에 많은 관심을 보이고 있다고 하였다. 노년기의 여가활동을 분류해보면 장인협과 최성재(2003)는 노인의 여가활동은 크게 세 가지로 정신적 · 신체적 · 사회적 여가활동 등으로 분류될 수 있다. 이를 살펴보면 정신적 여가활동에는 종교 · 사교활동, 취미 · 휴양활동, 교양 · 학습활동 등이 포함되며, 신체적 여가활동에는 실내 · 외 스포츠가 있다. 그리고 사회적 여가활동은 공동체 활동 또는 사회 구성원으로서의 역할담당 및 인생의 다양한 경험을 사회에 환원하는 봉사활동을 들 수 있다.

이것의 대표적인 예로는 복지시설 봉사, 민원안내 봉사, 자율방범활동, 역사 · 문화해설봉사 등이다(장인협, 최성재, 2003). 이와 같이 여가의 개념에는 휴식(relaxation), 기분전환(diversion), 자아개발(developing of the personality) 등이 포함된다(Dumazedier, 1967). 즉, 노년기에 이르면 신체적, 정서적, 인지적, 사회적 등 모든 기능에서 쇠퇴와 상실을 경험하게 되는데, 이러한 부정적인 관점에서 벗어나는 것이 노년기의 주요 과제이다(김인수, 2008: 57).

따라서 노년기의 적극적이고 건강한 여가생활을 위해서는 노인에게 새로운 출발점을 마련하고 능률적으로 노후를 보낼 수 있도록 해야 할 것이다(김동진, 2007). 이러한 의미에서 노년기의 여가만족은 삶에 있어 중요한 요인이다. 이에 관하여 나항진(2004)은 노인들의 여가활동이 노인들의 삶에 의미체계를 구성하여 자신들의 존재를 확인하는 가치있는 메커니즘으로 조명을 받아야 한다고 하였다. 여가활동은 그 기능적 관점에서 볼 때 휴식(relaxation), 기분전환(diversion) 그리고 자기개발(developing of the personality)의 기능을 가진다(Dumazedier, 1967).

Chapter 7

Human Behavior and Social Environment

인간사회와 문화

1. 인간과 문화

1) 문화의 유형과 속성

문화의 유형과 속성을 알아보면 물질문화와 정신문화로 구분했을 때 물질문화란 정신적 문화요소가 표현되어 가시적 형태로 유지되는 문화로 자동차, 컴퓨터와 같이 물질과 관련되거나 소비문화 등을 생각해볼 수 있다. 반면 정신문화란 인간의 정신적 상태로 유지되는 문화로 가치, 신념 등이 있을 수 있는데, 가치와 신념이 물질문화에 반영되는 경우도 많다.

즉, 정신문화와 행동문화의 예를 들면 행동문화는 우리의 구체적인 행동이 이루어지는 절차나 방식에 관한 문화로 법, 민속, 관습, 제도 등이 이에 해당하며, 정신문화는 학문, 종교, 도덕, 가지관 등 정신적 창조물을 지칭하는 것이라 할 수 있는데 이것은 인간이나 집단이 갖는 상징이나 의미와 가치를 의미한다.

한편 핵심문화는 전통 있고 사회적으로 영향력 있게 유지되는 문화인 반면 주변문화는 특정 소집단, 혹은 하위계층이거나 소수 매니아에 의한 문화라고 할 수 있다. 그 외에도 집단 구성원 간의 관계를 유지하는 형태인 규범적 문화와 형이상학적 사유형태로 심미적 문화가 있다.

2) 문화의 속성

문화의 속성으로는 그 자체가 하나의 실체로 다음과 같은 특성을 지니고 있는데, 상호유기성, 역사성, 상대성, 공유성, 학습 가능성, 변화 가능성이 있는데 이를 살펴보면 다음과 같다.

(1) 상호유기성

상호유기성이란 서로 다른 문화가 그것을 구성하는 요인들 간에 상호 유기적 관계를 이루면서 나타나는 문화라고 할 수 있는데, 문화의 특성상 상호 영향을 주면서 제 2 의 문화가 만들어지는 특성을 뜻한다.

(2) 역사성

역사성으로 문화는 오랜 역사적인 과정 속에서 인류가 창조해 낸 산물이며 사회와 인간과의 교류나 예술성에 의하여 만들어진 축적물이라는 뜻으로 오늘날의 문화는 단시간에 이루어진 것이 아니라 인류문화를 통해 축척되어 온 창조물이라는 것이다. 이것은 음식문화에서 많이 찾아볼 수 있으며 자연환경과 음식의 보관문화 등에 의하여 만들어지는 김치, 치즈, 햄과 같이 인간과 자연과 환경을 통해 만들어진 문화가 있다. 우리가 문화를 흔히 사회적 유산(social heritage)이라 지칭하는 것은 바로 이러한 이유라고 할 수 있으며 고전문학 등에는 이러한 문화가 내포되어 전승되며 다음세대로 이어져 새로운 문화를 창출하는 예라고 할 수 있을 것이다.

(3) 상대성

상대성이란 문화가 절대적인 기준에 의하여 창출된 것이 아니라 다수의 많은 사람들의 생각과 가치와 행동이 반영된 총체적인 유형과 형태라는 것이다. 예를 들면, 의복문화를 들 수 있는데, 다양한 나라의 다양한 의상은 그 시대 사람들의 미와 예의 기준이라고 할 수 있으며 문화의 상대성을 반영한 것이라고 할 수 있다.

동양의 한복과 서양의 드레스나 혹은 특별히 예의를 갖출 때 입는 의복이나 혹은 캐주얼, 청바지 이러한 것들은 사람들이 나름대로의 사고방식과 행동양식을 가지고 살아가는 삶의 총체적 모습을 담고 있는 것이며 따라서 문화 역시 다양한 형태를 띠고 있는 것을 나타내주고 있다. 따라서 어떤 문화이든지 그 나름의 고유성과 독창성, 역사성을 가지고 있으므로 타문화를 자기 시각에서 가치평가하지 않는 것이 중요한데 오늘날 강조되고 있는 문화상대주의라고 한다. 특히 다문화시대의 도래에 따라 문화의 다양성과 상대성을 무시한 채 자기 민족 중심적으로 문화를 동화하고 흡수시키고자 할 때에는 많은 사회적 부작용을 감수해야 하며 그에 대한 사회적 위험이나 비용은 예측하기 어렵다.

(4) 공유성

공유성이란 개인 단독으로 문화를 창출하는 것이 아니라 개인과 사회와 문화가 함께 상호작용하여 만들어진 것이 문화라는 개념에서 공유성의 의미가 있다. 개인은 사회적 존재이며 태어날 때부터 사회와 상호작용하게 된다. 그리고 예술의 개념은 이와 같은 것을 토대로 새로운 시각에서 창조되어지는 특성이 있다.

(5) 학습 가능성

문화는 한번 형성되면 전파와 흡수의 효과에 의하여 다양한 사람들이 접하고 확산될 수 있는 가능성을 지닌다. 그러므로 유익하고 좋은 문화를 창출하는 것은 문화 창출에 관여하는 사람들의 중요한 책무이기도 하다. 우리사회에 잘못 전파된 공격성을 기반으로 하는 게임 등은 이러한 책무성보다는 시장성을 겨냥한 것이라 할 수 있고, 판단 없이 받아들였을 때의 사회적 파장은 나이가 어리고 인지기능이 약할수록 그에 대한 피해는 크다.

(6) 변화 가능성

변화 가능성이란 문화가 유지되거나 전승될 때 고정적인 것이 아니라 상황과 상호작용하면서 변화하게 될 수 있다는 것을 의미한다. 업그레이드라는 의미가 될 수도 있고 새로운 창조의 개념으로 두 문화가 접변하여 다른 새로운 문화를 창출하는 것을 의미한다고 할 수 있다.

2. 문화의 기능과 변동

1) 문화의 기능

문화는 개인의 심미와 예술성을 추구하는 욕구충족뿐 아니라 개인의 사회화의 가능성을 가지고 있는데 사회화란 개인이 특정 사회가치를 내재화하는 과정에서 생길 수 있다. 또한 문화를 통해 사회 구성원은 특정한 가치를 선호하기도 하고 윤리적 상대성에 의하여 윤리의식의 기준으로 삼기도 하므로 문화의 역할은 크다. 이와 같이 문화는 행동의 준거성이 되기도 하고 사회변동의 원동력이 되기도 한다. 세대 간의 변화와 차이는 바로 이러한 문화의 차이에서 비롯되는 경우가 많다.

2) 문화의 변동

따라서 문화는 하나의 영속적인 형태로 유지되지는 않으며 한번 형성된 문화라 하더라도 주변의 문화와 상호작용하면서, 융합되거나, 흡수하거나, 충돌하거나 하는 과정을 통하여 변화를 가지게 된다. 문화에 대한 용어는 다음과 같다.

(1) 문화전수

문화는 앞 세대로부터 다음 세대로 전달되고 전수되는 특성이 있다. 문화는 단시간에 형성되거나 극한 변화를 가지지는 않으나 세대 간에 따라 자연스럽게 변화하면서 전수되는 특성이 있다.

(2) 문화의 접변

문화의 접변이라는 용어는 특정한 문화가 다른 문화와 접촉함으로써 제 3 의 문화를 이루는 현상을 뜻한다. 문화는 이와 같이 무형이라 하더라도 어떠한 특성을 가지는 것이며 또 주변의 문화와 만나 또 다른 독특한 문화를 형성할 수 있는 가능성을 가지고 있다.

(3) 문화결핍

문화결핍이란 출신 가정의 사회적 · 경제적 지위가 상대적으로 낮은 환경에서 비롯될 수 있는데 그 시대가 보편적으로 누리는 문화에 노출되지 못하여 균형감 있는 문화감각을 기를 수 없는 상태가 되는 것을 의미한다. 따라서 행동 형성의 준거가 되는 문화적 요소가 부족하거나 박탈되어 있는 상태는 문화결핍(culture deprivation)이라 하며 이는 개인의 성장과정에 반영되어 사회성이나 개인의 적성을 찾는 것이 지체될 수 있다.

(4) 문화지체

문화지체에 대하여 오그번(W. Ogburn)은 종교, 가치관 및 사회제도와 같은 비물질적인 문화는 도구나 기술 등 물질적 문화보다 전파와 변화의 속도가 일반적으로 느리다고 하였다. 예를 들면, 신기술이나 이에 의한 문화의 전수는 빠른 반면 특정 가치관과 같은 사고가 일반대중에게 어필되고 반영되어 정착하기에는 더 많은 시간이 소요된다는 것을 의미한다.

오그번은 문화지체 요인에 대하여 기술, 지식, 경험 같은 비물질 문화에 있어서의 발명이나 개혁의 결여나 타성과 문화에 대한 저항은 문화지체의 요인이 될 수 있다고 하였다.

(5) 문화이식

문화이식이란 특정 지역 혹은 특정 집단의 지배문화가 다른 지역이나 집단에 급속히 전파되는 현상을 의미하는데 이러한 경우는 강제적인 방법이 동원되는 경우에 많이 발생할 수 있다.

3. 문화의 구성

1) 문화의 구분

(1) 주류문화와 하위문화

주류문화는 지배문화라고 하기도 하며 이는 하위문화에서 하위문화란 상위의 주류문화의 한 형태라고 볼 수 있는데 이는 특정 지역이나, 세대, 성별, 직업 등 한 사회의 하위집단을 이루는 집단에 의해 공유되어 나타나는 문화를 의미하고 있다. 이러한 하위문화들은 보다 거대한 범주로 아우르는 상위의 문화에 포함될 수 있다. 하위문화의 이해는 한 사회 내에 존재하는 집단의 생활양식이나 사고방식을 이해하고자 할 때, 혹은 특정 집단 간 차이를 인식하고자 할 때 매우 유용한 개념이라고 할 수 있다.

2) 문화의 구성

(1) 문화 체계(cultural system)

각 사회 집단의 문화는 전체로서 하나의 통합된 체계를 이루고 있다고 볼 수 있는데, 한 사회의 문화를 이해하기 위해서는 그 사회의 역사, 사회, 자연환경, 가족생활, 언어생활, 거주구조, 정치 및 경제체계, 종교와 예술 등 다양한 요인에 대한 이해가 필요하다. 이러한 문화를 구성하는 요인들은 상호 관계가 있으며, 문화의 역동성을 이해하기 위해서는 다양한 사회문화를 조합하여 관계성을 아우를 뿐 아니라 인과관계에 대하여 포괄적으로 바라볼 수 있는 안목이 필요하다.

(2) 문화 특질(cultural trait)

문화 특질이란 한 문화가 가지는 특성을 나타내 줄 수 있는 것을 문화 특질이라고 하는데 더 세부적인 기본 단위로 구성될 수도 있으며 구분하는 형식에 따라 지역, 시대, 계층에 따라 분류하여 살펴볼 수 있으며 문화인류학적 차원에서 본다면 더 흥미있을 것이다.

(3) **문화 복합**(cultural complex)

문화 복합이란 많은 문화 특질들이 더 작은 문화들로 나누어 생각할 수 있는 반면에 문화 복합이란 다양한 문화들이 서로 관련을 맺으면서 문화 복합 현상을 형성하고 있는 특징이 있다. 문화 특질에 따라 문화 복합은 다른 양상을 보일 수 있으며 그 구분이 모호한 경우도 많이 있다. 예를 들면, 일본의 문화가 우리나라의 어느 시대의 어떤 문화를 배경으로 복합적으로 형성되었는지 명확한 구분이 어려운 것과 같다. 문화 특질들과 조화를 이루는 것이 문화 복합이라고 이해하면 될 것이다.

4. 관념체계와 적응체계로서의 문화

1) 관념체계로서의 문화

관념체계로서의 문화는 문화를 인간의 정신과 사고로 보는 관점으로 모든 문화는 눈에 보이는 가시적인 부분에 국한하는 것이 아니라 인간의 정신작용을 통하여 물질이나 행동에 반영되는 것을 의미한다.

따라서 문화는 인간의 사고나 정신이 반영되어 예술적 차원의 목표를 가지고 개인적이거나 집단적인 지향점을 가지고 만들어지는 창조적 과정이라고 할 수 있다. 대중문화도 문화의 일부분이며 문화의 개념의 이해가 필요하다.

2) 적응체계로서의 문화

적응체계로서의 문화란 문화를 인간과 자연의 상호작용 결과로 얻어지는 인간의 삶에 대한 편의의 향상과 그 과정으로 보는 체계 간의 상호작용으로 보는 관점이다. 따라서 사회적이며 인간의 인지적인 기술의 표현으로 기술의 성장과 생활양식의 개선을 뜻한다.

5. 상징체계로서의 문화

문화란 각 개인 혹은 집단이 나타내는 행동 유형과 그 집단의 커뮤니케이션 방식으로 그 시대와 계층과 문화의 표방하는 바에 대한 상징적 양식이라고 한다. 즉, 집단의 경험과 해석과 행동에 대한 공유된 공적 합의로 사회체계의 일종으로 사회 구성원들의 행위의 유형(patterns of behaviors)과 행위를 위한 유형(patterns for behaviors)을 뜻한다. 이는 종교와 이념과 같은 문화체계라고 할 수 있다.

즉, 문화를 어떤 추상의 기준에 의하여 표현하는 총체적 삶이나 해석이며 내용 모두라는 의미로 총체적 삶의 모습 모두를 포함하여 해석해야 한다는 의미로 문화다원주의적 입장과 포스트모더니즘적인 접근을 취하는 것이다. 이를 이해하기 위하여 다음 미국의 사회학자 미드의 상징적 상호작용에 대하여 잠시 이해해보는 시간을 갖기로 하겠다.

1) 문화(culture)의 속성

사회과학에서 지칭하는 문화는 보다 넓은 의미로 사용되는 개념이다. 즉, 문화란 한 사회의 성원들이 후천적인 학습을 통하여 공통적으로 가지게 되는 행동양식과 사고방식의 종합체로서 인간의 모든 생활양식을 의미한다. 따라서 어떠한 인간

사회에서도 그 나름대로의 문화가 존재하며, 사람들은 문화를 향유하면서 삶을 영위해 가고 있는 것이다.

문화란 주어진 사회 구성원들이 지닌 가치, 규범, 물질로 구성되어진다.

* Culture consists of the values that the members of a given society hold, the norms they follow, and the material goods they create.

사회란 동일한 문화를 공유하는 사람들의 집단이다.

* Societies groups of people which share the same CULTURE.

2) 문화에 대한 다양한 정의들

문화에 대한 정의는 학자들마다 매우 다양하다.

(1) 지식, 신념, 예술, 도덕, 법, 관습, 그리고 사회 구성원으로서 인간에 의해 습득된 능력 및 습관이다.
a complex whole which includes knowledge, belief, art, morals, law, custom, and any other capabilities and habits acquired by man as a member of society (E. Tylor)

(2) 특정 사회의 성원들이 공유하고 전승하는 지식, 태도 및 습관적 행위 유형의 총합이다. (Linton)

(3) 역사적으로 창출된 모든 명시적, 묵시적, 합리적, 비합리적 생활구도(design for living)로서 주어진 모든 시점에서 인간 행위에 대한 잠재적 지침이다. (Kluckhohn & Kelly)

(4) 한 집단을 다른 집단으로부터 구분할 수 있는 (즉, 개개 집단을 특징지을 수 있는) 집단의 구조 및 기능의 양식이다. (Ackof & Emery)

(5) 인간과 동물 사이의 본질적인 차이를 나타내기 위해 인류학자가 고안해낸 개념이다. (祖文江)

(6) 환경 중에서 인간에 의해 만들어진 부분이다. (Herskovits)

(7) 학습되고 전승되는 반작용(motor reactions), 습성, 기법, 관념, 가치의 총합, 그리고 그것들에 의해 유발되는 행위이다. (Kroeber)

(8) 사회의 성원들이 배워서 공유하고 다음 세대로 전달하는 생활양식의 체계이다.

(9) 한 집단이 유전적 통제에 의하지 않고 그들이 처한 생태계에 적응하는 모든 수단이다. (Binford)

(10) 상징 형식으로 표현되는 의미의 패턴이다. (Geertz)

(11) 사람의 구체적인 행위나 사물 그 자체가 아니라 사람들의 마음 속에 있는 모델이요, 그 구체적인 현상으로부터 추출된 하나의 추상이다. (Goodenough)

(12) 자기를 에워싸고 있는 힘에 형식을 부과하는 방법이다.

(13) 자기 세계를 헤아려 아는 방법이다.

(14) 인간이 주어진 상황 속에서 삶을 영위해 가기 위해 고안해낸 문제해결 방식과 그 방식에 따라 산출한 인공물들이다.

(15) 상징 행위로서 의미의 견지에서 자연적인 것을 변혁시키고 자기 자신을 조정해가는 방법이다.

Marvin Harris가 분류한 문화의 세 차원

① superstructure : 미술, 음악, 춤, 문학, 광고, 의식, 스포츠, 과학

② structure : 가정 경제와 가정 내에서 이뤄지는 기본적 생산 및 재생산 교환, 소비조직으로서의 가족구조, 가내 분업, 가내 사회화, 연령과 성역할, 가정

정치 경제－밴드, 부락, 부족, 국가, 정치조직, 파벌, 클럽, 회사, 분업, 신분
③ infrastructure : 생산과 생존 기술, 기술과 환경과의 관계, 생태계, 작업 양식

3) 문화의 특성

(1) 공유성(sharing)

어느 한 개인의 독자적인 행동이나 사고 유형은 단지 개인적 습관일 뿐이지 문화로 간주되지는 않는다. 그러나 그것이 사회의 다른 성원들에 의해 공유되었을 때 우리는 그것을 문화라고 부른다. 즉, 문화란 한 사회의 구성원들에게 공통적인 경향으로 나타나는 행동 및 사고방식으로, 그 사회의 구성원들은 언어, 예술, 식생활 등 여러 면에서 문화적 특성들을 공유하고 있다.

(2) 학습성(learning)

문화는 사람이 만든 것이며 성장과정에서 상호작용을 통해 학습되는 것이다. 이러한 문화의 학습수단으로는 가정교육이나 또래집단과의 놀이 등과 같은 비공식적 수단과 학교 교육이나 직업훈련 등과 같은 공식적 수단이 있다.

(3) 축적성(accumulating)

한 인간에게 학습된 문화는 그 세대에서만 그치는 것이 아니라 다음 세대로 전승되고 축적된다. 인간에게는 언어와 문자의 사용 능력이 있기 때문에 경험과 지식을 다음 세대로 전승함으로써 문화의 축적이 가능하다.

(4) 전체성(systematic)

문화는 그 내용이 각각 별개로 떨어져 있는 것이 아니라 모두가 유기적인 연관을 맺으면서 체계적인 하나의 전체를 이루고 있다. 다른 영역의 문화와 아무런 관계없이 독자적으로 고유하게 존재하는 문화는 하나도 없다.

(5) 변동성(changing)

문화가 세대에서 세대로 이어지는 사이 사람들은 과거의 것을 받아들일 뿐 아니라 거기에다 새롭고 창의적인 변용을 가미하게 된다. 따라서 문화적 특성들은 어느 정도의 규칙성이 있으나, 고정 불변의 것이 아니라 시간이 지나면서 점차 변해 가는 것이다.

4) 문화의 또 다른 속성

문화의 가장 중요한 가치와 규범, 상징과 언어에 대해서 알아보기로 하자.

(1) 가치(value)

사회 성원들은 무엇이 바람직하고, 삶의 목표로서 무엇을 추구할 것인가에 대해 어느 정도 공통된 관념을 가지고 살아간다. 그리고 각각의 개인이 하는 생각이나 행동은 그들의 가치에 의해 영향을 받는다. 가치란 보통 사람들이 가지고 있는 옳고 그름에 대한 평가기준이나 신념, 그리고 행동을 지배하는 중요한 감정의 체계를 말한다.

(2) 규범(norm)

사회 속에서 살아가는 인간은 가치에 입각하여 주어진 상황에서 옳고 그른 것의 행위규칙을 만들고 그것을 체계화시켰다. 이런 행위규칙을 통틀어 규범이라고 부른다. 규범이란 다시 말하면 이상적인 행동에 대하여 사회 성원들에 의해 공유되고 있는 기대이다.

(3) 상징과 언어(symbol and language)

① 상징

상징이란 어떤 물체나 행동에 대하여 특별한 의미를 부여하는 것이다. 인간은 상징을 통해 간접적으로 지식을 정확히 전달할 수 있을 뿐 아니라 사회 성원들이 공유하는 정보나 느낌을 나타내고 집단의 결속을 다지기 때문에 문화의 연구에서 상징의 분석은 매우 중요하다.

② 언어

언어는 집단의 산물이며 표준화된 의미를 가진 발음형식으로써 사회적으로 구조화된 체계이다. 언어가 갖는 가장 큰 의미는 인간 지식의 축적을 가능하게 해 주었다는 것으로, 만약 언어가 없었다면 인간의 가치와 규범은 묘사될 수 없으며, 과학이나 종교와 같은 사회의 구성요소뿐만 아니라 나아가 사회라는 조직 자체가 생겨나지 못했을 것이다. 다시 정리해 보면 상징이란 언어적 혹은 비언어적, 문서화된 혹은 비문서화된 표현이며 생각이다.

5) 사회 생물학

사회 생물학(sociobiology)이라는 개념은 에드워드 윌슨(Edward Wilson)의 저술로부터 유래한다(Wikon, 1975–1978). 사회 생물학은 인간을 포함하여 모든 사회적 동물의 행위에 생물학 원리를 적용하는 것이다. 인간의 사회생활에서 많은 측면은 대부분 유전적으로 형성되어 있다. 그러나 유전적 속성이 복합적인 인간 행위를 통제한다는 증거는 거의 발견되지 않았다. 따라서 인간의 사회생활에 관한 사회 생물학자들의 생각은 사변적일 뿐이다. 물론 우리의 행위는 유전적으로 영향을 받지만 유전적 속성은 아마도 우리 행위의 잠재력과 한계를 조건지을 뿐, 우리가 하고자 하는 바의 구체적인 내용을 조건짓지는 않는다. 인간은 환경의 영향을 받는 환경 속의 인간이라는 견해가 지배적이다.

6) 문화적 다양성

인간 문화의 다양성은 쉽게 관찰된다. 가치와 행위규범은 문화에 따라 상이하며 흔히 서구인들이 당연하게 생각하는 것과는 대조적인 양상을 보일 수 도 있다. 예를 들어 서구에서는 굴을 먹지만 개고기를 먹지는 않는다. 유대인은 돼지고기를 먹지 않지만, 인도인은 돼지고기를 먹고 소고기를 기피한다. 이러한 상이한 행위들은 사회를 구분짓는 문화의 상이성을 단편적으로 보여주는 예이다.

또한 수렵이나 채집 사회와 같이 작은 사회들은 문화적으로 단일화된 경향을 보이는 반면, 산업화된 사회들은 문화적으로 다양하며 여러 상이한 하위문화들을 포함하고 있다. 예를 들어 근대 도시에는 다양한 하위문화 공동체가 공존하고 있다. 오늘날 런던의 중심부 몇몇 지역에는 서인도인들, 파키스탄인들, 인도인들, 방글라데시인들, 이탈리아인들, 그리스 및 중국인들의 거주지들이 형성되어 있음을 볼 수 있다. 이들 하위문화 공동체들은 고유의 영역과 삶의 방식을 지니고 있다.

7) 문화적 정체성과 인종주의

모든 문화는 고유의 행위 유형을 가지고 있다. 흔히 이것은 다른 문화적 배경에서는 낯설게 보인다. 나시르마를 예로 들어 보자(Mine, 1956). 마이너는 나시르마족의 정교하면서도 매우 이국적인 육체 의례(body ritual)에 초점을 맞추었는데, 그의 논의는 자세히 인용할 만하다. 모든 개체의 기저에 흐르는 기본적인 신념에 따르면 육체는 추하며 노쇠 영락하다. 신체에 갇혀 있는 인간의 유일한 희망은 의례의 강력한 효험을 통하여 노쇠 영락을 막는 것뿐이며 집집마다 이를 위하여 하나 이상의 사당을 가지고 있다. 사당의 가운데에는 상자가 놓여 있고 상자 속에는 다양한 덕과 마력이 담겨져 있다. 이것은 여러 전문가들에 의하여 마련되는데, 가장 유력한 전문가는 의술인이다. 의술인은 조력의 대가로 물질적 대가를 받는다. 의술인은 고객에게 실제로 처방을 제공하는 것은 아니고 적합한 성분이 무엇인지를 고대의 비밀 언어로써 나타내며 표기의 의미는 단지 의술인과 약재 재배자에 의해서만 이해될 수 있다.

나시르마는 입에 대하여 거의 병적으로 경의와 도취를 보이고 있다. 그들은 입의 상태가 모든 사회적 관계에 초자연적인 영향력을 행사하는 것으로 믿는다. 입에 대한 의례가 없다면 그들의 이는 삭고, 잇몸에서는 피가 나며, 턱이 빠지고, 친구가 떠나며, 실연을 당할 것이라고 믿는다. 또한 나시르마 족은 구강과 도덕 사이에 강한 상관성이 있다고 믿고 있다.

구강 보호에 그렇게 철저하면서도 그들은 비입회인인 이방인과 비위 사납게 부딪치는 의식을 수행한다. 그들은 특정의 마력을 가지고 있는 분가루와 함께 작은 돼지털 뭉치를 입에 집어넣고 매우 형식화된 일련의 동작으로 그 털뭉치를 움직인다(Miner, 1956: 503-504).

이러한 다양한 문화의 관습과 신념은 이를 구성하고 있는 보다 큰 문화와 분리하여 이해될 수 없으며 또한 문화는 그 자체의 의미와 가치로서 연구되어야 하고, 이는 사회학의 전제조건이다. 사회학자들은 가능한 한 자신의 문화를 기준으로 타문화를 판단하는 민족중심주의(ethnocentism)를 피하고자 노력한다. 인간 문화는 다양하기 때문에 한 문화 출신 사람이 다른 문화 출신 사람의 행위와 관념에 공감하기는 어렵기 마련이다. 또한 이러한 관점은 오늘날 문화다원주의에 영향을 주었으며 다문화사회에서 존중되어야 할 문화에 대한 감수성 요구에 영향을 미쳤다.

Chapter 8

조 직 문 화

1. 인간과 조직문화의 개념

조직문화라는 개념을 좀 더 효과적으로 파악하기 위해서는 우선 문화(culture)라는 개념을 이해해야 할 것이다. 우리는 일상적으로 '문화(文化)'라는 용어를 많이 사용하지만, 사람에 따라 '문화'를 각각 다른 개념으로 사용함으로써 문화에 관한 논의 자체가 복잡해진다. 문화는 정서체계로서의, 상품으로서의, 예술로서의, 민족적 특성으로서의, 생활양식(life style)으로서의 다양한 특성과 기능이 있다고 할 수 있다. 즉, 문화란 인간과 사회의 상호작용적 총체(interactive aggregate)로 볼 수 있다.

인간의 조직을 연구하는 사람들이 조직문화를 집중적으로 연구하기 시작한 것은 1980년대 초라고 할 수 있는데, 1980년 10월에 『비즈니스 위크(*Business Week*)』지의 커버 스토리로 기업문화(corporate culture)라는 용어가 처음 일반인들에게 선을 보이게 되었다. 기사의 주요 내용은 조직에도 변화시키기 어려운 가치관, 즉 조직문화라는 것이 있는데 이것이 제대로 관리되어야 하며, 새로운 제도를 도입하거나 새로운 변화에 대처하려면 변화시키기 어렵더라도 조직문화가 바뀌어야 한다는 것을 제시하면서 여러 조직의 사례를 다루었다.

또한 조직문화라는 개념을 대중화시키는 데 크게 기여한 연구로는 1982년 한 해에 동시 출간된 딜과 케네디(Deal & Kennedy, 1982)의 『*Corporate Culture*』 및 피터스와 워터맨(Peters & Waterman, 1982)의 『*In Search of Excellence*』라고 할 수 있고, 문화의 국가 간 비교에서는 호프스테드(Hofstede, 1980, 1991)가 크게 기여했다.

특히 1980년대 초에 이루어진 많은 연구들은 미국에서 지속적으로 성장하는 우수 조직들의 공통점을 분석했는데, 그들 우수 조직들이 다변화 환경에 신속하게 적응하여 지속적인 성장을 할 수 있었던 것은 조직별로 「고유의 조직문화」가 있었다는 것과 이러한 문화가 조직으로 하여금 조직 환경 변화에 효과적으로 적응하고 경쟁에서 비교 우위를 확보하게 했다는 것을 제시하였다.

예를 들어, 과거 딜과 케네디 및 피터스와 워터맨의 연구는 당시 IBM의 고객 서비스, HP(Hewlett Packard)의 배회관리(Management by Walking Around, MBWA), P&G (Proctor & Gamble)의 우수품질, 3M의 창의적 아이디어, 그리고 탄뎀(Tandem)의 개방성 등과 같은 조직문화가 조직이 시장경쟁에서 비교우위를 확보하게 하는 데 크게 기여했다는 점을 제시했다.

조직문화의 정의는 문화를 연구하는 학자의 숫자만큼 많은 것 같다. 이 책에서는 조직문화의 정의 중에서 일반적으로 가장 인정받는 셰인(Schein, 1985: 9)의 정의를 따른다. 그는 조직문화를 "조직이 외부 환경에 적응하고 내부를 통합하는 과정에서 특정 집단이 고안, 발견, 개발하는 일정 양식(樣式)의 기본 믿음으로, 이러한 믿음은 오랜 기간 조직 구성원들이 타당한 것으로 여겨 왔기 때문에 그들 사이에서 아무런 의심 없이 당연한 것으로 받아들여지고 새로운 구성원들에게도 조직의 대내외적 문제를 해결하는 올바른 방법으로 학습되는 것"으로 정의했다.

결국, 조직문화에 관한 대부분의 정의에서 조직 구성원들이 공통적으로 갖고 있는 가치체계와 이러한 가치체계를 조직 구성원들이 보통 당연한 것으로 여긴다는 점이 중시된다는 것을 알 수 있다. 또한 조직 내의 가치체계를 전달하는 상징적 수단도 조직문화를 이해하는 데 중요하다. 즉, 조직은 그러한 가치체계를 조직 구성원들에게 직접적으로 설명할 수도 있겠지만, 일반적으로 조직 내의 일화(逸話)나 예화(例話)를 통해 전달되는 것이 더욱 효과적일 수 있다는 것이다.

왜냐하면 조직 내의 실질적 가치체계는 일화나 예화 같은 상징적인 수단을 통해 잘 나타나기 때문이다. 따라서 어느 조직의 문화적 특성은 구성원들의 가치관, 믿음 등을 직접 조사해서 밝힐 수도 있지만, 그들에게 보편화된 행동, 공통 언어와 어휘, 의식(儀式), 무용담, 일화, 상징물, 조직 내의 전설적 인물 등을 분석하는 것으로도 가능하다(Kreitner & Kinicki, 1989: 646-648).

2. 사회와 조직문화의 중요성

조직문화에 관한 연구의 역사가 길지 않음에도 불구하고, 많은 학자들이 조직문화를 활발하게 연구하고 관리자들의 관심 또한 지대한 이유는 조직문화가 그 특성과 강도에 따라 조직의 효과성을 결정한다고 믿기 때문이다. 조직문화가 조직의 어떠한 측면에 영향을 미치는지를 구체적으로 살펴보면 다음과 같다(Moorhead & Griffin, 2004).

첫째, 조직문화는 조직 내의 여러 과정에 영향을 미친다. 조직 내에서 과업을 수행하는 과정에는 일반적으로 관행이라는 것이 발생하게 되는데, 조직문화가 이러한 관행에 결정적인 영향을 미치고, 관행에 의해 조직 내의 의사결정이 이루어지기도 한다. 조직문화는 조직 내의 의사전달에도 영향을 미친다. 동일 조직 내에서도 상이한 문화적 특성을 지닌 집단의 구성원들 간에는 상황을 해석하는 방식과 지각하는 내용이 달라질 수 있으며, 사용하는 언어의 개념에도 차이가 있게 되므로 상호 간의 효과적인 의사소통이 어려워진다.

또한 조직문화는 조직 내 집단 간 갈등에도 영향을 미친다. 조직 내 집단이 형성되어 시간이 흐르면 그 집단의 문화도 함께 형성되므로 동일 조직 내에서도 집단별로 상이한 문화를 가질 수 있다. 기능 부서별 · 지역별 · 계층별로 각각 하위문화가 존재한다는 것 자체는 자연스러운 현상으로 볼 수 있지만, 이러한 하위문화를 통합해 주는 조직의 공통문화가 존재하지 않는 경우에는 문화적 특성의 차이로 인해 심각한 집단 간 갈등이 발생할 수 있다.[1)]

둘째, 조직이 통합을 시도하는 경우에도 조직문화의 중요성이 부각된다. 상이한 문화적 특징을 지닌 두 조직이 통합을 하는 경우, 진정한 내부적 통합이 이루어지지 못하기도 한다.[2)] 이러한 경우 새로운 기술과 관리방식이 도입되고, 이것으로

1) 유한호(1991)가 8개 조직 57개 집단을 조사한 결과에 의하면 모든 조직 내에는 적어도 둘 이상의 하위문화가 존재했다고 한다.

2) 송경근(1998)에 의하면, M&A의 성공 여부는 M&A 사전 단계의 적합성 여부에서부터 시작되고,

인해 조직 구성원들은 현재의 문화와는 다른 새로운 문화를 익혀야 하므로, 새로운 문화에 저항하게 되는데 두 문화적 특징이 서로 조화될 수 없는 경우 그 조직의 효과성은 저하될 수밖에 없는 것이다.

적응성 중심의 조직문화는 외부환경을 인식하면 그에 따라 적절히 반응을 하고, 조직 내부를 통합시킨다. 또한 조직이 환경에 적응할 수 있도록 행위와 과정을 재구성한다. 일관성 중심의 조직문화를 가진 조직에서는 구성원들의 몰입수준이 높고, 중심적인 가치가 존재하며, 확고한 조직관리 방침이 있다. 또한 고도의 복잡성, 공식화, 집권화 등의 구조적 특성을 갖고 있다. 결국 어느 시점에서 특정 조직이 갖고 있는 문화적 특성이 그 조직이 처한 상황에 적합한가를 판단하여 적합성을 높이는 방향으로 조직문화를 변화시키는 것이 가장 중요하다고 하겠다.

3. 조직문화의 유형

여기에서는 조직문화를 좀 더 효과적으로 이해하는 데 도움이 될 수 있는 조직문화의 유형을 살펴본다. 조직문화 유형을 분류하는 기준에 대하여 학자들 간의 합의된 개념 틀은 없는 상태이다. 다만, 나름대로 중요한 변수를 결합하여 조직문화의 유형을 분류하고 있다. 그러므로 조직문화 유형은 크게 상반된 속성에 따른 분류와 두 개의 속성을 결합하여 나타난 유형으로 구분하여 제시하고자 한다(김병섭 외, 2009; 민진, 2009; 임창희, 2009; Daft, 2004).

일반적으로 세 가지 기준에 의해 판단된다고 한다. 먼저 '선별된' 매수 대상 조직들이 인수조직의 전략적 측면, 즉 성장목표의 유사성에 적합한가를 판단하고, 운영적 측면에서 매수 대상조직과 인수조직들 간의 조직모델의 상호 보완성 여부를 판단하며, 마지막으로는 문화적 측면에서 최고 관리진과 조직문화의 유사성의 적합성 여부를 판단하고서 인수 합병 실행 여부를 결정한다는 것이다. 비록 전략 및 운영적 측면에서 적합성이 있다고 판단하더라도, 문화적 측면에서 최고 관리진과 조직문화의 유사성에 문제가 있다고 판단되면, 그 조직과의 인수 합병의 성공을 예측하기 어렵다고 한다. 따라서 사전 M&A 단계와 거래협상 단계에서 문화적 적합성 여부를 충분히 검토한 결과를 토대로 사후 M&A 단계에서 공유문화 창출과 통합구조 창출을 위한 노력을 기울여야 한다고 주장한다.

1) 상반된 문화 유형

조직문화의 유형 중 상반된 문화의 유형은 문화가 갖고 있는 속성이 서로 상반된 관계를 중심으로 나타나는 문화를 말한다.

첫째, 혁신문화와 정체문화이다. 조직이 환경 변동을 지향하는 정도에 따라 혁신적 문화와 정체적 문화로 구분할 수 있다. 혁신문화는 조직이 항상 새로움을 추구하는 목표를 세우고 이를 달성하기 위하여 매진하는 조직문화를 뜻한다. 혁신문화를 갖는 조직은 조직 환경의 변화에 매우 민감하여 조직의 전략이나 업무 수행 방법의 개선과 개혁을 추구한다. 한편 정체문화는 조직이 현상유지와 안정을 추구하는 목표를 세우고 이를 점진적으로 달성하고자 하는 조직문화를 뜻한다. 조직은 환경변화에 민감하지 않으며 조직의 과거나 관례를 중시한다. 그러므로 조직은 안정지향적이고 폐쇄지향적이 된다(민진, 2009: 266-267).

둘째, 개인지향문화와 집단지향문화이다. 조직 구성원들이 대(對) 사회적 관계에서 지향하는 관점에 따라 개인과 집단으로 구분할 수 있다. 개인지향문화는 개인의 업적, 특성과 개인적 복리를 강조한다. 집단지향문화는 집단, 단체, 공동체의 이익이나 목표를 강조한다(민진, 2009: 267).

셋째, 평등문화와 계층문화이다. 조직 구성원의 인간관계에 강조하는 관점에 따라서 평등문화와 계층문화로 구분할 수 있다. 평등문화는 인간관계에서 수평적 측면이 강조되므로 상사와 부하의 관계에 엄격한 서열의식이 있는 것은 아니다. 계층문화는 엄격한 서열의식을 바탕으로 하는 것으로 권위주의로 불리는데 위계질서가 강조된다.

2) 수직·수평축에 의한 조직문화 유형

퀸(Quinn, 1988: 48)에 의하면, 조직은 몇 가지 서로 상호 모순되는 가치들을 동시에 만족시킬 수 있어야 높은 성과를 얻을 수 있다. 퀸은 두 쌍의 상호 모순된 가치를 강조하면서 수직축과 수평축으로 하여, 각각 유연성－질서 차원과 외부지향－

내부통합의 차원으로 4가지 조직문화를 설명하고 있다.

인적자원문화란 다음과 같다. 인적자원문화는 관계지향문화라고도 하며 내부지향적이다. 비공식적인 유연한 문화로서 가족적 공동체를 지향하며, 참여와 안락, 충성심에 기반을 둔 조직풍토를 보여준다. 위계질서문화의 의미는 다음과 같다. 위계질서문화는 질서를 중시하고 내부 통합적이며 예측 가능한 일만 하고 비용통제와 철저한 관리로 안정적인 조직풍토를 가지고 있다. 개방체계문화는 다음과 같다. 개방체계문화는 혁신지향문화라고도 하며, 조직의 외부지향적이다. 이러한 문화는 도전적이며 창의적이고 혁신과 자율이 보장되는 문화이다. 생산중심의 문화는 다음과 같다. 이는 경쟁지향적인 생산중심의 문화로 과업중심의 문화이며, 외부지향적이다. 한편 조직의 경쟁력과 생산성을 강조하며 관리 · 감독하는 모습을 보인다(김성국, 2008; 임창희, 2009).

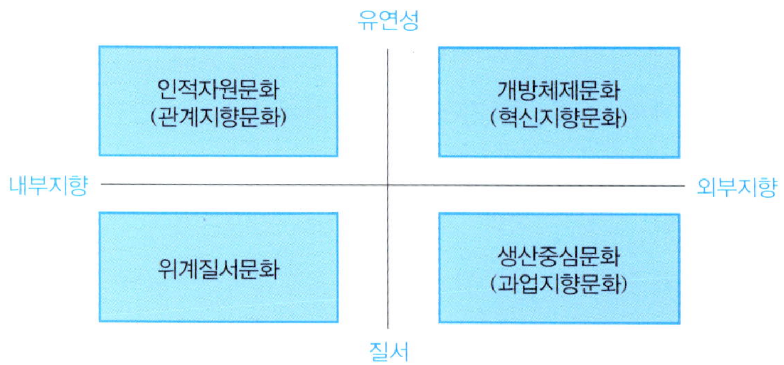

출처: Quinn, 1988: 48.

[그림 8-1] 수직과 수평축에 의한 문화 모형

이에 대하여 대프트(Daft, 2004)는 경쟁적 환경이 유연성 또는 안정성을 요구하는 정도와 조직의 전략적 초점이 내부지향적 또는 외부지향적인 정도에 따라 문화 유형을 구분하여 네 가지 차원의 조직문화를 설명하고 있다.

적응문화(adaptability culture)는 전략적 초점을 외부 환경에 맞추고 유연성과 변화를 통해 조직의 성장을 충족한다. 이 문화는 환경의 변화를 탐색하고 해석하여 새로운 대응책을 개발할 수 있는 조직역량을 강조한다.

한편 사명문화(mission culture)는 환경이 안정적이고 빠른 변화가 필요하지 않는 조직에서 적합한 문화이다. 사명문화는 조직의 목적을 담고 있는 명확한 비전과 그 목적을 달성하기 위한 문화이다.

이때 개개 구성원들은 구체화된 개인의 성과목표에 책임을 지며, 조직은 그 성과에 대해 보상한다. 그리고 동류문화(clan culture)는 주로 조직 구성원의 몰입과 참여, 외부환경의 빠른 기대변화에 초점을 둔다. 이 문화는 높은 성과를 달성하기 위해 구성원들의 요구에 초점을 두고 있다. 몰입과 참여는 책임감과 조직애착을 창출하여 결국 조직에 대한 헌신을 증가시킨다. 마지막으로 관료문화(bureaucratic culture)는 전략적 초점이 내부에 있으며 안정된 환경에서 일관성을 지향하고 있다. 이러한 조직은 일정한 방식에 따라 사업을 수행하는 기능을 한다. 이 문화에서는 개인의 몰입 정도는 다른 문화보다 낮지만 일관성, 순응, 구성원 간의 협력은 높게 형성되어 있다.

		환경요구	
전략적 초점		유연성	안정성
	외부지향	적응문화	사명문화
	내부지향	동류문화	관료문화

출처: Daft(2004: 335).

[그림 8-2] 환경과 전략에 따른 문화의 유형

지금까지 조직문화의 유형을 몇 가지 살펴보았다. 조직문화의 유형은 학자에 따라 중요하게 여기는 변수를 결합하여 제시하고 있다. 그런데 이러한 유형 중 어떠한 조직문화 유형이 바람직할 것인가에 대해서는 그 조직의 전략, 목표, 환경 등에 따라 달라질 것이며 현대사회에서는 환경의 변화에 유연하게 대처하는 문화가 위기를 극복하고 살아남는다고 할 수 있다.

3) 셰인의 모형

〈표 8-1〉 개인과 조직 순환의 형성(셰인의 모형)

인공적인 창작물		가시적 단계
기술, 예술작품, 보고 들을 수 있는 행동양식	←	관찰 가능하지만 의미 파악이 어려울 때도 있음
⇑ ⇓		⇑
가 치 관		**인식 단계**
물리적 환경하에서 옳고 그름을 가려낼 수 있는 것 구성원들의 합의에 의해 옳고 그름이 결정되는 것	←	인식수준이 높아짐
⇑ ⇓		⇑
기본적인 믿음		**잠재적 단계**
환경과의 관계에 대한 믿음 사실, 시간 및 공간의 본질에 대한 믿음 인간 본성에 대한 믿음 인간 활동의 본질에 대한 믿음 인간관계의 본질에 대한 믿음	←	당연한 것으로 간주 관찰이 불가능 잠재의식 속에 흡수된 수준

이와 같이 셰인의 모형은 외부로 표출된 정도를 기준으로 조직문화의 계층화를 시도한 것인데, 결국 이 모형은 조직문화를 조직 구성원들의 잠재의식 수준에 있는 무형적인 것에서부터 가시적인 각종 상징물까지 포함하는 복합적인 개념으로 본다.

4) 해치의 모형

해치(Hatch, 1993)는 앞서의 셰인의 모형을 수정하는 데에 우선 문화의 새로운 요인으로 상징물(symbols)을 도입했다. 또한 기본적 믿음(가정, 전제), 가치관, 인공물, 상징물 같은 문화요인 그 자체보다는 그들을 연결하는 과정을 더욱 중시했다.

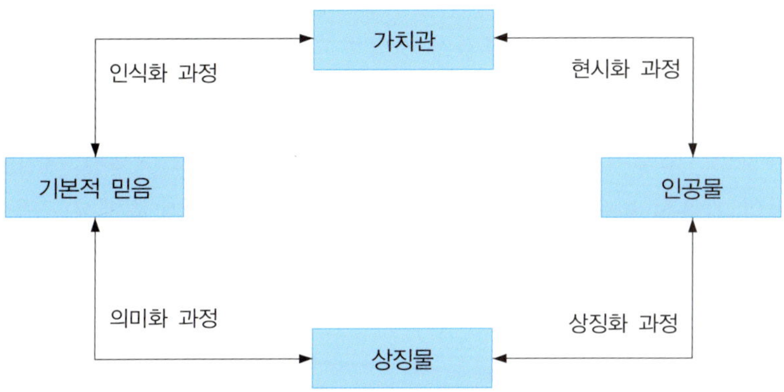

[그림 8-3] 해치의 조직문화 모형

먼저 인식화 과정(manifestation)이란 조직 구성원들의 감정, 인지(認知), 지각 등이 자극을 받음으로써 그들이 갖고 있는 가정(assumptions, 즉 기본적 믿음)이 더욱 뚜렷한 심리적 형상을 갖게 되는 것을 말한다. 예를 들어, 조직 구성원들은 여러 가지 경험을 통해 잠재해 있던 기본적 믿음들이 "이러한 상황에서는 이렇게 되어야 한다"와 같은 좀 더 뚜렷한 심리적 원칙으로 문화가 형성되는 것을 인식하게 된다는 것이다. 또한 기존의 가치관에 대해서는 그 근원이 되는 가정들로 기본적 믿음들을 찾아 지속적으로 평가하는 과정도 포함된다.

여기에서 현시화 과정(realization)이란 가치관이 어떤 기회에 가시적인 인공물(artifacts)로 나타나게 되는 것을 의미한다. 여기서 인공물이라고 하는 것은 물리적인 사물뿐 아니라 일화(逸話), 예화(例話), 의식(儀式), 무용담 등도 포함된다.

예를 들어, 많은 사람들이 "정보화 시대에는 창의성이 가장 중요하다"라는 가정

(기본적 믿음)을 견지하고 있고, 창의적인 사람들이 조직 내에서 실제로 성공하는 것을 관찰하게 되면, "지금 같은 정보화 시대에는 창의성이 있어야 회사에서 성공한다"는 가치관이 형성된다는 것이다.

또한 문화형성에 기여하는 상징화 과정(symbolization)이란 객관적 인공물을 주관화시키는 과정으로, 조직에서 나타나는 여러 가지 인공물에 대해 끊임없이 의미를 부여해 가는 것이다. 즉, 해치(Hatch, 1993)는 동일한 인공물(예: 일화, 예화, 의례, 의식, 유머, 무용담 등)도 조직 구성원의 주관적 경험에 따라 다른 의미를 준다는 것을 강조하면서, 인공물과 상징물의 구분 필요성을 제기하였다. 마지막으로, 의미화 과정(interpretation)은 상징화 과정을 통해 창출된 '인공물에 대한 상징적 의미'를 조직 구성원들의 기본적 믿음과 가정에 비추어 좀 더 큰 의미체계 속에서 조율해 나가는 과정이라 하였다.

4. 조직문화의 기능

1) 조직문화의 일반적 기능

조직문화는 일반적으로 다음의 네 가지 기능을 수행한다고 한다(Smircich, 1983; 김인수, 1997; 박내회, 1993; 백기복, 1996; 이창원, 최창현, 1996).

첫째, 조직문화는 조직 구성원들에게 소속 조직 구성원으로서의 정체성(organizational identity)을 제공한다. 즉, 조직문화는 조직 구성원들이 일반적으로 공유하는 독특한 동질성을 제공한다. 따라서 조직문화는 조직 구성원들을 결합시키고 그들의 조직생활에 의미와 목적을 부여해 주면서 그들의 행동을 결정하는 중요한 요소가 된다. 결국 조직문화는 강하든 약하든, 긍정적이든 부정적이든 조직 전체에 커다란 영향을 미치며, 그 결과에 따라 조직의 성패가 좌우되기도 한다.

둘째, 조직문화는 집단적 몰입(collective commitment)을 가져온다. 즉, 조직문화는 조직 구성원들에게 조직에서 기대되는 행동의 유형 및 조직이 지향하는 바를 암시하여 구성원들의 행동을 정당화시켜 주므로 문화가 강한 조직에서는 구성원들의 전념도가 더욱 높아지게 된다.

셋째, 조직문화는 조직체계의 안정성을 높인다. 문화가 강한 조직에서는 문화적 동질성을 강화하기 위한 규범과 통제가 증가하게 되며, 이러한 규범을 벗어나는 행동에 대해서는 제재가 가해진다. 또한 조직 구성원들은 이러한 강한 통제에 대해 일종의 감정적 애착을 갖게 된다. 결국 강력한 조직문화로 인해 조직체계의 안정성이 높아지는 것이다.

넷째, 조직문화는 조직 구성원들의 행동을 형성시킨다. 즉, 조직이 그들에게 기대하는 것이 무엇이고, 어떠한 행동이 보상을 받으며, 해야 할 행동과 그렇지 않은 행동에 관한 해답을 제공함으로써 구성원들의 행동을 원하는 방향으로 형성시킨다. 즉, 조직문화가 일종의 학습효과로서의 기능을 수행하는 것이다.

지금까지 살펴본 것은 조직문화의 기능을 바라본 것이다. 그런데 더 중요한 것은 조직문화의 기능이 조직의 성장에 따라 변화한다는 것이다(Schein, 1985; 김인수, 1997). 조직이 처음 형성되면, 조직문화는 독특한 능력과 일체감의 원천이 되면서 조직을 묶어 주는 역할을 한다. 이러한 초기 성장 단계에서는 조직을 환경이나 다른 조직과 차별화시키는 것을 강조한다. 따라서 조직은 문화를 좀 더 명백히 하고, 문화를 통해 조직을 가능한 한 많이 통합하려고 한다. 그러므로 이 단계에서는 조직 내의 일체감과 독특한 능력을 부여하는 문화요소를 강화하도록 해야 한다.

또한 조직이 성장 중간 단계에 이르면 문화의 가장 중요한 요소가 제도화되거나 조직구조와 과정 속에 정착하게 된다. 이 단계에서는 초기에 형성된 문화가 당연시되어 그것을 설명하고 인식하는 것이 어렵게 된다. 또한 이 단계에서는 강력한 하위문화가 생성된다.

그런데 조직이 성숙 및 쇠퇴 단계에 이르게 되면 조직문화가 도리어 조직 혁신의 제약 요인으로 작용한다. 즉, 조직문화가 조직이 과거에 거둔 영광을 보전하고 자부심 및 자기 방어의 원천이 되는 것이다. 이 단계에서 조직문화의 변화는 필수적이지만 문화의 모든 요소를 변화시켜서는 안 된다. 즉, 조직의 효과성을 제고하는 문화의 핵심 요소는 확인하여 보존해야 하는 것이다. 극한 상황에서는 대규모 인력 교체나 통합, 매수, 파산 과정을 통한 전체적인 조직개편으로 현존하는 문화를 파괴시킴으로써 조직문화를 변화시킬 수도 있다.

이와 같이 조직문화의 기능은 조직이 성장해 감에 따라 변화한다. 조직의 초기 성장 단계에서 문화는 안정되고 예측 가능한 환경을 창출하며 일체감과 의사소통의 체계를 제공하여 긍정적인 성장 요인이 된다. 한편 조직의 성장 중간 단계에는 여러 하위문화가 생성되기 때문에 전체 문화와 하위문화의 관계를 효과적으로 관리하는 것이 필요하다. 반면 성숙기와 쇠퇴기에는 문화가 어떤 영역에서 일부 역기능적으로 작용하기 때문에 문화를 변화시킬 필요가 생기게 된다. 이 단계에서 혁명, 조직개편, 대규모 인력 교체 등을 통해 완전히 새로운 문화를 창출하는 것이 가능하다.

2) 조직문화와 조직성과

성공적인 조직문화의 존재는 국가 간 경쟁의 비교 우위를 유지하는 데 중요한 변수가 된다(Casson, 1990; Porter, 1990). 예를 들어, 조직문화 중 높은 신뢰가 형성되는 고신뢰(high-trust) 조직문화는 저신뢰(low-trust) 문화와 비교하여, 쌍방 거래 시 조직성과의 측면에서 바람직하다고 한다.

(1) 강력한 조직문화

강력한 문화를 갖고 있는 조직의 경우, 외부인들의 입장에서 보면 조직을 자기

나름대로 운영하는 독특한 스타일을 관찰할 수 있다. 예를 들어, 1970년대와 80년대의 프록터 앤 갬블(Proctor & Gamble)과 존슨 앤 존슨(Johnson & Johnson)의 경우 조직 내에 강력하게 공유된 가치가 존재했다. 이렇게 공유된 가치는 구성원들의 신념 또는 행동에 나타났으며, 모든 구성원들에게 그러한 가치관에 따라 행동하도록 작용했다. 관리자들 역시 일률적으로 정리된 방향으로 공동의 가치관을 준수하는 행동을 수행했다. 그러나 강력한 문화를 가진 조직은 그렇지 않은 조직보다 내부 구성원들이 내부지향적이 되는 위험성 역시 높은 것이 사실이었다.

(2) 전략적으로 적합한 조직문화

강력한 조직문화 이외에 조직전략에 적합한 조직문화도 조직의 성과와 관계가 깊다. 즉, 조직구조(structure), 전략(strategy) 및 리더십 스타일(style), 기술(skill) 및 구성원(staff)의 각각의 S와 연계하여 상호의존성을 강화하면 성공적인 조직이 될 수 있고, 이러한 연계가 잘 되지 않는다면 조직성과가 떨어진다는 것이다. 결국 전략과 조직문화의 연계가 중요하다는 것으로, 바람직한 조직문화와 이에 적합한 전략 수립이 조직의 성공에 중요한 관건이 된다. 또한 적절한 전략을 수립하고 조직문화의 변화를 주도하는 계층이 바로 조직의 경영자이므로 이들의 리더십 역할이 중요하다.

(3) 환경에 적응하는 조직문화

강력한 조직문화나 조직전략에 적합한 조직문화도 중요하지만, 결국에는 조직환경에 제대로 적응하는 조직문화가 훌륭한 조직성과를 가져오는 데 효과적이다. 조직환경에 적응하는 조직문화는 조직가 정신이 제대로 작동되는 여건을 조성하는데, 조직가 정신이 있다면 조직 성장을 위해 활동적인 모험을 감행하기도 하고 강력한 동기부여 정책 등을 구사할 수 있다.

Chapter 9

Human Behavior and Social Environment

개인차

인간은 개인마다 모두 다르다. 어떤 사람이 다른 사람과 다른 개인적 특성을 개인차(individual differences)라 한다. 인간은 사고방식, 자신이 처한 환경을 해석하는 방식, 그러한 환경에 반응하는 방식 등이 서로 다르다. 개인차는 크게 육체적 차이(physical differences), 심리적 차이(psychological differences), 감정적 차이(emotional differences)로 분류할 수 있다.

이 장에서는 주로 개인의 성격과 태도라는 두 가지 주요 심리적 변수를 살펴본다. 특히, 개인차를 설명할 때 매우 중요한 요소인 개인의 성격(personality)을 성격의 구조와 집단관리상의 의미를 중심으로 설명한다. 다음에 개인차의 또 다른 주요 요소인 태도(attitude)를 태도 형성에 관한 주요 관점과 관련된 태도를 중심으로 살펴보고, 마지막으로 개인의 태도와 행동과의 관계 및 개인차의 의미를 제시하고자 한다.

1. 개인의 성격

왜 어떤 사람은 조용하고 소극적인데 반해, 어떤 사람은 적극적인가? 이러한 개인차를 설명할 때 개인의 성격은 매우 중요한 요소이다. 인간행동의 이해와 성격의 본질, 성격의 구조를 제대로 이해하기 위해 필요한 성격의 결정 요인, 형성 단계, 그리고 성격을 구성하는 특성들을 살펴보고자 한다.

1) 성격의 본질

성격이란 개인을 나타내는 데 사용할 수 있는 개인 특유의 심리학적 특성(traits)과 특질(dimensions)의 총체이다(Carson, 1989; Mischel, 1971). 관리자에게 성격이라는 개념이 중요한 이유는 무엇일까? 많은 학자들에 의하면, 인간은 성격에 따라 자신의 환경을 지각해서 평가하며, 그러한 환경에 반응하는 방식이 다르다고 한다

(Terborg, 1981). 즉, 인간의 행동은 인간과 인간을 둘러싸고 있는 상황 사이의 끊임없는 상호작용으로 결정된다고 할 수 있다. 성격에 의해 나타나는 인간의 특성은 직장 내의 다양한 요소에 영향을 주기도 하고 영향을 받기도 한다.

리더는 어떤 사람의 성격을 측정하여 분석함으로써 그 사람이 어떤 직무에 적합한 사람인지 아닌지 파악하는 데 도움을 얻는다. 개인의 성격을 측정하기 위해 "나는 나의 미래에 관해 불안을 느낀다" 또는 "나는 미래에 매우 희망적이다"와 같은 일련의 추상적 개념을 세분화되고 선택적인 질문에 답을 하도록 하는 자기보고 설문조사 기법을 많이 활용한다.

2) 성격의 결정요인

'성격의 결정요인'이란 개인의 성격을 형성하는 데 주요 역할을 할 가능성이 높은 요인들을 말한다. 다음에서 보듯이 가장 널리 연구된 결정요인으로는 생물학적 요인, 사회적 요인, 문화적 요인, 환경적 요인 등이 있다.

'생물학적 요인'이란 성격적 특성이 유전적, 즉 부모로부터 물려받은 정도를 말한다. 많은 연구가 유전에 의해 성격의 형성과 발달이 실질적으로 영향을 받는다는 것을 제시한다. 특히, 많은 국가의 연구자들은 태어나서부터 다른 곳에서 길러진 1,000여 쌍의 일란성 쌍둥이에 대해 연구하였다(Illies, Arvey, & Bouchard, 2006).

연구결과에 의하면, 유전적 요인이 쌍둥이들 사이의 성격이 유사하다는 것을 약 50% 정도 설명하였고, 직업적 관심과 취미생활의 유사성을 약 30% 정도 설명하는 것으로 밝혀졌다. 그러나 일반적으로 성격이 생물학적 요인과 직접적으로 연결되어 있다고 주장하는 초기의 성격이론은 현대에 와서 많은 도전을 받고 있는데, 왜냐하면 성격적 특성을 생물학적 요인만으로 유형화하는 것에는 예외가 너무 많기 때문이다.

한편 '사회적 요인' 또한 성격의 중요한 결정 요인이다. 어릴 때 부모와 지낸 경험은 우리의 성격에 막대한 영향을 주며, 성장하면서 학교나 이웃에서 만난 사람들에 의해서도 성격이 영향을 받는다. 사회화에 관한 여러 가지 연구에 의하면 직장 내의 사회적 요인은 인간의 성격, 지각 및 행동에 영향을 준다고 한다(Wanous, Reichers, & Malik, 1984).

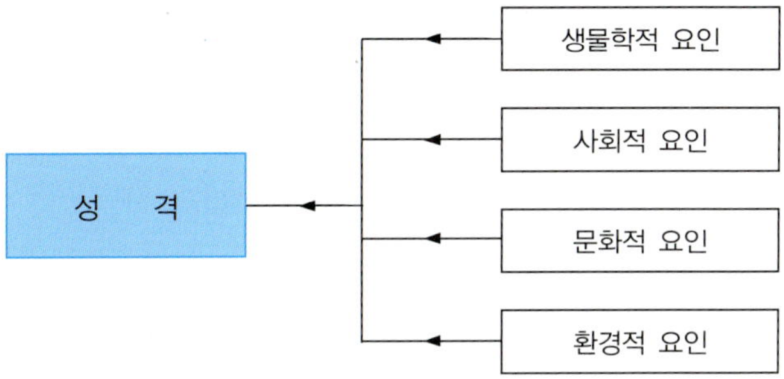

[그림 9-1] 성격의 결정요인

또한 성격의 형성에 영향을 주는 '문화적 요인'이란 인간의 성격에 영향을 미치는 좀 더 광범위한 사회문화적 환경의 특성을 말한다. 문화권마다 인간의 동기, 용납되는 행동, 권위에 대한 존중 등이 다르기 때문에 개인의 성격도 문화의 영향을 받을 수 있다는 것이다. 예를 들어 어떤 문화권에서는 서로 경쟁하는 것이 자연스러운 반면 다른 문화권에서는 서로 협동하는 것을 자연스럽게 보기도 하는 것이다(Adler, 1986).

마지막으로 '환경적 요인'은 인간의 숨겨진 성격적 특성을 나타나게 할 수 있다. 즉, 성격은 개인이 속한 사회의 제도, 문화, 관습 등에 영향을 받기 때문에 동일한 환경이라 할지라도 개인의 경험은 모두 다를 수 있다.

3) 성격의 형성단계의 요약

성격의 구조를 이해하기 위한 두 번째 주요 접근법은 성격 형성의 단계를 연구하는 것이다. 이러한 접근법의 주요 학자로는 프로이드(Freud, 1933), 에릭슨(Erikson, 1963), 삐아제(Piaget, 1960) 등이 있다.

정신분석학 이론의 선구자인 프로이드(S. Freud)에 의하면, 인간의 행동은 주로 무의식적인 동기에 의해 결정된다고 주장했다. 이러한 동기는 성격발달의 여러 단계에 의해 형성되고 각각의 단계는 인간의 성(sex)과 관련된 잠재적 요소를 갖고 있다. 프로이드는 성격의 발달은 구강성격 단계, 항문 성격 단계, 남근 성격 단계, 잠재 단계 및 성기 성격 단계 등 다섯 단계로 나눌 수 있는데, 각각의 단계에서 욕구충족이 적당히 이루어져야 정상적인 성격이 형성되며 지나치게 충족되거나 그렇지 못한 경우 극단적인 성격이 형성된다고 보았다(양창삼, 1994: 111-113).

에릭슨(E. Erikson)은 성격 형성의 단계를 주장하는 프로이드의 개념을 받아들였으나 프로이드의 주장이 너무 생물학적이고 성적인 요소에 치우쳐 있다는 점을 지적했다. 에릭슨은 인간이 성장하면서 반드시 거치는 사회적 적응에 초점을 맞추면서 인간은 여덟 가지의 기본적인 발달단계를 거쳐 성숙한다고 주장했다. 8단계는 영아 단계, 유아 단계, 아동 초기 단계, 아동 후기 단계, 청년 단계, 성년 단계, 중년 단계, 노년 단계인데, 전 단계에서 다음 단계로 넘어가는 데에는 위기가 따른다고 했다. 따라서 인간의 성격이 건전하게 발달하기 위해서는 각 인생단계에 따른 과업수행에 있어서 과제와 각 개인이 이러한 위기를 효과적으로 대처해야 한다. 에릭슨의 주장을 조직이라는 상황에 적용해 보면, 조직 구성원은 신입 직원의 단계에서 중견 조직 구성원을 거쳐 상위급으로 성장해 가는 과정에서 단계별로 위기를 경험하게 된다고 할 수 있다.

한편 삐아제(J. Piaget)도 프로이드처럼 인간의 성격발달이 여러 단계를 거쳐 이루어진다고 주장했다. 삐아제는 성격의 단계와 그러한 단계 간의 발달은 인간의 의식적인 활동이라는 것을 제시하였다. 삐아제가 제시한 성격의 단계는 조직이라는 상황과 밀접하게 관련되어 있지 않다. 삐아제의 이론이 현대의 성격이론에 기여하는 바는 인간의 성격 형성에 의식적 요소가 최소한 무의식적 요소만큼 중요하다는 주장이며 인지적 요인이 매우 중요하다는 것이다. 지금까지 살펴본 세 가지 접근법

중 삐아제의 이론이 실증적 연구를 통해 가장 잘 뒷받침되고 있다(Mischel, 1971).

전술한 세 가지 접근법을 조직이라는 상황에 적용할 때 가장 중요한 것은 발달(development)이라는 개념이다. 인간은 시간의 흐름에 따라 완전히 무작위적이고 불안정하게 변화하기보다는 적어도 어느 정도 예측할 수 있는 방식으로 변화하며 발달한다. 더욱이 이러한 인간의 변화는 일반적으로 인간이 활동하는 사회체제 모두에게 바람직한 것이 많다.

4) 5대 성격특성(Big Five)

특성이론에 근거한 'Big Five' 성격이론은 다섯 개의 기본적인 차원이 존재하고 이것들이 인간 성격의 많은 부분을 설명한다고 주장한다. 즉, 성격 유형은 다섯 가지 유형의 배합이라는 것이다(김성국, 2008; 김지성 외, 2007; 임창희, 2009).

첫째, 특질은 정서 안정성(emotional stability)이다. 정서 안정성은 스트레스에 견디는 개인의 능력과 관계된다. 정서가 안정적인 사람들은 온화하고 자신감이 있으며 안정적이다.

둘째, 특질은 외향성(extraversion)이다. 외향성은 인간관계에 있어서 안락함의 정도를 말한다. 외향적인 사람은 사회성이 높고, 적극적이고, 새로운 관계를 형성하는데 개방적이다.

셋째, 특질은 개방성(openness)이다. 개방성은 새로운 것에 대한 관심과 흥미 정도를 나타낸다. 개방성이 높은 사람은 창의적이고 호기심이 많다.

넷째, 특질은 친화성(agreeableness)이다. 친화성은 다른 사람들과 잘 어울릴 수 있는 개인의 능력을 말한다. 친화성을 가진 사람은 친절하고, 협력적이며, 이해심이 있고, 다른 사람들과의 관계에서 부드러운 특질을 가지고 있다.

다섯째, 특질은 성실성(conscientiousness)이다. 성실성이 높은 사람은 책임감이 있고 규칙적이며 믿음직스럽다(Robbins & Judge, 2011).

학자들의 연구에 의하면 외향적인 사람이 내성적인 사람보다 일반적으로 조직에서 더 높은 임금을 받으며, 승진도 빠르고, 자신의 경력에 더 만족하는 경향이 있다고 한다(Seibert & Kraimer, 2001). 한편 친화성이 높은 사람일수록 다른 사람에 대한 평가가 관대한 경향이 커지며, 반대로 성실성이 높은 사람은 타인을 가혹하게 평가하는 경향이 높다고 한다(Bernadin, Cooke & Villanova, 2000). 또 성실성이 높은 사람일수록 일반적으로 업무 성과도 높다고 하며, 정서적 안정성이 높고 친화성과 개방성이 높은 사람은 고객을 상대하는 서비스업에 있어서 높은 성과를 내는 경향이 매우 높다고 한다. 중간리더의 경우 정서적 안정성이 높고 외향적인 성격 유형이 높은 성과를 달성한다고 한다(Hurtz & Donovan, 2000).

5) 성격과 조직관리

인간의 성격에 관한 이론을 조직에 직접 적용하기 위해서는 조직과 밀접한 관련이 있는 성격적 특성을 파악하고 설명하는 것이 중요하다. 이러한 성격적 특성 혹은 성격 유형으로는 통제 위치(locus of control), 권위주의적 성격(authoritarianism), 마키아벨리즘(Machiavellianism), MBTI에 의한 16개 성격 유형, 기타 성격 유형이 있다.

(1) MBTI에 의한 성격 유형

MBTI(Myers-Briggs Type Indicator)는 융(Carl G. Jung)의 성격 유형론을 바탕으로 하여 브릭스(Catherine Briggs)와 마이어스(Isabel Briggs Myers)가 연구 개발한 성격 유형 지표로서, 자기보고(self report)를 통해 개인이 선천적으로 갖고 태어난 심리적 경향성을 파악해 보는 검사이다(Moorhead & Griffin, 2004: 93).

즉, 자기보고를 통해 인식과 판단과정에서 나타나는 사람들의 선호 경향을 알아내고 각자의 선호 경향이 합쳐져서 사람의 행동에 어떻게 작용하는지 결과를 예측하여 실생활에서 도움을 얻으려는 데 목적이 있다. 이 성격 유형의 특질적 구분에 따르면 각 개인 응답을 기초로 더 자주, 더 일관되게 사용하는 선호를 파악하여 외향성/내향성(EI), 감각/직관(SN), 사고/감정(TF), 판단/인식(JP)의 네 가지 성격

유형 지표로 분류하였다. 이러한 용어들은 다음과 같이 정의된다.

첫째, 외향성－내향성(EI: Extroversion-Introversion)이다. 에너지를 어디서 획득하고, 관심이 어느 쪽에 있는가에 따라 외향성(E)과 내향성(I)으로 나뉜다. 외향성인 사람은 주로 외부 세계를 지향하기에 사교적, 정열적, 활동적이다. 내향성인 사람의 에너지는 주로 자기 내부 세계를 지향하기에 조용하고 신중하며 수줍음을 잘 탄다.

둘째, 감각－직관(SN: Sensing-Intuition)이다. 정보를 수집하고 인식하는 방법에 따라 감각형(S)과 직관형(I)으로 구분된다. 감각형의 사람들은 실제 경험을 중시하며 자료에 근거하여 정확하게 일처리를 한다. 직관형의 사람들은 육감에 의존하여 미래지향적, 창의적이며 비약적으로 일처리를 한다.

셋째, 사고－감정(TF: Thinking-Feeling)이다. 판단을 내리고 의사결정을 하는 과정에서 논리적 결과 또는 개인적 가치에 근거하여 결정을 내리는지에 따라 논리적이고 분석적인 사고형(T)과 상황적이고 예술적인 감정형(F)으로 나눈다.

넷째, 판단－인식(JP: Judging-Perceiving)이다. 채택한 생활양식에 대해 사전계획하고 체계적인 판단형(J)과 자율적이고 융통성이 있는 인식형(P)으로 구분된다. 이 지표는 외부 세계를 받아들이거나 외부 세계에 자기를 보여주는 과정에서 주로 나타나는 기능에 관한 것이다.

이러한 특질을 바탕으로 하여 MBTI를 실시하면 각 지표 점수가 나오는데, 나타난 점수는 개인이 그 방향을 더 자주 빈번하게 사용하고 있으며 그 방향으로 선호가 드러난다는 의미이다. 이 네 가지 선호지표가 역동적으로 결합하게 되면 16가지 조합이 가능해지는데, 각 개인은 이 중 한 가지의 성격 유형으로 구분되게 되며 개인의 장점과 특성을 차별적이지 않게 설명해주고 있다.

(2) 통제 위치

통제 위치(locus of control)란 본인이 취한 행동이 그러한 행동의 결과에 직접적으로 영향력을 미친다고 믿는 정도를 말한다(Gist, 1987; Rotter, 1966; Spector, 1982). 자신의 운명에 대한 지각수준이 내재론자(internal)는 자신의 운명을 스스로 통제할 수 있다고 믿는 사람들이고, 외재론자(external)는 자신의 삶이 외부요소에 의해 결정된다고 믿는 사람들이다. 내재론자는 외재론자에 비해 동기부여가 높고, 성공의 결정요인이 자신의 노력 여하에 달렸다고 본다.

이러한 통제 위치의 개념은 조직관리의 측면에서 중요한 의미가 있다. 내재론자는 전반적으로 직무를 잘 수행할 수 있고, 자신의 일과 관계되는 것을 결정하는 데 영향력을 행사하기 원하는 경향이 있다. 즉, 자신에게 발생하는 일이 대부분 얼마나 본인이 환경을 제대로 통제하느냐에 의해 결정된다고 믿는다. 내재론자는 창의적이고 독립적인 활동이 필요한 직무에 적합하다. 외재론자는 순종적이며 지시에 잘 따르기 때문에 되도록 규정에 의거한 직무를 맡게 하는 것이 좋다.

(3) 권위주의적 성격

권위주의(authoritarianism)적 성격이란 조직과 같은 사회적 체제 내에서도 권력과 지위의 차이가 존재해야 한다고 믿는 정도를 말하는데(Adorno, Frenkel-Brunswik, Levinson, & Sanford, 1950), 그러한 믿음이 강하면 강할수록 권위주의적이라고 할 수 있다.

이러한 성격은 조직관리의 측면에서 중요한 의미가 있다. 권위주의적 성격을 가진 직원은 자기보다 권위를 덜 가진 부하에 대해 복종시키려고 하며, 상급자의 지시와 명령에 잘 복종을 한다. 이러한 자를 관리할 때는 법과 규정에 의한 통제가 명령보다도 효율적일 수 있다. 매우 권위주의적인 사람들은 잠재적으로 위험성이 많은 일이라 할지라도 권력을 가진 사람이 그 일을 시키면 심각하게 반대하지 않고 순종하는 경향이 있다(Psychology Today, 1989).

(4) 5대 성격특성마키아벨리즘

마키아벨리즘 또한 중요한 성격적 특성이다. 마키아벨리적 성격이라는 개념은 16세기 이탈리아의 정치사상가인 마키아벨리(Niccolo Machiavelli)의 이름에서 유래한 것이다. 그는 그의 저서 『군주론(*The Prince*)』에서 귀족들이 어떻게 쉽게 권력을 얻고 그러한 권력을 사용하는지를 설명했다. 현대로 와서 마키아벨리즘이란 용어는 인간이 권력을 쟁취해서 다른 사람들의 행동을 통제하고자 하는 행동을 설명하는 데 사용되고 있다.

마키아벨리즘은 개인의 실용주의적 성향, 감정 억제력 및 목적 달성을 위해 수단이 정당화될 수 있다고 믿는 수준(Robbins & Judge, 2011)으로 정의할 수 있는데, 마키아벨리즘이 강한 사람은 감정적이지 않고, 개인적 목적을 달성하기 위해 거짓말도 기꺼이 할 수 있으며, 충성과 우정에는 별로 비중을 두지 않고, 다른 사람의 행동을 조작하는 것을 즐긴다고 한다. 반대로 마키아벨리즘이 약한 사람은 타인에게 도덕적이며 정직하여 이용하려고 하지 않을 것이다.

(5) 그 밖의 특성들

앞서 설명한 여섯 가지 성격적 특성 이외에 몇 가지 다른 특성들이 조직관리의 측면에서 중요하다. 비교적 새로운 개념인 자기 감시성(self-monitoring)이란 다른 사람들의 행동을 모방하려는 정도를 뜻한다(Snyder & Cantor, 1980). 자기감시성이 강한 사람은 다른 사람의 행동을 관찰한 후 그러한 행동을 자기 행동의 모형으로 삼는다.

최근에 인간의 성격적 특성으로 중요하게 인정되고 있는 자긍심(자존감, self-esteem)이란 자신에 대해 개인으로서 존재 가치가 있다고 믿는 정도를 말한다. 자긍심이라는 성격적 특성은 직무 성과, 직무만족도, 그리고 직업을 찾는 과정 등과 관련이 있다.

예를 들어 자긍심이 높은 사람은 높은 지위의 직업을 추구하는 반면, 자긍심이 낮은 사람은 현재의 상태에 그대로 만족하는 경향이 높다는 것이다(Ellis & Taylor,

1983; Tharenou & Harker, 1984). 또한 자긍심이 높은 사람이 업무를 수행하면 일반적으로 높은 수준의 성과를 얻게 되고 그렇게 높은 성과를 달성함으로써 직무만족도 역시 높아진다.

2. 태도의 특성

사람의 태도(attitudes)는 사회 내에서 그들의 행태에 영향을 미친다. 대부분의 사람들은 자신의 감정을 태도라는 메커니즘을 통해 표현하기 때문에 태도 그 자체가 대단히 중요하다.

1) 태도의 개념

태도(attitude)란 인간행동을 결정하는 요소로 성격 및 지각 등과 연결되어 있으며, 조직 내 구성원의 행동에 영향을 주는 또 다른 형태의 개인차이다. 태도의 개념을 정의해 보면 "사물, 사람, 사건에 대해 좋다거나 나쁘다는 평가적 진술을 의미"하며, 사람들이 어떻게 느끼는지를 보여준다. "나는 나의 일을 좋아한다"라고 말한다면, 이는 일에 대한 나의 태도를 표현한 것이다(Robbins & Judge, 2011). 이렇게 구성원의 조직과 직무에 대한 태도가 호의적으로 형성된다면 개인과 조직에 긍정적인 영향을 가져올 수 있다(오세덕, 이명재, 임영제, 2004).

2) 태도의 구성요소

태도는 일반적으로 어떤 대상에 대해 특정한 방식으로 행동하는 안정적인 특징으로 여겨진다. 한 개인의 태도는 다음 세 가지의 요소로 구성되어 있다. 첫째, 특정 대상에 대한 믿고자 하는 가치적 신념인 인지적 요소(cognitive component)이다.

둘째, 어떤 대상에 대해 좋아하고 싫어하는 감정인 정의(情誼)적 요소(affective component)이다. 셋째, 어떤 대상에 대해 특정 방식으로 행동에 옮기겠다는 행동적 요소(behavioral component)이다. 다음 그림은 태도의 구성요소에 대한 특징을 잘 설명해 주고 있다(Robbins & Judge, 2011).

예를 들어, 자신은 승진을 할 자격이 있다고 생각하는데 승진을 하지 못하였고 대신 직장 동료가 승진을 하였다고 가정하자. 이때, 그 직원은 인식적(cognitive)인 측면에서 승진할 자격이 있다고 생각하고, 감정적(affective)인 측면에서는 그의 상사를 싫어하게 되며, 행동적(behavioral)으로는 다른 직장을 구할지도 모르는 일이다.

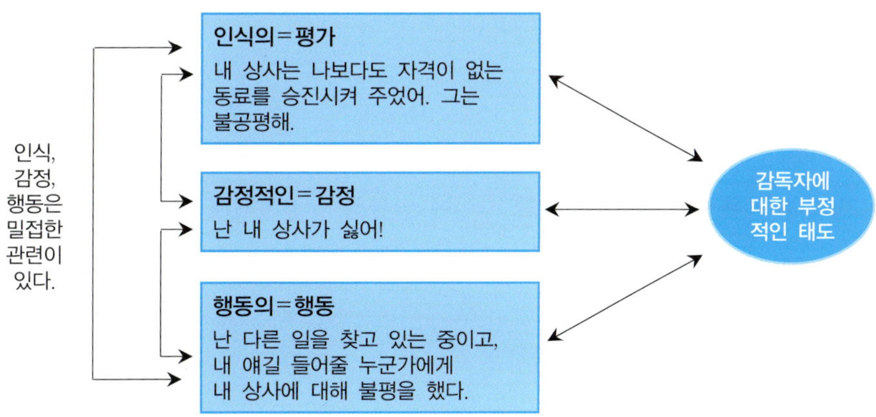

출처: Robbins & Judge, 2011.

[그림 9-2] 태도의 구성요소

3) 태도의 형성

개인의 태도 형성에 영향을 미치는 요인으로는 여러 가지가 있지만, 타고난 요소와 환경적 요소와의 상호작용에 의해서 형성된다고 볼 수 있다. 그러한 요소를 구체적으로 살펴보면 다음과 같다(Organ & Bateman, 1991; 오세덕, 이명재, 임영제, 2004).

첫째, 태도는 직접경험을 통해 형성된다. 경험은 사물이나 사람에 대한 가장 직접적인 인지를 제공한다. 둘째, 유전적인 성격과 후천적인 교육, 훈련에 의해서 형성된다. 셋째, 문화적인 요소이다. 사회의 관습이나 전통 등 문화적인 것이 태도 형성에 결정적인 영향을 미치기도 한다. 넷째, 일반적으로 사람들은 친근한 사람이나 사물을 더 좋아하는 경향이 있다. 노출에 대한 의식이 없었더라도 특정한 자극에 대한 반복적인 노출은 긍정적 감정을 야기할 수 있다. 다섯째, 가족과 학교, 교회, 또래집단과 같은 사회화 기관들이 태도를 형성한다. 우리가 아는 것의 대부분은 상호작용하는 집단에 의해 여과된 것이다. 여섯째, 전문가 집단에 의해 표현되는 많은 종류의 태도는 종종 그들 직업의 근본 가치를 반영한다.

4) 인지부조화이론

인지(認知, cognition)란 태도, 신념, 사상, 행위를 알아차리는 것을 말하는데, 인간은 원래 이러한 것을 많은 인지들 사이에 일관성이 결여되었을 때 이를 피하려는 본능이 있다. 1950년대 후반 페스팅거(L. Festinger)는 태도와 행동 사이의 연계를 설명하기 위해 인지부조화이론(Cogntive Dissonance Theory)을 제시했다. 부조화란 비일치성, 비일관성 또는 비양립성을 의미한다. 그러므로 인지부조화는 개인이 태도 사이에 또는 태도와 행동 사이에 지각하는 비양립성을 의미한다.

예컨대, 어떤 사람이 흡연이나 과식은 건강을 해친다고 알고 있으면서도 계속해서 담배를 피우고 과식한다고 가정하자. 이때 그의 태도와 행동은 서로 조화되지 않기 때문에, 그는 어느 정도의 긴장과 불편함을 느끼게 되고 태도를 변화시킴으로써 이러한 감정을 줄이려고 할 것이다. 즉, 과식과 관련된 인지부조화에 대해서 “다음에 다이어트하면 되지 뭐”라고 생각하면서 불편한 감정을 줄인다.

즉, 사람은 머릿속에 생각하게 되는 인지 사이에 불일치가 생기면 마음이 불안해지게 되는데, 이를 탈피하고자 자신의 인지상태를 조화시키려고 노력하게 된다. 이때 한쪽의 인지를 변화시켜 다른 쪽과 일치시키면 자연스럽게 태도의 변화가 일어나게 되어 마음 속의 긴장과 불안을 해소시키게 되는데 이것이 인지부조화이론의 핵심이다(윤대혁, 2009).

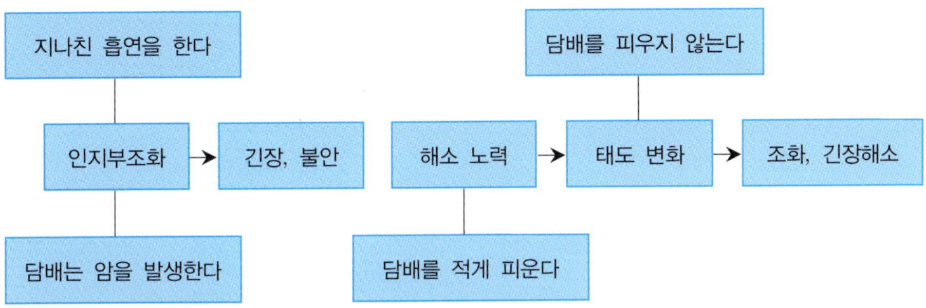

출처: 윤대혁, 2009: 107.

[그림 9-3] 인지부조화와 태도 변화

5) 태도 변화

태도(attitudes)는 성격(personality)만큼이나 안정적이지 않다. 사람의 태도는 새로운 정보가 추가되면 변화될 수도 있다. 예컨대, 관리자는 새로운 신입사원 A가 경력이 짧다는 이유로 나쁜 태도를 가질 수 있다. 하지만 관리자는 그 신입사원과 얼마동안 일하면서 그 사원이 성실하고 능력이 있다는 것을 알게 되고 좋은 태도를 가지게 된다.

과연 사람의 태도는 어떻게 변화하는 것인가? 태도는 인지적, 정의(감정)적, 행동적 요소의 한 가지만 변화시켜도 변화가 가능하다. 스스로 자기의 태도를 변화시킬 수 있는 개인적 차원과 사람들과의 교류, 리더와의 관계를 통해 태도를 변화시킬 수 있는 대인적 차원의 방법을 중심으로 살펴보면 다음과 같다.

첫째, 개인적 차원으로 학습과 훈련, 자기암시, 자기분석 등을 통해 태도를 변화시킬 수 있다. 둘째, 대인적 차원으로 설득, 토론, 의사결정 과정 참여, 여론 지도자의 활용, 계획적인 태도변화, 적절한 모델의 행동을 관찰함으로써 태도를 변화시킬 수 있다(강정애 외, 2009).

Chapter 10

Human Behavior and Social Environment

인간과 환경

1. 인간과 환경

현대사회에서 환경 속의 인간(person in environment)은 보편화된 개념이며 인간은 인간은 환경 속에서 인간의 적응적 적합성을 지니며 성장하는데, 인간과 가족과 사회는 매우 밀접하게 상호 영향을 받으며 성장한다. 이를 위해서는 다양한 역할과 기능이 유기적인 모습으로 적응적 적합성을 지녀야 하는데, 이러한 관계성을 조화롭게 하는 것에 중요한 역할을 하는 것이 바로 문화이다.

사회과학적 차원에서 환경 속의 인간이라는 개념은 인간과 환경과의 관계를 설명하기 위하여 인간의 욕구와 문제점들이 환경과의 상호 교류에 의하여 발생하고 있다고 보면서 인간과 사회의 변화와 적응을 중요하게 보는 관점이다. 환경 속에서 성장하면서 인간은 다양한 문화를 경험하게 되며 이것은 다시 인간의 심리적, 사회적, 문화적인 요인에 영향을 주게 된다. 따라서 환경 속의 인간이라는 개념은 인간이 자신이 속한 환경 속에서 얼마나 조화를 이룰 수 있는가 하는 관점으로 환경과 함께 개입한다는 것의 중요성을 설명하고 있으며 여기에서 중요한 것이 가족과 가족이 형성하는 문화일 것이다.

2. 문화와 삶의 질

인간의 삶의 질을 구성하는 요인은 많은 부분이 있을 것이다. 그러나 그 중에서 중요한 부분을 담당하는 것이 바로 문화이다. 올바른 문화는 인간의 감성, 지성, 심리, 정서에 영향을 주며 이러한 것에 좋은 영향은 인간의 삶을 풍요롭게 한다. 따라서 문화의 향유는 매우 중요한 문제이며 올바른 문화가 가족 내에서 구현된다면 더욱 바람직한 일이 될 것이다. 이에 대한 문화는 상호 교류를 더욱 원활하게 한다.

3. 인간과 환경의 통합적 관점의 지향

인간과 환경과 문화 간의 활발한 교류는 다양한 가치관을 통해 인간의 성장을 돕는다. 이러한 관점에는 환경 속의 인간의 개념이 자리하고 있으며, 가족과 개인을 고려하여 볼 때 다음과 같은 기본전제를 생각해볼 수 있다.

① 인간은 환경에 대하여 적응적으로 기능하는 선천적 능력을 가지고 태어나는 것을 전제로 하며 이러한 이론은 현대시대의 강점관점에 영향을 주었다.
② 가족관계는 개인의 내적 욕구뿐만 아니라 사회적 존재로서의 환경에 대한 외부 세계 간의 통제 및 자율적 능력을 가진 존재로 인간을 이해하기 위해서는 내적 요소와 외적 요소가 모두 고려되어야 한다.
③ 가족관계는 개인이 환경에 성공적으로 적응하기 위하여 연속적인 인간의 발달단계를 통하여 형성된다.
④ 가족관계의 발달은 환경적 조건과 자원들 간의 적합성 등 다양한 관점에서 검토되는 것이 바람직하다.
⑤ 올바른 가족문화는 가족체계의 건강성에 영향을 주며 가족 내에서 개인이 건강하게 기능하는 것에도 영향을 미치게 된다.

4. 가족에 대한 고찰

가족이란 개인 간의 심리, 정서적 문제를 함께 나누는 공동체로 인간의 생활과 성장과 관련하여 맺는 총체적 관계를 의미한다. 즉, 가족생활의 총체이기도 하며 가족 상호작용의 역동과정이라 할 수 있다. 인간은 가족 내에서 사회성을 배우며 성장하고 부모와 자녀 및 형제간의 관계를 통하여 상호 이해와 신뢰를 관계를 통하여 배우게 된다. 가족 구성원과 함께 생활하며 심리와 정서의 상태가 영향을 받으며 교육과 사회화와 역할 모델링 등이 모두 일어나므로 가족과 함께 하는 문화의 경험은 매우 중요하다.

이때 가정으로부터의 경험은 청소년기의 성장과정 내에서 중요한 영향을 미치게 되며 따라서 현대사회에서는 각종 심리 및 사회문제가 난무하는 가운데 오히려 가족학의 함의는 더욱 높게 평가되고 있다. 그 이유로 배우자의 선택이나, 스스로 좋은 부모가 되기 위한 준비는 다른 어떤 과제보다 중요하며 가족 구성원 상호 간의 관심과 돌봄은 성장과정에 있어서 매우 중요하다. 따라서 올바른 가족관계는 개인과 개인의 사이에 대한 개념으로 자신을 포함하여 공동 생활하는 구성원의 삶의 질에 있어서도 중요하고 가족 구성원과의 시간공유의 경험의 질은 자아실현과 행복추구, 건강 증진 등은 인간에게 있어 중요한 삶의 과정으로 함께 하는 문화생활은 그 어떤 경험보다 많은 심리적, 정서적 영향력이 있다.

또한 모든 인간은 태어나서 일련의 발달과정을 거치며 궁극적으로 이루어야 하는 자아통합감은 개인 자신의 단독으로 이루어지는 것은 아니며 만남과 관계 속에서 이루어지는 상호작용의 결과이기도 할 것이다. 그러므로 가족과의 문화생활을 통하여 이루어내는 신체적 · 정서적 건강 유지, 능력 개발, 자아실현 등 특유의 기능은 가족의 의사소통, 단합, 건강한 정서함양에 도움이 되며 타인에 대한 배려심을 배우고 책임감 있는 성장을 가능하게 한다. 이것은 가족의 심리적 만족, 정서의 안정성, 그리고 결속력과도 깊은 관련이 있다고 할 수 있다. 그러므로 가족 간의 이해는 신뢰감의 배경이 되고, 개인적으로 추구하는 자아실현을 촉진하게 된다. 또한 가족관계가 건전한 방향으로 선순환함으로써 가족 간의 친밀감 제고, 자녀의 교육 강화, 가정생활의 활력소, 휴식, 가족원의 건강 및 체력증진 등에 있어서 긍정적인 영향을 미치며 이를 위해 문화적 경험 등이 매우 중요한 것이다.

5. 가족문화의 기능과 역할

가족은 사회조직의 가장 기본적인 집단인 동시에 한 인간이 사회의 구성원으로서 살아가기 위한 사회화 과정의 기초 조건이 된다. 가족을 통한 기능은 자녀의 양육과 가족 구성원 각각의 정신적, 정서적, 신체적 건강을 유지하고 능력을 개발시키며, 자아실현을 도모하는 본질적 기능을 수행하는 동시에 사회적 책임을 다하고 인격 형성을 완성한다.

이상적인 가정은 각종 사회문제를 예방할 수 있고 문제를 치유받는 곳이 될 것이다. 인간의 기본적 인성은 가족관계를 통하여 형성되고 발달하므로 가족과 가족관계가 사회의 상호작용의 기초를 형성하는 것임에 틀림없다. 가족은 사회의 가장 작은 단위이기도 하므로 가족이 그 기능을 다하고 올바른 가족관계가 형성될 때 이러한 선순환은 사회적으로도 커다란 에너지가 되지 않을 수 없으며, 가정을 통한 올바른 문화생활의 향유는 이와 같은 가족을 형성하는 데 직접 및 간접적으로 도움이 된다.

1) 가족문화와 인간의 성장

인간에게 있어서 가정은 성장 장소이자 인간과의 기본적인 관계, 애정, 신뢰와 정서를 배우고 느끼고 학습하는 곳이며, 가족 구성원 간의 관계 및 의사소통 방식은 사회에서의 소통과도 밀접한 관계가 있다. 이것은 가족 간의 상호작용이 가족 구성원과의 관계의 중요성과 함의를 가지고 있으며 상호작용의 관계를 통하여 개인은 가정을 통하여 성장하며 가정은 사회 안에서의 기본 단위인 공동체라는 개념으로 가족 구성원과의 관계를 중요시하게 되었다.

가족은 구성원 간의 역동성을 통하여 또한 경제, 환경과의 관계를 통하여 다양한 사회 · 문화와의 역동적 체계들을 형성시키며 성장 및 재생산을 가능하게 한다.

이러한 과정에서 가족 구성원 간의 갈등이나 사회적 관계, 경제관계, 심리적 상황은 다른 구성원에게도 매우 밀접한 영향을 미치게 되며 따라서 가족 간의 관계는 중요하다. 가족관계에서 발생하는 각종 문제의 예방적 차원에서 건강한 가족문화 또한 매우 중요하다.

2) 다양한 인간에 대한 이해

현대사회에서 도시화, 핵가족화에 따른 가족구조의 변화는 산업화에 따른 인간 소외 현상을 가져왔으며 이러한 시기일수록 가족의 건강성은 더욱 중요한 개념으로 평가받고 있다. 가족이 건강함을 유지하지 못했을 경우에는 각종 사회문제가 발생하게 된다.

첫째, 인구사회학적인 문제로 결손가족이나 가족의 구성원 관계의 문제가 발생하는 경우에는 상호 영향을 주고받으므로 가족의 심리적 혹은 경제적인 갈등의 문제가 발생할 수 있다. 둘째, 심리적 문제로는 부부체계, 부모자녀관계, 형제관계 등의 상호작용이나 의사소통 간의 관계로 인하여 가족의 문제가 발생할 수 있다. 셋째, 환경의 구조적인 요인으로 인하여 가족의 문제로 발생하는 문제는 사후 대처보다 사전에 다양한 공유활동으로부터 축적되는 관계를 통하여 예방하는 것이 바람직하다. 현재 우리나라는 다문화사회를 지향하며 따라서 다양한 문화를 이해하는 다문화감수성이 향후 더욱 중요하며 이에 대한 사회 구성원의 사회적 합의가 중요하다.

3) 가정의 순기능

가정은 가족의 구성원들에게 성장을 위한 터전이 되어야 하며 관계 속에서 신뢰감을 배우고 자율성과 균형을 배우는 곳이어야 한다. 이것은 사회적인 상호 관계성도 크다. 현대사회에서의 각종 가족문제는 개인의 가족 내에서의 문제뿐 아니라 사회적인 차원에서도 중요하게 인식되어야 한다. 인간은 태어나서 1차적으로는 가족과 2차적으로는 사회와 밀접한 영향을 받으며 성장하게 된다. 따라서 가족과 사회가 순기능을 확립하는 것은 창조적이고 생산적인 활동을 가능하게 하는 것으로 순환의 메커니즘과 올바른 상호작용방식을 이해하는 것이 중요하다.

6. 가족과 인간의 성장 및 생태적 관점(Ecological Perspective)의 적용

생태학(Ecology)적 관점은 인간도 결국 생물 혹은 유기체로 보는 것이며 가족도 마찬가지로 환경과 어떻게 조화를 가지는지를 중요하게 보는 관점이다. 즉, 환경 속의 인간을 강조하는 관점으로 진화론적인 관점을 견지하고 있다. 그동안 사회과학에서 인간과 사회는 뗄 수 없는 관계성을 가진다는 견해를 가지고 있는 것과 같은 맥락에서 인간은 환경 속에 존재하고 발전한다는 것은 새로운 일은 아니다.

현대사회에서 이와 같은 측면은 더욱 그 중요성이 높아지고 있는 것이 사실이다. 가족관계의 문제점은 그가 속한 가족 및 환경과의 상호 부조화의 역기능에서 발생한다고 보며, 인간의 성장과 적응은 가족관계의 차원에서도 중요한 관건이 되어왔다. 이것은 생물학적 측면에 국한되지 않으며 다양한 자원과 인간의 심리내적 및 사회와 문화적인 요인이 포함되어 나타나는 것이며 누적적인 것이다. 결국 인간은 생태학적으로 환경 안에서 영향을 주고받는 존재로서 개인과 환경 간의 상호작용은 결국 환경 속의 인간의 총체적 인간관의 지평을 열게 되었다.

이와 같은 맥락에서 생태체계적 관점이란 생태학 이론에 체계이론이 더하여져서 인간과 환경과의 상호성에 체계적 관점이 도입된 개념으로 상호 교류하는 측면을 강조하고 있다. 즉, 체계이론에서는 체계를 구성하는 하위체계가 존재하며 상호 에너지의 교환이 일어나고 있음을 인정하는 것이다. 따라서 각 체계들의 조직화와 에너지의 교류 및 상호 연관성 등의 중요성에 있어서 문화의 기능은 매우 중요하다. 그 이유는 가족 구성원과 자원 간의 상호 연관성을 가지고 소통하며 성장하므로, 즉 인간의 생활주기 및 다양한 자원과의 교류를 고려하는 순환적 인과론(circular causality)의 관점이 가지는 함의는 크기 때문이다.

7. 현대 가족문제에 대한 이해

현대사회는 도시화 및 산업화 그리고 정보화로 인하여 사회의 문제들이 더욱 복잡한 양상을 가지며 급변하고 있다. 특히, 개인주의의 개념을 통한 핵가족화의 경향은 가족기능에 대하여 소외와 무관심과 같은 현상을 초래하기도 한다. 가정이란 결국 한 개인이 성장과정을 보내는 곳이며 일생을 통하여 가족이라는 관계를 맺게 되는 생활의 장이며 인간 성장을 통하여 심리 및 정서적 영향을 받는 곳이기도 하다. 그런데 한국 사회는 전통적으로 가부장 중심의 위계적인 구조를 가지고 구조 및 전통적인 역할이 엄격하며 성역할 등이 비교적 분명하다. 그러나 자칫 변화하는 시대에서는 적절하지 못한 모델링의 학습으로 인하여 새로운 시대 변화에 적응하지 못하는 가족관계는 탄력적이고 유연한 관계를 추구하는 현대시대의 가정상과 마찰이 있을 수 있으며 구성원 간의 원활한 의사소통을 저해할 수 있다.

인간에게 있어서 가정은 최초의 성장 장소이자 상호 인간과의 기본적인 관계, 애정, 신뢰와 정서를 배우고 느끼고 학습하는 곳이다. 이것은 가족의 관계나 체계의 영향을 민감하게 반영할 수 있다. 또한 가정은 구성원 간의 역동성을 전제로 하며 가정 외에도 경제, 환경, 원가족과의 관계 및 양육에 따른 심리요인 등 다양한 역동적 체계들이 함께 하는 곳으로 인간이 성장하고 휴식하고 재생산하는 공간이기도 하므로 건강한 에너지를 필요로 한다.

이에 건강하며, 행복하고, 서로 신뢰하는 가족문화를 만들어 나가는 노력이 중요시되고 있다. 반면 역기능 발생 시에 대한 대처와 회복탄력 및 기능회복은 중요한 가족관계의 상담 영역이 되기도 한다. 가족이 역기능적일수록 가족의 구성원은 그에 따른 정서 및 심리적 영향을 많이 받게 되며 역기능적인 영향이 마치 모빌이나 부메랑과 같이 구성원에게 다시 영향을 주게 된다.

8. 가족문화의 반영

(1) 가족 내 의사소통 문화

① 방임형

방임형의 가족은 가족 내에서 의사소통의 개념과 관계 모두를 강조하지 않는다. 따라서 부모와 자녀 간의 커뮤니케이션이 원활하지 않으며 상호 관심도나 개입의 정도가 매우 낮은 경향을 보인다. 이러한 특성으로 인하여 가족 구성원 간의 타인을 배려하거나, 어른들을 존중해서 관계지향적으로 의사소통하는 것이 익숙하지 않으며 이러한 습관이 반영되었을 때 다른 사람과의 대화에서 자신의 의견을 주장하는 것에 서툴고 다른 사람의 의견을 올바로 반영하는 것에 서툰 모습을 보일 수 있다.

② 동의형

동의형은 가족과의 의사소통에 있어서 개념과 관계성의 2가지 모두를 강조하고 있으므로 부모와의 대화에 있어서도 비교적 자유롭게 자녀는 자신의 의견을 말할 수 있다. 따라서 자녀들은 논쟁에 노출되는 경우에 기존의 사회관계와 배치되지 않는 범위 내로 자신의 의사표현을 할 수 있어, 다른 사람의 입장을 고려할 수 있는 태도를 보이지만, 함부로 맞서지는 않는 경향을 보이기도 한다.

③ 보호형

보호형은 관계중심의 커뮤니케이션의 특성을 보이므로 부모와의 반대의견이 잘 허용되지 않으며 자녀가 독립적이고 자주적으로 생각하고 행동하는 기회가 제한

될 수 있다. 따라서 기존 질서에 대하여 순응하는 경우 갈등이 표출되지 않으나 갈등이 내재될 확률이 높으며 청소년들이 미래 사회적응에 있어서 잘 통제되는 유형으로 성장할 수는 있겠지만 진취적이고 개혁적이며 혁신적인 사고를 요하는 분야에 있어서, 혹은 리더로 성장하기에는 어려운 부분도 있을 수 있음을 추측할 수 있다.

④ 다원형

다원형은 관계성보다는 개념을 중요시하므로 기존의 사회로부터 비교적 자유롭게 다양한 논쟁을 할 수 있는 분위기가 형성된다. 이러한 경우는 원칙의 합리성이 유연하고 합의를 통하여 협상도 가능하며 왜 어떠한 가족 신화나 신념에 대하여 동의하고 준수해야 하는지의 시작점부터 토론을 할 수 있는 분위기이므로 시간은 걸리지만 민주적으로 어느 정도 양방이 성숙한 가운데 성립할 수 있는 개념으로 바람직한 의사소통 문화이며 다문화가정에서도 이러한 유형이 존중되어야 한다.

(2) 부모 자녀의 상호작용 방식과 자녀의 사회적 성향

다음은 애정과 통제라는 차원에 의하여 부모의 유형을 구분한 것으로 부모의 유형은 청년기의 사회적 행동과 밀접한 관련을 보일 수 있음을 표로 나타낸 것이다. 여기에서 애정 차원의 의미는 부모가 자녀에게 애정적이고 지원적이며 민감한 반응과 관심을 나타낼 수 있는 정도이며, 통제의 차원은 부모의 자녀에 대한 설명보다 통제력을 가지고 의사소통을 하는 정도를 나타낸다고 할 수 있다.

〈표 10-1〉 부모의 유형과 자녀의 사회적 행동

부모의 유형	특성	자녀의 사회적 행동 성향
권위 있는 (authoritative)부모 ☞애정과 통제 차원이 둘다 높은 경우	애정적, 반응적이고 자녀와 항상 대화를 가짐, 자녀의 독립심을 격려하고 훈육시 논리적 설명을 이용함	책임감, 자신감, 사회성이 높음

부모의 유형	특성	자녀의 사회적 행동 성향
권위주의적 (authoritarian)부모 ☞통제 차원은 높지만 애정 차원이 낮은 경우	엄격한 통제와 설정해 놓은 규칙을 따르도록 강요함, 훈육시 체벌을 사용하고 논리적 설명을 하지 않음	비효율적 대인관계, 사회성 부족, 의존적, 복종적, 반항적 성격
허용적 (indulgent)부모 ☞애정 차원은 높지만 통제 차원이 낮은 경우	애정적, 반응적이나 자녀에 대한 통제가 거의 없음, 일관성 없는 훈육	자신감이 있고 적응을 잘하는 편이나, 규율을 무시하고 제멋대로 행동함
무관심한 (neglectful)부모 ☞애정과 통제 차원이 모두 낮은 경우	애정이 없고 냉담하며, 엄격하지도 않으며 무관심함	독립심이 없고 자기 통제력이 부족하고, 문제행동을 많이 보임

출처: Baumrind, 1991; 정옥분, 1998: 247 참고 재인용.

엔트로피와 네겐트로피

- 엔트로피: 체계 구성요소들 간의 상호작용이 감소함에 따라서 필요한 에너지가 감소하는 상태를 의미한다. 즉, 체계 내에 질서, 형태, 분화가 없는 무질서한 상태로 폐쇄체계의 특징과 관련이 있을 수 있다.

  Ex) 가정 안에서 부부 사이가 좋지 않아 서로 대화가 없어지면서 긴장이 흐르면 그로 인해 부모-자녀관계도 불안정해지고 자녀들의 일탈이 생길 수 있다. 이때 부부간 상호작용의 감소는 가족 내 질서 및 위계를 불안정하게 하며, 부모-자녀 간 경계도 불명확하게 할 수 있다.

- 네겐트로피: 체계 내에 질서, 형태, 분화가 있는 상태를 의미한다. 이는 부정적인 의미가 아니며, 체계 외부로부터 에너지를 유입함으로써 체계 내부에 유용하지 않은 에너지가 감소되는 상태를 말한다. 네겐트로피가 증가하면 체계 내에 질서와 법칙이 유지되기도 하며, 정보의 필요성이 높아질 수 있다.

Ex) 부부갈등으로 인해 가족 내 엔트로피가 증가한 경우에는, 부부가 외부 자원인 상담실을 통해 부부 상담을 받고 관계가 회복되는데 그로 인해 〈부모-자녀관계〉에도 새로운 질서와 위계가 만들어지고 가족 전체가 회복되는 계기를 맞이할 수 있다. 따라서 외부 도움으로 가족 내 역기능적 관계가 개선되고 가족 구성원 간 긴장이 감소하는 현상이 일어날 수 있으며 이때가 네겐트로피 상태인 것이다.

폐쇄체계				개방체계
높다	⇐	엔트로피	⇒	낮다
낮다	⇐	네겐트로피	⇒	높다
낮다	⇐	질서	⇒	높다
높다	⇐	혼돈	⇒	낮다
낮다	⇐	규칙	⇒	높다
적다	⇐	정보의 요구성	⇒	많다

Chapter 11

Human Behavior and Social Environment

사회적 통합과 인권

1. 인 권

1) 인권의 정의

1945년 UN의 창립과 더불어 인권의 개념은 보다 일상적으로 사용되고 있는데, 인권은 이제 중요한 삶의 조건으로 언급되고 있다(김혜정, 2002). 인권(human rights)이란 '인간으로 가지는 기본적인 권리'를 의미한다. 인권에 관한 규정은 국제인권규범에 구현되어 있다.

「세계인권선언(Universal Declaration of Human Rights, 1948)」 제1조에 "모든 인간은 태어날 때부터 자유롭고 존엄성과 권리에 있어서 평등하다."라고 규정하고 있다. 즉, 세계인권선언(1948)에는 "인류의 모든 구성원의 타고난 존엄성으로 평등하며 양도할 수 없는 기본 권리를 인정하는 것이 전 세계의 자유와 정의와 그리고 평화의 기초이다."라고 하였다. 이것은 인권의 개념이 사회적 특수성에 의하여 제한되거나 타인이 임의로 가져가거나 빼앗을 수 없는 권리라는 것이다(이기규, 2004).

이를 정리하면 인권이란 인간의 존엄성을 바탕으로 인간으로서 누리는 삶의 기본 권리의 개념으로, UN은 세계인권선언을 통하여 인권의 내용을 국가가 명시적으로 의무화하도록 국제인권규약을 채택하였다. 이에 국제인권의 규약은 2가지로 나뉘는데 그에 따르면 첫째는, 시민적 및 정치적인 권리는 국가의 통치권에 관련한 고전적인 인권으로 일정한 생활영역에 대하여 국가의 보호받는 것을 의미한다. 한편 정치적 권리란 공동체의 구성원으로 국가의 업무에 참여하는 권리를 뜻한다. 둘째, 경제 · 문화적 · 사회적 권리란 모든 사람이 국가와 사회 그리고 공동체에 관하여 인간다운 생활을 할 수 있도록 하는 권리를 의미한다. 이것은 인권적 차원에서 기본적인 의식주를 제공받을 수 있는 최소충족의 권리, 노동조건에 대한 경제적 권리, 사회생활에 대한 사회적 권리, 문화생활에 대한 문화적 권리가 포함된다(오병선 외, 2011).

또한 「세계인권선언」 채택 이후 국제인권규약에는 「경제적 · 사회적 · 문화적 권리에 관한 국제규약(International Covenant on Economic, Social and Cultural Rights, A규약)」과 「시민적 · 정치적 권리에 관한 국제규약(International Covenant on Civil and Political Rights, B규약)」을 제시하고 있다.

이를 세부적으로 살펴보면 「경제적 · 사회적 · 문화적 권리에 관한 국제규약(A규약)」에는 사회권 및 복지권에 관한 내용들이 포함되어 있으며, 국가에 의해 보장받을 권리를 규정하고 있다. 「시민적 · 정치적 권리에 관한 국제규약(B규약)」에는 자유권의 내용들이 주로 담겨져 있으며, 주로 개인이 가질 수 있는 권리들로 구성되어 있다. 이처럼 「세계인권선언」과 국제인권규약에는 인간으로서 보호받아야 할 권리 항목들이 구체적으로 제시되어 있다. 특히, 인간의 존엄과 가치 · 행복추구권의 경우에는 세계인권선언과 국제인권규약에 공통적으로 인권이 포함되어 있는 포괄적 성격을 갖는다고 할 수 있다.

이에 대하여 우리나라 헌법 35조에서는 인권으로 모든 국민이 건강하고 쾌적한 환경에서 생활할 권리가 있으며 이를 위해서 국가는 국민들이 권리를 누릴 수 있도록 보호할 의무가 있다고 밝히고 있다. 그리고 헌법의 제10조에 "모든 국민은 인간으로서 존엄과 가치를 지니며 행복을 추구할 권리를 가지고 국가는 개인이 가지는 불가침의 기본적 인권을 확인하고 이를 보장할 의무를 지닌다."라고 명시하고 있다.

윤찬영(2000)에 의하면 인권은 천부적인 개념으로 법으로는 기본권적인 권리의 개념으로, 인권은 인종, 성별, 사회적 신분 등에 구애받지 않고 인간이 누려야 하는 보편적 성격을 가지며, 또 국가권력의 존중과 보장을 통하여 그 본질적인 부분에 대해 국가권력이 침해할 수 없다는 불가침성의 특징이 있다고 하였다. 이것은 인간의 존엄성에 대하여 국민의 권리에 관해 국가가 법적인 권리로 명시하는 것이다.

이처럼 인권의 기본가치인 인간의 존엄성이 구체적인 법률적 권리로 국가나 공동체, 국제사회가 합의한 규범적인 질서 안에 도덕적인 권리로 승인되어 보장되고 제도적 차원에서 구체적인 제도와 법의 형태로 발현되는 현실성은 인권의 개념에서 매우 중요한 요인이다(김경미, 2013). 인권은 비록 추상적 개념이나, 인권의 실천과 행동에 앞서서 무엇보다 인권에 대한 인식을 갖는 것은 무엇보다 중요하다(고명석, 2008).

2) 인권관련 이론

인권관련 이론으로는 도덕적 보편주의 이론과 필요이론을 제시할 수 있다. 도덕적 보편주의이론은 인권이 도덕적 본성에 근거하고 있다고 보면서 보편적 조건이라고 하였다(김관식, 2014). 그리고 필요이론은 인권이 필요(Human Needs)에 의하여 도덕적 판단의 기준이 성립된다고 보고 있다. 그 밖에는 역량이론으로 인간성장에 있어서 심신 및 타인과의 상호작용을 통한 결속의 욕구를 느낄 수 있는 인간의 역량에 관한 관점을 통하여 인권을 설명하는 이론(Nussbaum, 2000)이 있다.

이러한 인권의 특징을 4가지로 구분하면 권리주체의 보편성과 권리, 상대방의 일반성, 도덕적 정당성, 권리내용의 중요성, 실정법에 대한 우선성 등을 다음과 같이 4가지로 구분할 수 있다(고명석, 2008; 남부식, 2014).

이를 살펴보면 첫째, 권리주체의 보편성과 권리의 개념으로 인권이 개인의 모든 인간에게 당연히 부여된 권리로 보며 획득되는 권리가 아니라, 인권은 모든 개인뿐 아니라 집단사회와 국가 등을 포함하고 있다.

둘째, 도덕적 정당성의 인권은 실정법적인 권리로 전환될 수 있고 그래야만 하는 권리이다. 즉, 어떤 권리를 보장하는 규범이 법적으로 효력을 가진다면 그 권리는 법적인 권리가 된다. 이것은 모든 개인에 대해 정당화될 수 있다면 도덕적으로 정당한 규범이며 이러한 차원의 인권은 그 내용과 효력을 실정법이 확인하고 보장해야 할 의무를 가지는 '준실정법적 권리'이다.

셋째, 권리내용의 중요성으로 개인이 인간으로 가지는 근본적 이익들과 욕구들이 인권의 대상이 되며 어떤 권리의 대상이 되는 이익과 욕구가 근본적일수록 인권의 정당화는 가능하다.

넷째, 실정법에 관한 우선성으로 인권은 제도적 권리 및 실정법적 권리에 우선하는 지위를 갖는다. 우리나라도 1998년 헌법 및 UN 장애인 권리선언에 의하여 장애인인권을 보호하고 사회참여와 평등을 구현하기 위한 사회환경의 조성이 필요하다는 내용으로 장애인인권헌장(2006)과 장애인차별금지법(2007)을 제정하였다.

3) 인권의식

인권의식의 의미는 인권(Human Rights)과 의식(Consciousness)의 합성어이다(김한솔, 2012). 그러나 복잡한 인간의식을 파악하는 것은 쉽지 않기 때문에 태도를 관찰하여 그 사람의 의식을 파악하려는 접근이 필요하다(김한솔, 2012). 이에 김자영(2012)은 인권의식을 '인권을 바라보는 관점과 자세라는 의미'로 보았다.

이러한 태도에의 접근은 동일한 문제나 대상에 대해 자신이 의식하는 바에 의해 긍정적 태도를 보이기도 하고 부정적 태도를 보이기도 한다는 것에서 그 실효성을 찾을 수 있다(김윤태, 2012). 이에 대하여 김자영(2012)은 인권의식의 인지적 요인은 인권과 관련된 상황이나 사람에 대하여 가지고 있는 신념, 지식, 판단 등을 지칭하며, 정서적 요인으로는 그 사람에 대하여 갖는 평가와 인권과 관련된 상황, 옹호의 감정 등을 의미한다고 하였다.

김자영(2012)은 사회 구성원에게 부여된 인권에 관하여 인식하는 바에 따라, 인권의 정의를 자신과 타인의 인권을 존중하며 이를 적극 수호하고 옹호하고자 하는 태도로 정의하였다. 즉, 5개의 인권유형으로 평등권, 생존권, 자유권, 사회권, 참정권을 통해 인권의식을 제시하였다. 이는 인권의식의 3가지 요인으로 인지, 행동, 정서요인 중 인권과 관련한 상황이나 사람에게 지니는 신념, 지식, 판단 등을 지칭하는 인지적 요인을 의미한다.

인권의식에 관한 정의로 김윤태(2012)는 인권이 인간으로서 권리문제에 대해 사람들이 갖는 인지 및 정서 행동적인 태도로 인권을 정의하였다. 그리고 박상준과 임태승(2010)은 인권에 관한 지식과 이해 및 인권 판단력, 인권보호의 태도와 행위성향 등 복합적인 정신의 상태와 작용으로 인권의식을 정의하였다.

한편 인권의식의 구성요소에 대하여 Rest(1983)는 도덕적 행동을 위한 요소로 도덕적 민감성, 도덕적 판단력, 도덕적 동기화, 도덕적 품성을 기반으로 인권의식의 구성요소를 기술하였다. 그리고 Lickona(1991)는 인권의식을 도덕성의 3요소로 구분하여 인지중심의 도덕성 발달보다는 통합적인 관점의 접근이 필요하다고 하면서 인권의 구성이 인지적인 차원에서의 도덕성의 앎, 정의적 차원에서의 도덕성의 감정, 도덕성의 행동으로 이러한 요인들이 상호 결합되어 통합적인 인격을 형성하는 것이라고 하였다. 이때 인지적인 도덕성의 앎의 영역에는 인권에 대한 판단력과 사고력이 기반이 되며 인권을 보호하기 위한 제도나 법 등에 대한 이해를 필요로 한다고 하였다.

둘째, 정의적 차원에서 도덕성의 감정으로는 인권감수성을 들 수 있는데 이것은 자아존중과 타인에 관하여 공감하는 능력과 정서가 필요하다는 것을 의미한다.

셋째, 행동적인 도덕성은 인권문제가 발생했을 때 이를 해결하기 위한 행동에 참가하려는 의지이기도 하며 인권을 옹호하는 일련의 행동적 차원이라고 해석할 수 있다.

그 밖에 김홍수(2014)는 이와 같은 인권을 종합하여 대표적인 유형으로는 평등권, 자유권, 생존권, 사회참정권의 5가지 유형으로 분류가 가능하다고 하였다. 김홍수(2014)는 이에 대하여 첫째, 평등권은 인권 중 가장 기본적인 권리의 개념으로 불가침적 천부의 인권으로 불평등한 대우를 받지 않고 평등을 적극적으로 요구할 수 있는 권리로 천부적 자유와 생명의 존엄성, 신체의 안전과 자유 그리고 행복의 추구권에 관한 권리라 하였다.

둘째, 자유권은 사람이라면 누구든 자기 스스로 결정하고 행동하며 선택할 자유가 있음을 의미하는 기본권으로 헌법에서는 이를 국민의 권리로 인정하여 시설입소에 대해서도 본인의 의사표현과 자기결정권 및 사생활보호등의 권리를 주장할 수 있는 인권이 있음을 전제하고 있다.

셋째, 생존권으로는 인간의 기본생활의 유지의 권리로 필수불가결한 의식주나 생활에 있어서의 권리와 안전, 의료, 건강 등의 신체 및 정서적 권리가 있다.

넷째, 사회권으로는 사회의 구성원으로 건강한 삶을 영위하며 사회통합을 보장하는 권리로 가족권을 비롯하여 사회보장교육권, 노동권, 경제권 등이 해당한다.

다섯째, 참정권은 정치적인 표현과 선거권에 대한 자유에 해당한다. 김자영(2012)은 이러한 인권의식을 종합하여 인권에 관해 인식하고, 존중하며, 적극적으로 실천하고 수호하고자 하는 태도로 인권의식을 정의하고 인권 판단력, 인권 감수성, 인권 행동의사로 인권을 측정하고자 하였다.

4) 인권과 자율성

인간의 삶의 질에 대한 개념이 중요해지면서 여성, 아동, 노인, 장애인에 대한 인권과 그 인식이 중요시 되는 시대적 조류에 따라 인간의 삶의 질에 있어서 자율성은 그 개념이 더욱 중요시되고 있는 실정이다.

자율성이란 희랍어 autonomia에서 유래하였는데 이것은 autos(자아)와 nomos(법)의 합성어로, 자율성의 개념은 자신이 결정한 일에 책임을 지는 개념으로 올바른 가치판단과 합리적 사고가 가능해야 한다는 것을 내포하고 있다. 자율의 의미는 외부조건에 제약을 받지 않고 스스로 행위를 제어하는 일 또는 자신의 행동을 스스로 자제하거나 외부 구속으로부터 벗어나 자유롭게 삶을 사는 것을 뜻한다(길정미, 2012: 12).

현대사회에서 자율이라는 용어는 사회의 많은 조직 및 분야에서 통용되고 있으며 업무환경에 있어서도 중요한 요인으로 간주되고 있다. 이에 대하여 칸트는 자율의 개념을 윤리학의 중심개념으로 '의지와 자율'로 표현하였는데 이는 인간이 이성적인 존재로서 해야 할 스스로 규정할 수 있는 능력이며, 자신의 성향이나 목적과 무관하게 스스로의 행위를 구속하는 행위의 규칙에 대한 근원이 되는 의지라고 하였다. 따라서 이성적 존재인 인간은 자신이 지키는 행위규칙을 스스로 정하고 제정한 규칙에 의해 행동하는데, 이는 자신이 정한 규칙에 의한 의무의 원천이 타인의 의지가 아니라 자신의 의지라는 것이다(박영희, 2009).

자율성에 관한 이론으로는 Hackman과 Oldham(1976)의 직무특성이론과 Ryan과 Deci(2004)의 자기결정이론을 들 수 있다. 직무특성이론은 특정한 직무가 갖는 속성이 조직 구성원들의 특정 심리상태를 유발하고 이를 통해서 동기부여가 이루어져 궁극적으로 조직성과를 함양하는 결과를 가져오게 된다는 이론이다(Hackman & Oldham, 1976).

이 중 Ryan과 Deci(2004)는 자기결정성의 구성요인에 관한 3가지 차원에 관하여 연구하였다. 그에 따르면 자기결정이론에서 자율성이 가장 중요한 구성요인으로, 자율성이 확보되어야 유능성과 관계성이 경험될 수 있다고 주장하였다.

자기결정이론의 자율성이란 인간의 내재적인 동기부여와 선천적인 내재 유형으로 분류된다(추교선, 2013). 따라서 이러한 자율의 의미를 현대사회의 각종 조직의 업무에 적용한다면 자율성이란 계획을 세우거나 일을 수행하는 절차를 결정하는 데 있어서 종사원들에게 허용되는 자유, 독립재량권의 정도라 할 수 있을 것이다(김형진, 2013).

한편 자율성의 개념은 사회복지 조직을 비롯한 다양한 연구에서 활용되고 있다. 그 동안 자율성은 인간의 심리적 요인 뿐 아니라 조직의 효과성 등 다양한 분야에서 인간의 심리와 동기 및 행동을 결정짓는 중요한 요인으로 연구되었다.

이를 살펴보면 자율성이 인간의 심리에 미치는 영향은 다음과 같은 것이 있다. 그 동안 자율성은 각 분야에서 매개효과의 변인으로 연구되었는데, 심리변인 간에 자율성이 미치는 영향으로 조윤희(2016)는 청소년이 지각한 모의 감독 및 심리적 통제가 주관적 안녕감에 미치는 영향에 관하여 자율성의 매개효과를 살펴보았다. 또한 김미선과 남숙경(2013)은 특성화고 남학생들의 진로결정에 있어 개인주의-집단주의 성향과 학교 생활만족도와의 관계에 있어서 진로결정 자율성의 매개역할을 살펴보았다.

한편 자율성이 조직의 직무만족이나 업무성과에 있어서 갖는 매개효과에 관한 연구는 다음과 같다. 즉, 김재근(2010)은 가맹점 사업자의 기업가 정신이 파트너십과 가맹점 경영성과에 미치는 영향에 관하여 자율성의 매개효과를 연구하였다. 그리고 금민지(2015)는 마음 챙김이 사회 초년생의 직무만족에 미치는 영향에 관하여 자율성을 매개로 연구를 진행하였다. 그 밖에 김홍근(2015)은 프랜차이즈 관리자에 대한 통제가 성과에 미치는 메커니즘에 관한 연구에서 직무 자율성의 조절효과를 중심으로 연구하여 자율성이 직무성과에 매개효과로 작용하고 있음을 밝혔다.

5) 장애인과 사회통합

2006년 12월 제61차 UN총회에서 「장애인 권리협약」이 체결되었다. 이는 장애인 권리협약의 내용은 장애인의 인권을 보장하기 위하여 국가적인 의무를 제시하여 국제협약으로 명시하였다는 의의를 가진다. 이에 장애인 권리협약 제3조에서 '인류의 다양성과 인간성의 한 부분으로 장애의 다양성을 수용할 것'의 조항을 통하여 장애인의 인권에 대한 새로운 지평을 제시하였다(김미옥, 정진경, 김희성, 2008).

장애인의 사회통합은 개인적 특성과 장애인들을 둘러싼 사회적 특성 그리고 그에 대한 상호작용에 의해 달라질 수 있다. 이에 대하여 Brown(1988)은 모든 장애인이 스스로의 외모 뿐 아니라 신체적 장애로 인하여 가정이나 지역사회 및 직장에서 사회적인 편견을 경험하며, 편견으로 인한 낙인감이 장애인 스스로 소외감과 고립감을 느끼게 하여 가정 및 지역사회 내에서 일상의 전반에 있어 어려움을 호소하고 있다고 하였다.

이에 박수경(1997)은 사회통합을 바라보는 관점을 사회통합의 주체에 의하여 각각의 개인에게 초점을 두어 분석하는 미시적인 접근과 사회의 구조나 신념을 강조하는 거시적 차원의 접근 그리고 개인과 지역사회 간의 상호작용의 결과로 개인이 지역사회 안에서의 관련활동을 중심으로 분석하는 다차원적인 접근 등으로 구분하여 사회통합의식을 접근해야 한다고 하였다.

이를 통하여 박수경(1997)은 사회통합에 영향을 미치는 요인 가운데 장애인이 주관적으로 느끼는 삶의 질이 전제되는 것이 진정한 사회통합이며 주위환경으로는 가족의 지지보다 동료나 친구 등을 포함하는 사회적인 지지가 장애인과의 사회통합에 보다 큰 영향을 미치는 변인이라고 하였다.

즉, 김태진과 그의 동료들(2000)은 사회통합을 비통합적인 상태에 있는 사회의 집단이나 혹은 개인이 상호 적응함으로써 해서 보다 결합적이며 단결적인 상태로 바뀌어 간다고 하면서 분리되거나 다양한 부분들 간의 결합에 있어서 조화의 측면이 사회통합의 의미를 설명할 수 있다고 하였다.

이에 대하여 김종인(1988)은 여전히 장애인의 사회통합에 있어서 가장 큰 저해요인으로 장애인에 관한 사회의 부정적인 인식과 무시와 같은 생활 전반의 문제를 야기하는 사회적 낙인이 가장 큰 저해요인이라고 하였다. 한편 이규리(2000)와 그의 동료들은 사회복귀시설에 수용되어 있는 장애인의 사회통합에 관련한 연구에서 사회적으로 차별과 편견을 많이 경험했던 장애인의 사회통합의 수준이 낮다고 하였다.

즉, 이것은 사회적인 낙인을 높게 인식했던 장애인인 경우 지역사회를 통한 사회활동의 참여에 있어서 많은 어려움을 느끼며 사회통합을 어렵게 한다는 것으로 장애인 주위환경에서 장애인과 함께 하는 사람들의 의식이 장애인에게 있어 매우 중요함을 보여주고 있었다.

이에 설진화(2001)는 장애인이 처한 환경 안에서 장애인이 잠재능력을 최대한 발휘하고 직업재활에 관계하는 각종 분야 중 직업능력이 회복하도록 지도하는 프로그램 등의 지속적이고 종합적인 원조는 궁극적으로 장애인이 지역사회를 통하여 정상적인 사회생활을 영위할 수 있는 통합을 위한 과정이라고 하면서 장애인을 위한 전문서비스의 제공과 조직성과의 중요성을 강조하였다. 그 밖에 황수정(2001)은 장애인주거시설의 장애인은 개인적 특성과 주거시설을 통해 실시되는 프로그램의 중요성을 강조하고 있다.

오늘날 사회통합에 관련한 관심이 증가하면서 이에 관한 연구가 증대하고 있다. 이에 대하여 Chan과 그의 동료들(2006)은 사회통합의 의미가 사회 안에서의 구성원간의 상호 결속한 상태를 의미하며, 구성원 간의 결속을 위해서는 사람들끼리 상호 신뢰하고 협력하는 것과 사람들이 사회에 대해 소속감을 가지고 공동의 정체성을 공유하는 것, 그리고 상기 두 조건이 객관적인 형태로 표출하는 것이 필요하다고 하였다.

또한 노대명 등(2009)은 사회적으로 다양한 특성을 지닌 구성원들이 공동체의 소속감을 지니고 공동의 비전을 공유하여 긍정적인 관계를 유지하는 상태를 사회통합이라고 정의하면서 이를 위해서는 기회가 동등하게 부여됨을 전제로 물질적인 불평등이 최소화되어야 한다고 하였다.

더 나아가 노대명 등(2010)은 사회통합지표를 사회통합과 관련한 개인적인 상태를 나타내는 상태지표와 사회의 실태를 나타내는 조건지표로 분류하여 상태지표의 주관적인 의식과 객관적인 행위 지표로 구분하고 주관적 의식으로 신뢰, 준법정신, 소속감 등을 측정하고자 하고 객관적 지표로 자원봉사자의 비율, 기부금 등의 지표를 포함하여 사회통합을 측정하였다. 이를 위한 조건지표로 빈곤율, 실업률, 진학률, 이혼율, 자살률 등의 지표를 포함하여 측정하였다.

한편 강신욱(2010)은 사회 구성원들을 다양한 사회적 위험으로부터 보호하고 사회적인 갈등을 감소시켜 사회 구성원으로 하여금 공동체의 소속감을 느끼도록 하는 것이 중요하다고 하였다. 그 밖에 차미숙 등(2011)은 동등한 기회를 보장하며, 신뢰와 협력을 바탕으로 미래지향적인 참여를 확대하는 사회적 역량과 사회통합을 위해서는 사회 구성원 전체의 복지증진과 사회의 지속적인 발전을 위해서 사회 구성원들 사이의 갈등과 대립을 최소화하는 것이 필요하다고 하였다.

그동안 사회통합을 측정하고자 하는 다양한 시도들이 있어 왔다(이익섭, 1999; Willer et al., 1993; Anderson et al., 1992; Whiteneck et al., 1992; Segal & Aviram, 1978). 이익섭(1999)은 장애인의 교육 정도나 고용률 등을 사회구조적 차원의 통합적인 지표로 활용하고 있다(이익섭, 1999).

이에 대하여 개인적 차원에서의 측정은 가정, 사회, 생산 활동 등에서 개인이 독립적인 생활을 영위할 수 있는 정도를 사회통합의 중요한 지표로 사회통합을 측정하거나(Willer et al., 1993, 1994), Ely(1991)는 가족이나 의미있는 타인과의 일상 활동에 참여하는 정도를 사회통합의 지표로 하여 측정한 바 있다.

한편 Segal(1978)은 이웃을 포함한 지역사회의 비장애인과의 관계나 지역사회와의 연관기능을 강조하면서 다양한 차원의 지표를 통해 사회통합을 측정하고 지역사회와의 관련 활동을 참여(participation), 접근(accessibility), 존재(presence), 생산(production), 소비(consumption)와 같은 차원으로 하여 사회통합을 측정하고 있다. 그러나 사회통합은 매우 추상적인 개념이기 때문에 사회통합이라는 개념을 측정해 낸다는 것은 매우 어려운 작업이다(김근식, 1995).

특히 장애인의 사회통합은 장애인이 평등 개념의 기초 위에 사회의 일부분이 되어 장애인이 속한 사회 및 문화적 활동에 참여하는 것으로 장애인이 비장애인에 비해 열등하거나 이탈된 계층으로 취합되지 않고 장애는 가졌으나 지역사회의 한 구성원으로 책임과 의무를 실천할 수 있는 평범한 인간으로 인식될 때 장애인이 사회에 통합되었다고 말할 수 있을 것이다(이익섭, 1999).

이에 대하여 박수경(1997)은 산재 장애인에 대하여 사회통합에 있어서 교육의 정도가 중요한 영향을 미치는 요인으로 분석하였으며, Anderson(1992)은 노인 장애인들을 대상으로 하여 장애 정도와 연령이 사회통합에 영향 주는 요인을 연구하였다.

이에 대한 근거로 우리나라의 김종인(1998)은 장애인의 사회통합의 저해요인으로 장애인에 대한 부정적 의식과 무시하는 등 사회적 낙인 등의 태도 전반의 문제가 있다고 하였다. 또한 박수경(1997)은 장애인에게 가족의 지지보다 직장의 동료, 친구 등의 사회적 지지가 사회통합에 미치는 영향력이 큰 것으로 분석하였으며, 지체장애인의 사회통합에 대하여 변소현(1998)도 가족의 지지보다 사회적 인물에 대한 지지가 사회통합에 미치는 영향이 더 크다고 하였다. 이것은 장애인을 둘러싼 가족 이외의 구성원이 사회통합에 영향을 주는 것을 보여주는 것이다.

2. 장애인에 대한 이념

1) 정상화의 개념

정상화의 개념은 인간의 평등사상에 근거한 이념이라고 할 수 있을 것이다. 따라서 장애인시설의 사회화개념을 이해하기 위해 탈시설화와 정상화의 개념이해가 필요하다. 정상화(normalization)의 개념은 인권의 존중과 자기결정권의 존중 그리고 기회균등과 평등의 개념을 기초로 하고 있다. 이러한 정상화의 용어는 1950년대 유럽에서 처음으로 등장한 이래 1960년대 초반 덴마크의 지적장애아동의 부모 모임에서 사용되었다. 이는 1981년 국제장애인의 해에 완전한 참여와 평등이란 슬로건 아래 전 세계로 파급되어나갔다.

정상화란 사회 구성원으로 일정 정도의 장애가 있는 장애인이 정상인과 함께 생활하는 것이 가장 이상적인 것이며 이들의 장애를 수용하고 장애인의 정상생활을 위한 적절한 환경과 서비스를 정부와 지역사회가 제공한다는 것을 기본 개념으로 하고 있다.

여기에서 정상이라는 뜻은 지역의 사회적 문화와 경제적 조건과 환경에 따라 다를 수 있겠으나 재활과 통합을 하위개념으로 하여 정상화의 대상이 장애인보다는 사회적 약자로 보다 보편적인 개념으로 설명될 수 있다.

따라서 정상화의 원리를 살펴보면 장애인시설에서 거주하는 장애인의 삶의 질의 향상에 영향을 주는 요인에 관심을 가지며 지역사회로부터 격리된 시설보호보다는 보다 통합된 개념으로 물리적 통합 뿐 아니라 사회적 통합으로 보다 보편적이고 실천적인 이념을 지향하고 있다.

그러므로 진정한 사회통합을 구현하기 위해서는 지역주민과 교류하는 생활이 시설의 원조를 통하여 이루어져야 하며 장애인에 대한 일련의 차별이 지양되어야 함을 물론이다. 그것은 호칭과 일생생활에서 나타나야 하는 데 이것은 결국 장애인의 인권을 존중하고 사회통합을 지향하는 일련의 사회적 노력이라고 할 수 있을 것이다.

즉, 모든 사람의 일상생활이 지역주민의 삶과 유사한 범위가 될 수 있도록 그리고 이러한 개념 하에 장애인의 자립을 지향할 수 있도록 하는 원조가 이루어져야 하며, 장애인복지시설은 이에 대한 많은 장애 및 저해요인을 극복해나갈 수 있도록 장애인을 지원해야 한다.

이를 위해서는 무엇보다 장애인복지시설의 종사자들의 올바른 의식이 요구되며 전문가로서의 정상화의 개념이 시설을 통하여 잘 구현되어야 할 것이며 올바른 인권의식이나 사회통합의식을 갖추고 있어야 할 것이다.

2) 시설의 통합화 개념

장애인생활시설은 이용자에 대하여 건전한 사회복귀와 자립을 위한 적절한 서비스를 제공하여야 하며 이용자는 이러한 서비스를 제공받을 권리가 있다. 따라서 장애인 생활시설종사자는 장애인에 대하여 보다 통합적인 시각으로 이들에게 적합한 서비스를 제공하여야 하며 이용자의 전반적 수준에서 이용자들의 삶의 질이 증대될 수 있도록 하는 서비스를 제공하여야 할 것이다.

또한 지역사회에 통합된 생활을 영위할 수 있도록 자립적인 생활방식을 갖출 수 있도록 전문가적인 지원을 할 수 있어야 한다. 이에 지역사회 내에서 지속적인 적응훈련이 가능할 수 있도록 하여야 하며 단편적 프로그램보다는 보다 다각적인 부분에 기여하는 자연스러운 생활환경이 장애인생활시설로부터 조성되어야 할 것이다.

일본에서는 장애인복지시설의 사회화라는 용어가 공식적으로 1951년 이래 사용되었으며 사회복지시설의 사회화라는 관점이 지향되었다. 이러한 개념은 지역사회의 사회복지시설과 지역사회가 상호 교류하는 환경을 통하여 통합적으로 사회의 일원으로 인식되고 사회복지시설은 지역사회에서 유용한 기능을 담당하는 역할을 수행할 수 있어야 하며 이를 위해서는 폐쇄적이고 특정인을 위한 공간이 되어서는 안 된다는 것이 공론화 된 바 있다.

이것은 결국 장애인이 사회와 통합하기 위해서는 이러한 환경이 생활시설로부터 조성되어야 한다는 의미이며 이것은 즉, 장애인생활시설에 종사하는 종사자부터가 이러한 의식을 가지고 있어야 함을 의미하는 것이기도 하다. 장애인복지시설이 지역사회와 소통하며 상호작용하여 시설을 통해 인권을 존중받고 사회통합적인 생활을 영위할 수 있다면 이것은 궁극적인 장애인복지시설의 존재이유가 될 것이다.

사회복지시설의 사회화는 다음과 같은 몇 가지의 내용으로 구성되어 있다. 이종복(1989)은 다음과 같이 제안하고 있다. 첫째, 사회복지시설은 시설의 생활자에게 보호의 사회화의 개념으로 시설의 이용자가 지역사회의 주민의 생활수준과 유사한 생활을 할 수 있도록 노력해야 하고 시설의 생활자의 활동영역 역시 주민활동의 영역과 비슷한 수준으로 향상되어야 한다는 것이다.

둘째, 시설의 운영화에 관련한 개념으로 시설은 민족적이어야 하며 폐쇄적인 운영을 지양하고 지역사회의 주민과 적극적인 교류를 통하여 시설운영의 효과적인 목적을 달성해야 한다는 것이다.

셋째, 기능의 사회화의 개념으로 장애인생활시설의 전문적인 기능을 지역사회의 이용자에게 제공하여 보다 효과적인 방안을 제시하고 수행함으로 하여 장애인생활시설 뿐 아니라 궁극적으로는 지역사회와 장애인의 사회통합을 구현해나갈 수 있어야 한다.

이를 위해서는 제도 및 정책의 전달체계도 중요하지만 무엇보다 일선에 있는 장애인생활시설종사자의 태도와 인식이 중요하며, 이들의 태도는 결국 장애인 복지시설의 조직 구성원들이 가지고 있는 인식에 의해 좌우될 수 있을 것이다. 지역사회에 개방적인 태도를 견지하면서 함께 성장할 수 있기 위해서는 장애인생활시설과 지역사회와의 건강하고 개방적인 상호교류가 전제되어야 하며 이와 같은 인식을 공유할 필요가 있다. 이에 관한 인권은 주로 장애인의 입장에서만 일방향적으로 다루어져왔던 것이 사실이어서 장애인을 둘러싼 조직이나 생활에서 구현되어야 하는 개념으로 확대되어 나갈 필요가 있다.

장애인들이 비록 생활시설에 거주하고 있다고 할지라도 비장애인들과 비장애인들이 생활시설을 통하여 지역사회와 교류하고 지역사회의 일원임을 인식하고 행동할 수 있도록 하기 위해 장애인생활시설 종사자의 올바른 의식이 선행조건이 되어야 할 것이다.

이와 같이 장애인생활시설을 통하여 지역사회와 함께 하기 위해서는 먼저 장애인 시설 종사자와 장애인의 인권과 사회통합에 관하여 사회 전반적인 관심이 있어야 한다. 그리고 장애인시설에 거주하는 장애인들의 자유권 및 생존권이 존중받고 인권이 보장되어야 하며 이를 위한 전문적인 서비스가 시설을 통하여 제공되어야 할 것이다.

아울러 이에 대한 사회적 관심을 이끌어 낼 수 있는 사회적인 아젠다도 충분히 형성되어 지역사회주민의 공감을 이끌어내고 실천과 제도와 정책이 함께 가는 구조로 사회 전반적인 인식이 형성되고 동반성장해야 할 것이다. 이를 위해서는 지역사회주민의 노력도 필요함은 물론이라 할 것이다.

3. 사회통합의 구현

1) 사회통합의 개념 및 배경

사회통합에 대한 정의를 사회사업사전에서 살펴보면 "통합이란 사회 구성원들이 하나의 통합된 전체로 결합하는 과정으로 사회학적 의미의 다양한 사회집단이나 인종들을 결합하여 조화로운 관계를 형성하는 과정"이라 정의하였다.

이에 대하여 Ellison(1990)은 가족에게 느끼는 주관적인 친밀감은 장애인의 행복감과 삶의 만족도에 긍정적 영향을 주므로 가족의 지지는 장애인의 어려움을 극복하고 의지할 수 있는 환경으로 사회통합에 영향을 미치는 요인이라 하였다.

또한 이익섭(1999)은 장애인의 사회통합의 개념은 장애인이 평등의 기초 위에서 사회의 한 구성원과 한 부분이 되어 장애인이 속한 사회와 문화활동에 참여하는 것으로 보았다. 이를 위하여 Rosenfield(1992)는 장애인거주시설을 통한 교육과 재활의 과정을 통한 이용 여부는 장애로 손상된 장애인들의 능력을 극대화하여 사회통합에 긍정적 영향을 미친다고 하였다.

이에 대하여 우리나라의 문형표(1994)는 UN 헌장에 제시된 바와 같이 장애인이 인간의 기본 권리에 바탕을 두고 다양한 사회집단의 입장을 수용할 수 있는 사회가치관을 수립한 후, 사회통합을 위하여 차별제도를 폐지하고 균등한 기회를 제공하여 취약계층의 사회참여기회를 확대하는 등의 집중적인 서비스 제공이 필요하다고 하였다.

(1) 국제 장애정책의 선언

국제 장애정책의 선언은 1971년에 지적장애인에 대한 권리선언을 기점으로 하여 여러 국제 장애인권리선언들을 지속적으로 발표하였고 1981년 세계 장애인의 해가 선정된 이래 장애인의 완전한 참여와 평등의 효과적 수행을 지향해오고 있다.

세계 장애인의 해를 선언한 취지에 의하면 장애는 개인과 환경과의 상호 관계로 이해되어야 함을 전제로 하면서 사회는 사람들의 욕구에 적절하게 대응하기 위해 문화생활 뿐 아니라 일반적 물리적 환경과 사회보건 서비스, 교육, 노동의 기회 등의 모든 여건에 있어서 전반적인 모든 환경에 있어서 장애인의 접근성을 높여야 하는 것이 사회의 의무라고 하였다.

이것은 비단 장애인 뿐 아니라 사회의 전체에도 이익이 되는 것으로 사회 구성원을 배제시키는 사회는 바람직하지 않다는 사회정의와 관련하여 장애인은 공동체의 다른 여타의 구성원들과 다른 욕구를 지닌 특수집단이 아니라는 것을 언급하였다.

따라서 이러한 환경조건을 개선하는 행위는 사회 모든 분야에 있어서 정책 및 계획과 부합하여 통합되어가야 하는 부분이며 국제협력을 위한 일반 프로그램과 국가적인 개혁 프로그램의 일부로 부합되어야 한다고 하였다. 즉, 장애인의 문제는 장애인의 권리적인 시각으로 접근해야 하며 물리적인 환경의 접근성과 서비스는 장애인으로 하여금 시민으로서 평등한 권리를 회복하도록 하는 사회의 책임이며 실천이라고 하였다.

특히 국제장애정책의 선언은 장애인의 주위환경에서부터 균등한 분배와 생활로부터 완전한 참여적 권리를 실천하는 사회통합을 지향하는 국제적인 노력이다. 또한 장애인의 완전한 사회참여와 평등을 구현하기 위하여 장애를 개인과 환경 간의 관례로 인식하여 사회적 불리를 제거하기 위해 물리적, 사회적, 문화적 변화를 구체적 행동계획을 통하여 실현하도록 하여 장애인이 인간으로서 갖는 존엄성을 인권의 권리적인 개념으로 설명하고 있다.

(2) 장애인복지 이념으로서의 권리 및 평등

장애인복지의 이념은 1948년 세계인권이 선언된 이후 장애인권리선언을 정책선언을 통하여 명시하도록 하였다. 이후 장애인의 존엄과 생존권의 보장으로 우리나라의 장애인복지는 세계적 동향에 따라 발전되어왔다. 장애인복지의 이념적인 근거는 인간으로서의 존엄성과 생존권의 보장이라는 권리의 차원으로 설명되고 있는데, 헌법의 제10장 1조에서 명시된 바와 같이 "모든 국민은 인간으로서 존엄과 가치를 가지며 행복을 추구할 권리를 가진다."고 하여 국가가 개인의 인권을 확인하고 있다. 따라서 장애인의 인권에 대한 사회적인 책임은 헌법 앞에서 인간으로서 존엄할 권리로 인식되어야 하며 모든 정책과 현장에서 반영되어야 할 것이다. 즉, 모든 장애인복지서비스의 근간은 바로 이러한 장애인에 대한 인권에 대하여 인식하고 사회적인 통합을 지향하는 분위기 속에서 올바로 실천되어야 하는 사명이 있다고 할 수 있다. 이와 같이 장애인의 권리와 평등에 대한 가치가 실현될 때 현실적으로 사회통합이 이루어 질 수 있는 개념이다.

(3) 장애인의 사회통합의 접근방법

장애인의 사회통합에 관한 학자들의 견해는 다음과 같다. Taylor와 Bogdan은 사회통합이란 장애인이 비장애인들과 함께 지역사회의 활동에 접촉하는 기회를 가지고 그러한 관계를 발전시킬 수 있는 기회를 경험하는 것이라 하였다. 이에 대한 이론적 접근으로는 구조주의적 접근과 기능주의적 접근 그리고 사회통합의 규범적 접근이다.

첫째, 장애인의 사회통합에 대한 구조주의적인 접근에 의하면 사회통합의 초점이 개인보다는 외적인 요인으로 보는 시각이다. 이에 따르면 장애인과 같은 사회적 소수자의 소외상태나 통합성의 실패는 개인보다 사회환경에서 원인을 찾게 되므로 사회적 책임론으로 불리기도 한다. 이러한 사회통합의 구조적 입장에서는 사회통합의 완성은 사회구조의 결과물로 보기 때문에 이에 대한 연대적 책임과 조율의 대상에 대하여 사회를 단위로 접근하는 특성이 있다.

둘째, 기능주의적인 정의에 의하면 장애인과 사회 간의 관계를 정적인 관계가 아닌 동적의 관계로 보고 있다. 즉, 사회통합의 주요 결정요인은 물리적인 통합기회, 사회적인 통합기회와 개인적 참여수준 및 통합에 관한 개인적 기대수준이 포함된다.

그러므로 이러한 개념 하에서의 사회통합의 평가는 개인을 위한 사회적 지원 뿐 아니라 사회지원에 관한 개인의식과 소속감까지 파악하는 과정이며, 사회통합에 대하여 사회지원의 지원유형의 방향과 인식된 지지망 또는 관계 등을 조작화하여 접근한다.

셋째, 장애인의 사회통합에 대한 규범적 접근을 살펴보면 사회통합을 사회와 장애 인간의 관계에 대하여 원론적으로 사회통합의 상태로 움직여가는 변화 주체를 개인적 차원에서 보고, 그에 대한 실패도 개인에게서 찾는다고 보는 규범적 이해를 바탕으로 한다. 이러한 규범적 시각에 의하면 통합이란 사회의 구성원들이 통일된 전체를 향해가는 사회과정으로 개인들의 심리적인 가치적 사고 등이 사회규범과 내적으로 결합하게 되는 관점으로 사회통합을 해석한다(Barke, 1995).

기타 주장에 의하면 Segal과 Arviram(1978)은 사회통합에 관하여 지역사회활동의 참가나 자원의 접근성 등 지역사회를 중심한 관련활동을 중심으로 하여 사회통합을 설명하고자 하며 이에 대하여 물리적인 통합을 강조한다. 이것은 사회통합을 개인적 노력의 관점에서 보는 미시적 관점과 사회적인 노력으로 각종 사회적인 장애들을 제거하는 관점에서 보는 거시적 관점, 그리고 이와 같은 두 관점과의 상호작용을 강조하고 있는 다차원적 관점으로 분류될 수 있는 것이다.

4. 장애인 사회통합의 정의 및 의의

1) 장애인 사회통합의 개념

사회통합의 개념은 포괄적이며 광범위하여 지역마다 고유한 사회 및 경제적 환경에 의하여 적용과 해석이 다를 수 있으므로 이에 대한 개념의 구체적인 정의가 필요하다. 이에 대한 사회사업사전(The Social Work dictionary)의 정의에 의하면 사회통합이란 통합된 하나의 전체로 구성원들이 결합해 가는 과정이라고 하였다.

이에 대하여 Powers(1981)는 사회통합이 다양한 사회의 단위들이 사회적 관계를 안정되게 형성하게 되는 과정의 역동적인 통합적 과정이나 혹은 결과적 상황의 어떤 것으로 정의하고 있다. 그리고 Taylor와 Bogdam(1990)은 사회통합을 사회적 소수자가 타 사회 구성원과 사회활동에 함께 참여하고 같은 사회자원을 이용하면서 사회관계를 정상적으로 발전시키는 기회들을 경험하는 것이라 하였다.

한편 사회학적인 의미의 통합의 의미는 사회집단이나 인종집단들이 다양하게 결합하여 조화로운 관계를 상호 형성해나가는 과정이라 하였다(Barker, 1995). 이러한 관점에서 볼 때, 장애인에 관한 사회통합의 중요성은 장애인이 사회적인 자신감의 함양을 통해 자립심이 고취되면 자기발전 가능성의 신념이 긍정적으로 변화하며 이것은 자기 효능감으로 이어져 사회 및 정치적 참여와 같은 자기결정능력

등이 향상을 가져오므로 궁극적으로 사회적으로 도움이 될 수 있다.

또한 이러한 개념은 장애인이 사회에서 분리된 삶으로 치료의 대상에 국한되지 않고 사회 속에서 삶을 지속해야 한다는 전제가 있어야 할 것이다.

그러므로 장애인복지시설은 장애인의 독립성을 고취하고 적절한 교육에 대한 접근을 통해 사회참여를 함양하고 지속적인 고용조건과 연결되는 전제조건이 되어야 할 것이다. 이에 대하여 우리나라의 변소현(1998)은 사회통합이 개인적인 존엄성의 회복과 함께 사회 공동체로서 물질적 및 정신적 풍요를 위하여 사회 발전에 대한 목표를 지닌 사회개발 전략 중 하나이며 모든 사회의 집단이 조화롭게 더불어 잘 살 수 있는 사회구현을 뜻한다고 정의하였다.

이를 종합하여 볼 때 사회통합에 대한 본 연구의 조작적 정의를 내리면 사회통합이란 다양한 사회의 집단이나 구성원이 상호 안정적인 관계 속에 조화로운 삶을 영위하는 것이라 할 수 있을 것이다.

2) 장애인 사회통합의 의의

UN 장애인권리협약(Convention on the Rights of Persons with Disabilities)의 19조에 따르면 장애인의 자립적인 생활을 통한 지역사회 포함(living independently and being included in community)에서 '통합'의 개념을 언급하고 있다.

즉, 19항에 따르면 장애인은 거주, 거주지에 대한 선택권을 가지며, 지역사회 서비스에 접근성이 있어야 하고, 지역사회 서비스와 시설은 동등하게 이용이 가능해야 하고 장애인 욕구에 부합해야 한다고 하였다. 이에 이익섭(1999)은 장애인의 사회통합 정도를 지역단위나 국가단위에서 보편적 비교가 가능하도록 하기 위해 장애인에 대한 도움 행위와 사회적 태도, 장애인의 이동성 및 물리적 환경, 장애인의 취업과 통합교육의 사회 참여, 사회통합의 정부투자의 제도적 측면 등 4가지 측면을 강조하였다. 이것은 개인적 차원이 아니라 사회적인 차원에서의 통합을 강조한 것으로 장애인의 이동, 취업, 교육 등을 가능하게 하는 사회환경적인 차원에서의 통합을 강조한 것이다.

사회통합의 기본 전제는 인간의 기본 권리의 존중을 토대로 하여 다양한 사회 구성원을 상호 인정하는 사회적 가치관의 수립을 통하여 가능하다. UN헌장에서는 인간의 기본 권리에 바탕을 둔 사회의 다양성을 인정하며 다양한 집단의 입장을 수용하는 사회적인 가치관을 제시하고 있다. 이에 정부에서도 다양한 집단의 이익을 공정한 입장에서 인정하고 각 집단의 자율성을 보장하도록 하며 자발적이며 자율적인 적극적 참여를 통한 사회통합을 구현하여야 할 것이다.

사회통합을 달성하기 위해서 필요한 각 나라들의 과제에 대하여 UN의 사회개발 정상회의에서는 다음과 같이 기술하고 있다(문형표, 1994). 첫째, 인간존엄성의 회복이 중요하며 사회통합의 가장 중요한 과제로는 모든 형태의 부당한 제도화된 차별을 폐지하는 것을 통하여 다수에 의하여 소수가 억압되어 상대적으로 강한 집단이 소수취약계층의 권리를 침해하는 사회통합의 조화로움을 저해하는 요인이 점검되어야 할 것이다.

사회통합을 추구하는 조화로운 사회에서는 공공차원의 각 영역에서 모든 형태의 차별제도가 폐지되는 것이 우선적인 과제이다. 이에 대하여 공적인 영역으로부터 사회계층의 권리와 정당성을 제약하는 제도를 금지하는 성문화된 법 제정의 강화가 필요하며 이러한 의식이 사회에 확산되어 사회적 취약자로 장애인의 정상적인 사회참여가 가능하도록 하여 인간의 존엄성과 인권이 회복될 수 있도록 하는 제도적인 지원이 강화되어야 한다.

둘째, 기회 균등의 제고가 필요하다. 즉, 장애인을 비롯한 사회취약계층의 삶의 질이 향상되어 사회통합을 실현하기 위해서는 사회참여, 공동서비스의 혜택 및 경제활동추구 등의 활동에 있어서 기회균등이 보장되는 것이 필요하다. 이를 위해서는 교육과 고용에 대한 기회균등의 제공이 중요하다.

셋째, 교육에 의한 통합적 추진이 요구되는데 장애인의 교육은 현대사회에서는 장애인의 사회화와 외적 의사소통의 기회제공에 있어서 필수적 수단이다. 보편적이며 질 높은 교육은 사회통합의 토대가 되며 사회적 불평등을 완화하는 수단이 될 뿐 아니라 사람의 지위를 향상시키고 장기적인 사회적 통합을 가능하게 할 것이다.

넷째, 사회복지서비스의 제공을 통하여 취약계층이 사회 구성원으로서 평등한 혜택을 받도록 인권과 권리를 보장함과 동시에 이들이 혜택을 평등하게 받을 수 있도록 하는 노력과 특별한 서비스 보장 등의 배려가 필요하다. 이를 위해서는 취약계층의 복지증진을 위한 제도를 보완하고 이들에 대한 지원과 사회참여의 기회 확충이 필요하며 사회복지사업의 정책적 배려가 재고되어야 한다. 이러한 일련의 노력은 계층 간의 심리적 거리감을 좁히고 사회참여를 용이하게 하는 데 있어 역할이 지대할 것이라 사료된다. 요약하면 우리나라의 사회통합정책의 논리는 사회통합의 원리 뿐 아니라 사회연대의식의 논리에 따르고 있다고 볼 수 있다.

3) 인권의식과 사회통합의식

(1) 사회통합의식

이익섭(1999)은 사회통합의 관점을 개인의 참여노력의 결과가 사회통합이라 보는 의료학적 관점과 사회구조의 결과로 보는 구조주의적 관점, 그리고 개인과 사회적 여건의 양자를 포괄하는 기능주의적 관점, 마지막으로 기능주의의 관점이 갖는 모호함을 극복하고 개인과 환경 간의 역동적 관계를 설명해 줄 수 있는 체계론적 관점으로 분류하고 있다.

또한 김수영(1999)은 개인중심의 사회통합, 사회구조중심의 사회통합, 상호보완적인 사회통합으로 사회통합을 분류하여 설명하고 있다. 특히 향후 장애인의 통합은 장애인이 평등한 개념의 기초 위에서 사회의 한 부분이 되어 장애인이 속한 사회 및 문화적 활동에 참여하는 것, 즉 장애인이 비장애인에 비해 열등하거나 이탈된 계층으로 취합되지 않고 이들이 비록 신체적 장애는 가졌으나 지역사회의 한 구성원으로 책임과 의무를 실천할 능력이 있는 인간으로 인식될 때 장애인이 사회에 완전히 통합되었다고 할 수 있다(이익섭, 1999). 상태지표로는 신뢰, 관용, 소속감 등을 주요 지표로 활용하였는데, 이는 타 계층의 사람에 관한 신뢰와 관용의 정도를 측정하여 사회통합지표를 구성한 것이다. 이때 신뢰는 여러 갈등으로 인한 사회적 비용을 줄이고 사회를 통합하기 위해서 필수적으로 요구되는 요인이다(Fukuyama, 1995).

(2) 인권의식

김한솔(2012)의 정의를 참고하여 인권의식이란 인권과 의식의 합성어로 인권에 대한 인지, 인권에 대한 감정, 인권의 행동 의도를 포함하는 개념이다. 국가인권위원회에서는 장애인 거주시설에서 지켜야 할 인권적 권리들을 인권의 유형별로 분류하여 이를 통해 측정된 결과를 장애인 거주시설 종사자들의 인권의식 척도로 실태조사를 진행한 바 있었다. 이에 인권의 유형에 대하여서는 평등권, 자유권, 생존권, 사회권, 참정권 5가지로 구분할 수 있으며 하위유형으로는 입 · 퇴소의 자유, 종교의 자유, 차별금지, 자기결정권, 의료 및 건강, 의식주 생활의 권리, 의사표현 및 정보의 자유, 신체 및 정신적 안전의 권리, 가족권, 노동권, 경제권, 교육권, 사회보장권, 정치적 표현의 자유, 투표권의 15가지로 구분할 수 있다.

Chapter 12

Human Behavior and Social Environment

인간의 생애주기와 여가문화 및 심리요인

1. 생애주기의 개념

인간은 태어나면서부터 성장, 발달하고 노년의 자아통합에 이르기까지 일련의 변화과정을 겪는다. 여기에서 자아통합의 일생동안 잘 살아왔다는 의미는 어려움 없이 살았다고 하는 의미가 아니라, 삶의 다양한 과제에 직면하여 긍정과 도전으로 잘 대처하면서 성장했다는 의미가 될 것이다. 이와 같이 인간은 모두 아동, 학령기, 청년에서 성인기를 거쳐 노년에 이르기까지 독특한 생애과정을 거치게 된다. 생애주기는 입학, 진학, 취직, 결혼, 은퇴 등의 특정한 지표를 통해 이루어진다. 이를 생애주기(life-cycle)라 하는데, 생애주기를 이루고 있는 기간이 생애기간(life-span)이며 이 생애기간 안에서 생애사건(life-events)이 발생하여 전체 생애과정이 될 수 있다.

1) 생애주기의 단계별 특징

인간발달의 주기는 일반적으로 생물학적 연령을 기준으로 구분되지만 최근 평균수명의 연장으로 생애의 길이가 길어지면서 성인기에 대한 관심이 확대되어 인생의 후반기가 60대부터 다시 young-old, middle-old, old-old로 세분화되어 여러 시기로 나뉘기도 한다.

그러나 보편적으로는 학령기, 청년기, 결혼기, 자녀 출산기 등 가족생활주기를 고려하여 생애주기 단계를 구분하고 있다. 또는 생활연령에 따라 보편적으로 유년기, 청년기, 성인기, 노인기로 구분될 수 있다.

2) 발달이론의 생애주기 단계 구분

레빈슨(Levinson, 1978)은 인생의 주기에는 어떤 보편성이 있으며 개인적 독특성이란 이러한 보편성을 바탕으로 이루어진다고 하였다(김애순, 2006). 이에 따라 레빈슨의 이론은 전 생애적 접근방식의 대표적 이론으로 알려지게 되어 현대사회의 각종 가족 프로그램에도 활용되고 있다. Levinson(1978)에 의하면 인간은 수태에서 죽음에 이르기까지 인생주기의 개념을 계절의 개념을 접근하여 인간의 발달단계를 넓게 아동기와 청년기, 성년기, 중년기, 노년기의 4단계로 구분하였다.

이에 대하여 살펴보면 아동 · 청소년기(0~17세)는 수태로부터 청년 후기까지의 인생의 형성기이며, 성년기(17~40세)는 인생에서 중요한 선택을 하며 최고의 경력을 능동적인 선택에 의하여 발휘하지만 또한 가장 큰 스트레스를 경험하는 시기이기도 하다.

중년기(40~60세)는 대부분의 사람들은 생물학적 능력이 다소 감퇴하나 사회적인 활동이나 책임은 더 커지는 시기이며 노년기(60세 이후)는 인생의 마지막 단계로 과거에는 각종 사회생활에서 벗어나 개인적 의무로부터 자유로워지는 시기로 이해되는 경향이 많았으나 오늘날의 사회에서는 길어진 노령에 대한 건강한 사회생활이 관심받고 있다.

William Sadler(2000)는 늘어난 수명을 반영하여 생애주기를 4단계로 나누고 있다(김경숙 역, 2006). 제1연령기는 배움의 단계로 보며 학습을 통해 인생의 1차 성장을 이루는 10대, 20대 시기로 보았다. 제2연령기는 일과 가정을 이루는 단계로 보아 가정, 직장, 지역사회에 정착하는 시기의 공통점이 있다고 하였다. 제3연령기는 생활을 위한 단계로 마흔 이후 30년 동안 인생의 2차 성장을 통하여 자기실현을 추구하며 인생에서 가장 활동적인 긴 시기로 보았다. 마지막으로 제4연령기는 노화의 단계로 성공적인 노화가 중요한 시기이다.

3) 연령 통합사회로의 변화

전인적인 삶을 위해서는 인간의 삶에 대한 생애주기적 관점에서 인간의 발달학적 성장을 바탕으로 하여 교육, 일, 여가, 건강의 활동이 고르게 균형을 이루는 것에 대한 이해가 중요하다. 이에 대하여 과거에는 청소년기에는 교육, 중·장년기는 노동, 노년기는 여가가 중요하게 생각되어온 경향이 있었다. 그러나 최근 이러한 관점이 연령 차별적인 논리라는 주장이 일어나면서 이는 '전 생애'에 걸쳐 노동과 교육, 여가가 동등하게 다루어져야 한다는 연령 통합적 사회의 중요성이 강조되었다(Riley, 1994).

즉, 생애주기의 어느 시점에서나 일, 여가, 교육이 고르게 중요하다는 연령 통합이 시대에 맞는 관점이라는 것이다. 기존의 연령차별적 사회에서는 특정한 삶의 단계에서 특정한 활동이 중요했다면 연령 통합적 사회에서는 교육, 노동, 여가가 전 생애에 걸쳐 균형 있게 시행되고 개인의 욕구에 따라 자유롭게 선택할 수 있는 자율적 사회 구성원으로서의 삶의 영위가 중요하다(정경희, 2004).

이러한 연령 통합적 사회로의 변화는 우리의 삶을 전 생애적 관점에서 설계하고 준비하도록 하였으며 따라서 가족의 의미도 재해석되고 있다. 기존의 전통적인 가족의 부모가 담당한 교육의 기능, 자녀가 담당한 사회진출에서의 성공과 같이 단순한 개념의 가족지향은, 함께하는 전 생애적 단계에서 볼 때에는 소원한 가족관계를 양상하기 쉽고 오히려 노인빈곤을 초래하는 결과를 가져왔다. 따라서 가족의 생애주기 어느 시점에서든지 일·여가·교육을 적절히 선택하면서 조화를 이루는 삶을 살 수 있어야 전 생애에 걸친 가족과의 성장과 설계가 가능하며 이에 대한 숙고가 필요하다.

4) 현대사회에서 자녀양육의 기능

현대사회에서의 청소년은 아동에서 성인으로 옮겨가는 과도기적 상태로 인하여 역할 갈등, 장래의 불안, 과중한 학업부담 등이 일어나기 쉬운 시기이기도 하며 일상생활에서 심리적, 사회적, 신체적 부적응을 많이 경험하는 시기이다. 이 시기에 대하여 Iso-Ahola(1980)는 사춘기나 성인기 초기에 생활 속에서 긍정적인 태도를 습득하지 못하면, 이후의 삶에서도 이러한 생활이 연장된다고 하였다. 또한 Daddys(1987)도 청소년 개인의 부적응행동이 가족 구성원 간의 상호작용 형태의 영향을 받아 나타나는 양상일 수 있으며, 가족의 상호작용 형태에 따라 부적응행동을 예방할 수 있다고 하였다. 이러한 연구들은 가족의 기능이 청소년의 성장과 밀접한 관계가 있음을 설명하고 있는 것이다.

따라서 가족기능 중 어떠한 부분이 다른 가족 구성원의 행동에 영향을 미칠 것인지, 혹은 성장을 어떻게 촉진시킬 것인지에 관한 문제들에 대한 성찰이 필요하다. 최근 발생하는 가족 및 청소년과 관련하여 분노조절의 문제나 다양한 폭력과 같은 문제점은 현대사회의 가족이 지닌 이러한 정서적, 심리적, 문화적 경험과 공감의 결핍과 연관이 있다. 특히 성장기 중 청소년기는 신체적 변화와 정신적 성장이 이루어지는 시기로 다양한 변화와 발달이 일어나는 시기이므로 올바른 의사소통 방식과 상호성에 전제한 관계는 비단 가족 결속성에 국한하지 않으며 한 인간의 성장에 있어서 매우 중요하다. 가족이나 조직 구성원의 자기통제력 부족은 부모와의 관계에서 학습하지 못한 부분의 영향일 수 있다. 성장과정에서의 부모와의 다양한 상호작용은 청소년의 자아존중감을 형성하고 인내심을 가지고 책임감 있게 성장하는 기틀이 된다. 또한 자녀 독립 후 중년의 빈둥지 증후군과 길어진 노년기의 활용 문제 등은 인간발달의 과정에서 매우 중요한 부분이다.

5) 생애주기의 보편성과 개별화

시대와 문화를 초월해서 아동·청년기의 성장과정을 통하여 성인기를 거치며 더 나아가 노년으로 향하는 인생주기는 보편성을 지닌다. 이러한 보편성을 바탕으로 다양성 역시 존재하며, 시대의 흐름과 문화·사회, 개인에 따라 인생의 각 시기가 시작되고 끝나는 시점이 조금씩 다를 뿐 아니라 생애주기를 채우는 삶의 내용인 생애과정은 개인에 따라 매우 다양하다(김애순, 2006).

특히, 최근에는 노동시장의 유연화에 따라 여성의 노동시장 진입, 인구의 고령화, 이혼율의 증가 및 늦은 결혼 연령으로 인한 출산율의 하락은 다양한 인구사회학적 환경변화에 따라 생애주기가 개인에 따라 개별화되고 있음을 보여준다.

2. 생애주기에 있어서 여가활동의 중요성

생애주기에 있어서 여가활동은 일생의 과정을 통해 경험되는 사회화의 과정이다. 인격을 형성하는 유·청년기 동안 습득된 여가에 대한 좋은 태도들은 이후 생애주기의 노년기 단계에서의 만족스러운 여가활동을 위한 기초가 될 수 있으며, 유년기나 성인기에 있어 사회화의 방향과 정도는 다르더라도 모든 개인은 생애주기를 통해 성장하게 되면서 여가의 사회화(leisure socialization)에 대하여 논의할 필요가 있다.

이에 대하여 Iso-Ahola(1980)는 여가 사회화를 여가 지식, 태도, 가치, 기술, 동기들이 학습되고 내면화되는 과정이라고 언급하였다. Kleiber와 Kelly(1980)는 여가를 기초로 한 활동들이 인간의 발달에 있어서 사회화에 기여하는 반면, 사회화는 다시 여가행동과 태도에 영향을 미치게 된다고 하였다.

한편 고동우(2007)는 여가활동을 통한 사회화(socialization through leisure)와 여가활동에 대한 사회화(socialization into leisure)의 개념으로, 여가활동을 통한 사회화는 여가활동의 경험을 통해 사회인으로 살아가는 데 필요한 다양한 기술과 능력과 성향을 획득하는 과정이므로 여가활동에 대한 사회화는 인생의 중요한 영역으로 의미를 가질 수 있다고 하였다.

여가활동을 통한 사회화는 인간발달 측면에서 중요하며 삶의 각 단계에 연계된다고 가정될 수 있다.

따라서 건강한 여가의 활동은 개인의 발달 측면에서 개인이 각 생애단계에서 그 다음 단계로 전환될 때 건강한 사회인으로서의 역할, 능력, 태도, 기초 관계를 형성하는 데 의미가 있다. 즉, 여가는 여러 사회적 기능을 수행하고 있으며 특색있는 문화로 정착할 필요가 있다.

1) 초기 여가 사회화가 가지는 함의

최소한 인생의 초기에 경험한 여가활동이나 신뢰있는 혹은 활동적이고 의미있는 경험은 이후의 생애과정에 많은 영향을 미친다는 것은 중요한 개념이라는 것이다. 즉, 여가의 사회화나 인간관계 특히 가족관계는 갑작스럽게 이루어지기보다는 장기간에 걸쳐 이루어지게 된다.

이와 관련하여 Iso-Ahola(1980)는 활동적인 놀이경험에 있어서 놀이의 기회가 제한되면 성인기에 여가를 추구하는 데 있어 인식 및 행동의 적응성이 떨어질 수 있다고 하였다. 이것은 어릴 때부터 활동적인 사람은 성인기에서도 여가를 적절히 활용할 수 있으며 활동적일 경향이 있으며, 과거의 비활동성은 성인기에 비활동성의 전조가 될 수 있다는 견해이다.

이에 대하여 Ken Roberts(2006)는 어렸을 때 정기적으로 연주회를 관람했거나 미술관을 방문했던 사람들은 그들의 일생 동안 지속적으로 수준 높은 활동을 할 경향이 높다는 것을 주장하였다. 이것은 활동이론에 의하여 충분히 뒷받침되며 계속이론과도 연관이 있는 부분이다.

2) 여가경력 개발

DeCarlo(1974)는 여가활동과 성공적 노화와의 관계에 대하여 전 생애동안 여가활동에 정기적으로 참여하게 되면 단발적으로 여가에 참여하는 것보다 성공적인 노화가 더욱 가능하다고 하였다. 이처럼 여가와 삶의 질의 관련성을 통하여 여가활동의 중요성을 함의하고 있다. 인간에게 있어서 생애주기에 걸친 여가행동의 의미는 중요하며 따라서 전 생애에 걸친 변화와 지속성을 검토해야 한다. 가족과의 여가활동은 다른 인간행동과 마찬가지로 전 생애기간 동안 이루어지면서 지속(continuity)과 변화(change)라는 두 가지 패턴으로 발달한다. 즉, 현재의 생활환경의 변화에도 불구하고 여가행동의 지속성은 존재하며 어렸을 때의 여가경험들은 성인의 여가행동 패턴에 지속적으로 영향을 미치게 된다(Scott & Willits, 1998).

3) 자원봉사활동의 경험

(1) 사회참여 활동으로서의 의의

사회참여란 깨어있는 시민이 자신과 공동체 간의 질적인 발전을 목표로 하여 전 사회과정에 대하여 지속적인 관심을 가지고 개인적 또는 집단적으로 연대하여 자발적으로 필요한 자원을 투여하여 다양한 영향력을 발휘하는 것이다(Richardson, 1983).

사회활동으로 자원봉사활동의 경험은 협동심, 정직함, 성실함 등 인성개발은 물론 학습내용의 정확한 이해라는 점에서 중요하다(한국청소년개발원, 1998). 자원봉사활동의 현장 참여는 삶에 대하여 이성적으로 통찰하게 되며 공동체의식의 형성으로 향후 시민으로서 바람직한 자세와 태도를 함양하는 효과가 있다. 특히 성장기의 자원봉사활동 경험은 향후 민주시민으로서 자질형성에 도움이 되며 건강성, 협동심, 책임감 등을 배우게 된다. 또한 가정 밖에서 자신과 타인을 비라보고 존중하는 사회성을 배우는 데 유익하다.

한편 지역사회를 통한 자발적 참여는 자유의사 또는 선택에 의한 자율성이 구현될 수 있는 개념이라 생각될 수 있다. 그 이유는 자원봉사자(volunteer)는 라틴어의 'voluntus'라는 단어에서 유래했으며 자발적인 것, 자주적, 임의적 자유의지를 의미하기 때문이다.

'자원봉사'란 '특정한 요구의 인식하에 사회적 책임감을 가지고 금전적 이득에 관심 없이 자발적으로 선택되어 이루어지는 활동'이다. 한국사회복지협의회에 의하면 '자원봉사란 사회문제의 예방 및 해결 또는 국가 공익사업 수행에 자발적으로 참여하여, 인간존중정신과 민주주의 원칙에 입각하여 필요한 서비스를 제공하고 이타심의 실현과 자아실현을 성취하는 활동'이라고 하였다.

그런데 현대인들은 육체적, 인지적, 사회적으로 급속하게 변화하므로 스스로 정체성을 확인하기가 쉽지 않다. 따라서 이 시기의 올바른 성장은 자신과 타인의 역할 인식과 타인의 입장에서 이해하려는 노력을 거쳐 사회의 관습적 체계 역할인식을 하게 하며 특히 자원봉사의 다양한 경험들은 점진적으로 책임감 있는 사회인으로서의 인생관을 형성하게 한다(김남순, 1997).

이렇게 볼 때, 자원봉사활동은 사회 구성원과의 의사소통과 건전한 인격형성에 도움을 주며 공동체 의식을 함양하고 성숙하게 성장할 수 있도록 도움을 준다. 자원봉사활동은 '통합성 원리'를 교육이념으로 하고 있기 때문이다. 자원봉사활동은 그들이 봉사활동을 통해 사회에 얼마나 실제적 도움을 제공하고 공헌했는가의 평가보다는 봉사활동을 통해 얼마나 즐겁고 보람 있는 경험을 했으며, '민주적이고 협동적인 인간성을 함양하였는가'가 중요시된다(조휘일, 2009).

(2) 자원봉사활동의 동기

동기는 한 개인의 행동을 설명할 수 있는 내적, 외적 상황에서 얻게 되는 힘들의 총체라고 할 수 있다(조휘일, 2002). 동기이론으로 이타주의적 행동은 동정심과 내재화된 가치들과 연관된 행동을 포함한다는 것으로 타인의 이익을 위한 자발적 행동 전체를 포용한다(Moore, 1985).

그 밖에 맥 클리랜드(Mc Clelland)의 성취동기이론에 비추어보면 성취욕구, 친화욕구, 권력욕구에 의해 자원봉사활동이 이루어질 수 있으며 따라서 자원봉사의 행동의 동기는 이타주의의 행위 관점과 이기주의의 행위 관점으로 복합적인 검토가 바람직하다(윤기종, 2009).

이를 근거로 스트라이거스와 잭슨은 자원봉사활동의 동기를 다음의 네 가지 요소로 정의하였다. 첫째, 자기개발적 동기이다. 이것은 자원봉사자들이 기술향상,

지식습득, 사회교류 및 네트워크를 형성하려는 동기이다. 이것은 가까운 사람들로부터 외부적인 영향에 의한 동기를 말한다. 둘째는 대의적 동기이다. 이것은 지역사회의 발전을 도모하고자 하는 동기이다. 셋째는 외부적 동기이다. 이것은 가까운 사람들로부터 주어지는 외부로부터의 동기를 의미한다. 마지막은 여가적 동기인데 이것은 자신의 내적인 흥미성에 의한 동기를 말한다.

3. 역할이론과 생활모델

1) 역할이론

역할이론[1)]은 사회적 행위의 분석과 개인적 행위가 사회환경의 영향을 직·간접적으로 받는 방식을 설명하는 것으로 인간과 환경 간의 교류에 대하여 이론 및 경험적으로 지지하는 체계이다. 따라서 역할은 개인적 표현수단인 동시에 사회적인 행위에 대한 의미를 동시에 지닌다고 할 수 있다. 생태학적 이론에서 역할이론의 개념을 도입하여 문화적 영향과 환경적 영향에 따라서 개인 및 대인관계적 역할이 어떻게 달라지는가를 설명하고 있다. 역할이론은 인간의 사회적 발달을 사회 및 조직의 시각에서 이해할 수 있게 해준다.

역할(role)은 특정 사회의 특정한 지위를 갖고 있는 개인이 타인에게 어떻게 행동해야 하는 것에 대한 기대뿐 아니라 타인의 기대까지도 포함하고 있다. 따라서 역할은 기대되는 행동유형뿐만 아니라 상호적 요구와 의미를 지니고 있다. 이에 따라 공동체 구성원의 감정, 정서, 지각 혹은 신념은 역할의 수행과 연관이 있다.

1) 역할이론(role theory)의 의미는 인간이 집단 속에서 수행하는 역할을 통해 설명하려는 이론으로 인간의 행동에 대한 내재적인 소질, 재능 등의 표현으로서보다는 사회적으로 기대되는 수행행동에 관련한 것이라고 할 수 있다. 따라서 역할이론은 인간행동을 사회구조와 연관하여 설명할 수 있는 것이기도 하다. 이러한 역할이론은 비들(B. J. Biddle)과 토머스(E. J. Thomas)에 의해 재정립되었다.

역할이론의 영역을 규정하는 것이 어려움에도 불구하고 전통적인 구조적 시각이나 유기체적인 시각에서 볼 때에, 가정 및 사회에서 각 지위마다 기대되는 역할은 분명히 있다.

2) 역할이론의 학문적 분야의 접근방식

첫째, 심리학의 개념에서의 역할은 개인의 각종 행위에 영향을 주는 사회적으로 부여된 역할의 성격에 관심을 둔다. 즉, 개인의 기대되는 행동은 조직 및 집단 혹은 사회적으로 부여된 지위에 따라 달라질 수 있음에 주목한 것이다. 이때 심리학에서 개인의 자아감각은 그가 담당하는 다양한 역할에 대한 내면화로 인하여 형성된다.

둘째, 사회심리학자의 개념에서 역할을 본다면 각 개인의 역할행위로 인하여 사회화되는 과정을 통하여 다양한 역할을 수행해야 하는 사회 및 조직에 의하여 개인에게 주어지는 규범적 역할로 인한 제재의 영향 및 상호 보완적 위치에 놓인 사람들 사이의 역할기대로 구조화된 행동양식과 사람들 사이의 상호작용의 방식들을 의미하며 이는 사회와 개인의 상호작용 속에 발견되는 양식이다. 최근 사회과학의 관심은 개인에게 기대되는 역할과 일치하지 않는 외부의 시각 간의 불균형으로 인한 갈등의 발생과 중재와 같은 것에 사회 심리학적 관심이 높아지고 있다.

셋째, 사회학자의 개념에서 볼 때 역할은 사회의 구조나 문화에 의하여 형성되는 보다 거시적인 쟁점을 중심으로 적응과 일탈 및 조직의 통제와 같은 개념을 통하여 조직이나 집단이 개인이 보다 사회로부터 주어진 역할을 잘 감당할 수 있도록 동기부여하는 과정과 결과에 관심을 두는 경향이 있다.

3) 역할과 관련한 용어

역할과 관련한 개념에는 무엇이 있을까? 첫째, 역할의 상보성이 있다. 역할의 상보성이란 대인관계 체계에서 역할행위와 타인의 역할기대가 조화를 이룰 때 나타나며 상호의 행위가 서로 잘 맞고 상대의 욕구를 상호 완성시키는 상태라고 할 수 있다. 따라서 역할의 상보성은 상호 만족스러운 역할관계가 되기도 하지만 상보성의 부족이 일어날 때에는 불만족스러운 관계로 사람 간의 스트레스를 유발할 수 있다. 이를 역할갈등이라고 하며 이 개념은 역할을 수행하는 개인이 경험하는 것으로 양립할 수 없는 요구를 경험하는 경우 발생하며 내적으로만 경험될 수도 있고 대인관계에서 영향을 주면서 표출될 수도 있다.

그 밖에 역할 모호의 개념은 주어진 지위에 따라 적절한 역할 수행이 불분명하거나 불완전할 때 발생하게 된다. 반대로 복잡한 역할을 동시에 수행해야 하는 현대사회에서는 역할과중이 빈번히 발생하기도 한다. 한편 생애의 주기에 따라 퇴직 이후에 자녀의 양육을 마치는 경우 빈둥지 증후군과 함께 역할이 단절되는 경우도 있다.

따라서 개인의 인생주기에 따른 다양한 단계에 따라 개인의 역할은 달라질 수 있음을 알 수 있다. 한편 일탈적 역할은 각종 중독자, 정신이상자, 범죄자 등이 있을 수 있고 부정적 일탈뿐 아니라 그 밖의 다양한 개별적 자아정체감 형성은 사회로부터 주어진 정체성과 결부되어 각기 다른 역할을 수행하게 된다.

4. 인간과 심리적 안녕감

심리적 안녕감(Psychological Well-being)에 대한 학문적 언급은 '긍정적 정신건강(positive mental health)'이란 용어를 처음으로 사용한 제이호다(Jahoda, 1959)로부터 시작되었다. 그는 주관적 안녕감을 구성하는 6가지 하위요인을 다음과 같이 제시하였다. 그것은 자신에 대한 수용, 성장을 향한 노력과 자기실현, 성격의 통합성, 사회적인 압박으로부터의 자율성, 현실의 정확한 지각, 환경의 통제능력이다. 그는 이와 같은 요소들이 이상적인 정신건강의 상태를 구성한다고 보았다. 그 이후 리프(Ryff)와 그의 동료들은, 제이호다(Jahoda, 1959)를 비롯한 여러 학자들(Maslow, Rogers, Jung, Allport, & Erikson)의 주장을 통합하여, 심리적 안녕감을 개념적으로 정의하였다(Ryff, 1989; Ryff & Keyes, 1995; Ryff & Singer, 1996).

리프와 그의 동료(Ryff & Keyes, 1995)는 심리적 안녕감에 대하여 다음과 같이 정의내리고 있다. 즉, 심리적 안녕감이란, 일상생활의 사건에 사람들이 적응하면서 느끼는 정서이며, 환경에 대한 개인의 반응 혹은 환경의 자극 및 개인반응 간의 상호작용의 결과로써, 개인이 지각한 행복감 혹은 총체적 감정을 의미한다. 리프(Ryff, 1989)는 심리적 안녕감이 다음과 같은 요인들로 구성된다고 하였다. 첫째, 자아수용(self-acceptrance), 둘째, 긍정적인 대인관계(positive relations with others), 셋째, 자율성(autonomy), 넷째, 환경에 대한 통제(environmental mastery), 다섯째, 삶에 대한 목적(purpose in life), 여섯째, 개인적인 성장(personal growth)이다.

이에 따르면 심리적 안녕감이 높은 사람이란, 자기를 있는 그대로 수용하고, 긍정적 대인관계를 유지하며, 자신의 행동에 대한 조절능력과 환경에 대한 통제력 및 삶의 목적을 통하여 스스로 잠재력을 실현시키고자 하는 동기를 지닌 사람이다(김명소, 김혜원, 차경호, 2001). 이러한 심리적 안녕감의 개념은 기존의 주관적 안녕감이 심리학 이론의 배경을 충분히 반영하고 있지 못하며 심리적인 기능의 측면을 간과하고 있다는 비판을 반영한 것이다(류정희, 이명자, 2007).

심리적 안녕감에 관한 국내연구를 특성별로 분류하면 개인의 내면적인 심리특성이 심리적 안녕감에 미치는 영향을 분석한 연구(유주연, 박경, 2010; 이현주, 이미나, 최인수, 2008)와 심리적 안녕감의 구조와 개인의 사회적 특성과의 관계를 다룬 연구(류정희, 이명자, 2007; 김혜원, 홍미애, 2007) 그리고 스트레스 요인이 심리적 안녕감에 미치는 영향에 관한 연구(주현숙, 방희정, 2006) 등이 있다.

심리적 안녕감에 영향을 미치는 변인에 관한 연구를 살펴보면, 성인의 경우에 연령 및 건강이라고 조사된 연구(Adelmann, 1994; Ahrens & Ryff, 2006; 송진영, 2009)가 있으며, 청소년의 경우는 부모-자녀의 의사소통(김현주, 2010)이라고 응답하거나, 가족의 응집성 및 학교적응이라는 연구(김기형, 2006)가 있다. 한편 대학생들의 심리적 안녕감과 관련된 변인으로는 대학생활의 적응정도라는 연구(이은우, 2005)가 있어 '가정생활'과 '학교생활'의 요인이 성장기 인간발달에 있어서 심리적 안녕감과 유의미한 관계가 있음을 짐작할 수 있다.

5. 인간과 임파워먼트

임파워먼트(역량강화)에 대한 구성요소로 스프라이저(Spreitzer, 1995)는 기존의 임파워먼트의 차원을 단일차원이 아닌 다차원으로 해석하여 이를 의미성, 능력, 자기결정성, 영향력으로 구분하였다. 또한 리(Lee, 2001)는 이를 개인내적, 대인관계적, 정치적 차원으로 구분하여 개인내적 단계(level)란 문제를 인식하고 이를 해결하고자 하는 감정과 사고를 말하며, 대인관계적 단계란 문제해결과정에서의 다른 사람들과의 경험을 의미하고 정치적 단계란 궁극적으로 정치적인 해결을 요구하며 정치적 과정들에 영향을 미치는 기술들이 요구되는 단계라고 하였다.

리(Lee, 2001)는 임파워먼트 실천이 상호 간 혹은 사회적, 경제적, 정치적 환경 속에서 스스로 '힘'에 접근하도록 돕는 것을 목표로 하고 있다고 하였다. 이러한 임파워먼트는 소수자뿐 아니라 사회의 다양한 계층의 사람들에게 매우 중요하며 임파워먼트의 측정에 관해서 Zimmerman(1992)은 개인적, 대인관계, 정치, 사회적인 세 영역으로 나누는 것이 가장 효과적인 측정법이라고 제안하였다. 좀 더 자세히 부연설명하면 개인적 임파워먼트는 자기효능감, 자아인식, 자기수용, 자아존중감, 권리를 가졌다는 느낌, 비판적인 사고를 포함한다. 대인관계 임파워먼트는 지식과 기술, 자기주장, 한계설정, 도움요청, 문제해결, 새로운 기술연습, 자원동원을 포함한다. 그리고 사회 정치적인 임파워먼트는 사회 및 정치적인 행동과 참여, 보상, 기여, 통제감과 행동을 포함하는 개념이라고 할 수 있다.

청소년 임파워먼트에 관한 주제와 관련하여 발표된 연구들을 살펴보면 오정옥(1999)은 가족의 건강성은 청소년의 자아존중감을 높인다고 하였다. 또한 황윤경

(1996)은 청소년 또래집단의 지각된 사회적 지지가 심리사회적 성숙에 긍정적인 영향을 미친다고 하였다. 그리고 이승재(1999)는 청소년의 가족체계와 학급체제에 대한 지각이 사회성에 영향을 줄 가능성이 있다고 하였다. 더불어 청소년생태학적 지원체계로써 여가의 만족도는 청소년의 새로운 문화 창조에 기여한다는 연구가 있다(박미석 외, 2001). 그 밖에도 임파워먼트는 사회적 소수자로 다문화여성, 한부모가족, 빈곤이나 독거노인 등에서 더욱 활발히 논의되고 있다.

6. 인간과 건강심리

1) 건강심리학의 개념

WHO에 의하면 건강은 단지 질병에 걸리지 않은 것을 뜻하는 것이 아니라 완전한 신체적, 정신적, 사회적 안녕의 상태를 의미한다(WHO, 1946). 이에 따라 건강심리학은 건강과 관련하여 건강 증진, 질병의 예방과 치료, 건강 위험의 요인 분류, 건강관리 체계 향상, 웰빙과 건강에 관한 아젠더 형성 등 건강에 관하여 심리학적 기술을 사용하는 학문으로 자리잡고 있다. 따라서 건강에 도움을 주지 않는 행동을 변화시킴으로써 건강한 상태를 도모하며 각종 질환 환자 및 가족과 구성원들을 도와주는 일이 이에 포함된다고 할 수 있다.

2) 건강심리학의 배경

소크라테스의 시대나 히포크라테스 시대로부터 심리나 정서적 요인들은 신체적 질환과 연관이 있다고 보았는데, 고대로부터 질병이란 신체적 요인에 국한되지 않으며 인간의 내면 심리적 상태와 연관이 있다고 보았다. 1932년 정신신체 의학은 월터 캐넌(Walter Cannon)이 생리적인 변화가 정서에 수반되어 발생할 수 있다는 관찰을 하면서 신체 질환에서 심리적, 정서적 원인을 찾는 의학분야가 발달하게 되었다. 당시는 심리학이 많은 발전을 이룬 시기로 이에 정신분석으로 심리학이 발달하기 시작한 1939년에는 건강심리에 대한 관심이 확대되어 미국 정신 신체의학회가 당시 의사들에 의하여 창설되었으며 정서가 신체 변화를 야기할 수 있고 신체적 변화가 질병을 일으킬 수 있다는 학설을 확고히 하였다.

이후 프란츠 알렉산더(Franz Alexander, 1950)는 정서적 갈등이 있을 때 그에 따른 스트레스는 신체적 질병의 전조가 될 수 있다고 하면서 정신신체 의학이 더욱 발달하게 되었다. 건강심리학은 계속하여 발전하였는데, 1977년 행동의학이 "건강이나 질병과 관련된 행동과 과학적이며, 생물의학적 지식과 기술을 개발하고 통합하는 것이 필요하며 이러한 지식과 기법들을 예방, 진단, 치료 및 재활에 적용하는 다학제적 분야"라고 정의했다(Schwartz & Weiss, 1978). 의학의 목적을 치료에만 국한하지 않고 예방의 과정부터 중요한 부분으로 이를 정신적 부분과 연결하였다는 것에 의의가 있다. 이는 상해의 예방, 흡연, 알코올 남용, 식습관, 운동과 같은 영역을 포괄적으로 포함하는 분위기에서 이러한 행동건강에서는 건강을 유지하고 질병을 예방하기 위해서 행동과학과 생물의학의 지식을 활용하기 위해 개인의 책임을 강조하는 것이다(Matarazzo, 1980).

이러한 건강관리 수단인 행동건강은 사회나 개인에게 큰 도움을 주었으며 오늘날 건강심리학(health psychology)에 기여하였다. 또한 심리학적인 기반의 지식은 오늘날 건강지식에 많은 영향을 주었다. 즉, 이는 건강한 행동을 촉구하고 질병보다 건강에 포커스를 두며 이를 측정하기 위한 과학적 측정도구를 개발하는 기반이 되었고 건강에 관하여 유용한 이론적 모델을 형성하기에 이르렀다.

이후 1982년에는 건강심리학(Health Psychology)을 발행하는 건강심리학회를 통하여 건강심리학은 독립적인 전문 영역으로 자리를 잡게 되었다. 이에 포함되는 과목으로 병리생리학(pathophysiology), 약리학(pharmacology), 생화학(biochemistry), 심장병학(cardiology), 그리고 건강전문학문으로 건강과 관련한 다학제적인 성격을 가지고 있음을 알 수 있다. 뿐만 아니라 건감심리학자가 되기 위한 전문 프로그램과 임상건강심리전문가로서의 다양한 훈련을 받게 된다.

임상건강심리학자는 진단과 면접, 심리학적 평가, 심리검사, 심리치료, 행동치료, 정신생리학적 행동 조정 및 집단치료를 할 수 있다. 이와 같이 행동주의이론을 포함하여 정신역동이론, 실존이론, 사회학습이론 등을 수용하여 응용하면서 임상에서 질병의 극복을 위하여 진단 및 질병 예방 문제 등을 다각적 시각에서 접근하게 된다.

3) 한국의 건강심리학회

건강심리전문가는 인간의 건강 증진과 질병의 예방, 진단, 치료 및 재활을 위한 전문적 능력을 갖추고 스트레스 관리, 통증관리, 건강관리, 행동의학 등의 다양한 영역에서 활동하는 심리학자이라 할 수 있다.

한국의 건강심리학회는 신체, 정신, 사회적 측면에 관심이 있는 심리학자들과 건강관리(health care) 전문가들의 협력적 관계를 촉진하기 위해 전문적으로 구성되었다. 한국 건강심리학회는 인간의 건강과 질병의 원인을 통합적으로 이해하여 일상생활의 건강을 영위하고 질병을 예방하는 과정에 이르기까지 폭넓게 건강을 다룸에 있어서 심리학적 지식이 활용될 수 있도록 기여하고 있다.

Chapter 13

Human Behavior and Social Environment

인간과 지역사회

1. 마을을 통한 문화활동 창조

현대사회에서 자본주의의 성장과 함께 인류사회에 커다란 변화를 가져온 것은 도시의 발달이다. 그러나 도시의 발달은 산업적 발전이라는 가져온 긍정적인 변화뿐 아니라 전통적 지역사회의 커뮤니티로서의 기능상실이라는 부정적인 영향도 야기하였다. 특히 자본주의가 고도로 발달한 현대사회에서의 문제 중 대표적인 것이 지역사회를 통한 이웃 간 교류의 단절이기도 하다.

전통적 마을의 기능은 생태학으로 표현될 수 있으며 이것은 유기체와 환경 간의 관계를 통하여 환경과 유기체가 상호 균형을 이루며 성장하는 과정을 중요시 하는 반면, 현대사회에서는 개개인의 기능이 자본주의와 상업화 혹은 인간소외현상 등으로 '개인과 지역사회 간의 상호관계성'이 파괴되는 악순환적인 인과관계 속에 지역 구성원들의 역할이 제 기능을 수행하기 어렵고 상호 단절되어 인간성이 발휘되지 못하는 현상이 당연시되는 풍조가 마치 현대사회를 대표하는 하나의 현상으로 설명되기도 한다.

그렇다면 우리가 속한 지역사회에서 어떤 피드백의 순환고리를 재발견할 수 있으며, 어떠한 의사소통이 새로이 구현될 수 있는가 그리고 각각 구성원에 대한 생태체계 내에서의 역동성은 어떻게 발휘될 수 있을 것인가? 근본적으로 '체계'란 상호 새로운 개체를 형성하는 방식으로 상호 관련되어 전체를 구성하는 요인들의 집합체이므로 전체는 개인의 합보다 크다는 전제 조건하에 그 시너지 효과를 발휘하는 사회체계로 기능해야 할 것이다. 이에 지역사회의 한 부분의 변화가 다른 체계에 영향을 주는 방식으로 개방되고 투과성 있는 경계로 체계의 건강한 에너지 흐름이 환경과의 상호교환 속에서 구현되어야 할 것이다.

이러한 문제에 대하여 Jim Ife(2005)[1]는 지역사회개발을 통한 사회의 활성화를 논하면서 "의사결정이 사회 활성화의 중요한 요인"이라고 언급하고 있다. 그는 "성공

1) Jim Ife(2005), 『지역사회개발』, 인간과 복지, p.52.

적인 사회 활성화를 가져오는 능력은 반성적이며 그러므로 실천접근을 통하여 지역사회활동가의 이해 및 분석을 통하여 가능"하다고 언급한 바 있다. 즉, 지역사회를 통한 구성원 간의 열정과 정보전달력, 민주성, 구성원의 지지, 장기간의 전념, 행동가의 관계망, 윤리적 측면, 전문적 실천, 미디어의 활용 및 지역주민과의 합의와 같은 것들이 이를 위하여 고려될 필요가 있다고 짐 아이프는 언급하고 있다.

그러나 일반적으로 많은 현대인들은 지역사회 참가를 통한 개인의 의견 표현과 참여 및 활동의 기회가 적고 긍정적이고 발전적인 사회자본의 경험을 지역사회를 통하여 체감할 수 있는 지역사회 참여 경험의 시간은 너무나 적다.[2] 그렇다면 개인의 반성의 촉구 차원을 넘어 지역사회는 과연 지역사회 참여를 통한 행복 증진과 같은 기회에 대한 고민은 어떻게 접근할 수 있을 것인가?

이에 대하여 생태학적 지역사회를 통한 실천활동을 중심하고 있는 각종 지역주민들의 임파워먼트(empowerment)의 과정은 중요하다. 앞서 서울 도봉구의 방아골의 지역복지운동은 지역의 조직화, 주민참여와 주체화, 다양한 연대 및 네트워크의 구축, 지역사회의 복지생산과 캠페인, 사회복지사와 종사자의 노동조건 개선 등을 통하여 지역사회복지의 장(場)을 성공적으로 넓혀간 바 있다.

구체적으로 주민참여를 위한 활동으로는 도봉 사랑거리 음악회와 지역주민결의대회, 아이사랑 모임 등의 개최를 통하여 공동육아 네트워크 등 지역 안에서의 대안을 모색하며 실천한 바 있다. 이는 다양한 지역주민의 특성을 파악하고 회원 간의 결속력을 통하여 자발적인 활동이 될 수 있도록 다양한 참여활동을 시도한 것에서 그 노력의 성과를 짐작하게 한다.

또한, 일본에서는 이와 유사한 성공사례로 마치즈쿠리(まちつくり)[3]의 마을 활성화와 주민참가형 지역사회실천의 예를 통하여 종합형 지역 스포츠 클럽활동을 비롯하여 자원봉사활동 등의 자발적 지역활동 등을 이끌어내는 것에 성공하였으며

2) 박희봉(2010), 『사회자본』, 조명출판사, p.25.

3) 일본에서 펼쳐진 지역사회운동의 한 형태이며 본 논문에서 논의해 보고자 하는 지역사회문화 활동을 통한 지역사회개발의 잠재적 가능성을 살펴보고자 한다.

이러한 주민참여가 토대가 되어 또 하나의 경쟁력있는 사회자본을 창출하였다. 일본 마치즈쿠리(まちつくり)의 예에서 특이할 점은 관광사업으로 본고장 상품의 개발 등이 다이나믹한 지역시장을 통해 이루어졌다는 것이며, 마을 전체가 개방사회의 원리를 통하여 지역사회의 상품적 가치의 질을 높였다는 것이었다. 또한, 무엇보다 중요한 특징은 일본 마치즈쿠리(まちつくり)의 방향이 주민뿐 아니라 방문자들의 삶의 욕구도 함께 중요시하였다.

그렇다면 우리나라의 지역적인 마을의 특성 파악과 문화활동의 운영은 어떻게 발휘되고 적용되어 변화될 수 있을 것인가? 그 출발점은 항상 과거 및 현재의 실상을 담은 지역사회의 특징을 파악하는 것에서부터 출발하여야 한다. 그리고 이러한 변화를 위해 가장 선행되어야 하는 것은 주민들의 각종 담론들이 가능한 의사소통의 장(場)에서 나타나야 한다는 것이다.

그동안 이에 대한 토론들도 주로 지역의 안위문제나 쾌적한 환경을 위한 공원조성 혹은 자동화 시스템과 같은 범주의 담론 정도에 그치고 있었던 것이 사실이다. 물론 그것은 스포츠센터나 각종 교육활동의 실시 그리고 마을회관이나 편의시설 확충 등을 통해서도 이루어질 수 있다. 하지만 멀리 떠나지 않고도 우리가 속해있는 이 도시생활의 향유 가운데에서도 자연과 어우러져 생태체계 내에서 문화를 향유하고자 하는 욕구나 혹은 좀 더 친밀한 커뮤니케이션의 욕구 등이 있을 것이고 혹은 이웃주민과의 소통의 욕구도 있을 것이다. 그렇다면 이러한 다양한 욕구들은 어떠한 방법을 통해서 좀 더 충족되고 실현될 수 있는 것인가? 이것은 더 많은 숨겨진 고민과 노력의 실천과정을 요하고 있다고 할 수 있다.

2. 지역축제의 새로운 관점

본 장에서는 우리나라에서 진행된 마을 만들기의 노력의 사례로 M구의 아트 페스티벌의 의의를 살펴보고, 이러한 활동이 가지는 지역사회의 활성화에 갖는 함의와 이를 통하여 형성될 수 있는 시너지 효과의 한 축으로서 사회적 자본의 역할로 가지는 지역사회 문화활동의 장이 가지는 함의를 알아보고자 한다.

1) M구 아트 페스티벌

마을과 지역사회 발전을 위해 M구에서는 인근의 거리에서 소극장, 경의선 숲길 공원과 커뮤니티센터 등을 포함하는 연남동 일대에서 '제1회 연남골목 아트페스티벌'이 개최된 바 있다. 이틀간 진행된 이번 지역문화행사의 취지는 '꿈이 있는 연남, 예술로 통하는 골목'을 지향하는 것으로, 유명 인사들이 지역을 방문하여 지역문화를 통한 통합을 지지하였으며, 지역문화를 통하여 연극, 영화, 무용 · 음악 · 전시 · 연주회, 거리 공연 등의 다양한 문화행사가 지역을 찾은 사람들과 어우러져 지역사회에서 펼쳐지는 마을 문화의 장(場)을 열었다.

아트 페스티벌의 가장 큰 특징은 '예술가와 지역민이 함께 어우러져 또 하나의 문화를 창출하고 문화를 향유하며 새로운 골목문화를 만들어낸다'라는 문화활동의 목표였다. 즉, "골목은 상호 사람들의 만남을 이어나감으로써 또 다른 삶을 창조할 수 있는 장"이 되어야 한다고 하였다. 한편으로는 "골목이 살아야 마을이 산다는 것"을 강조하였다. 또한, "지역주민들이 연남동 골목에서 만나 생태체계와 조화되어 스며드는 것에 예술가들의 열정과 문화의 공유가 지역주민을 함께 즐길 수 있도록 한다"는 것임에 주안점을 두었다.

이번 아트 페스티벌은 다양한 행사가 지역사회를 통하여 지역주민이 함께하는 문화를 마을을 찾는 사람들이 접할 수 있는 기회를 제공하여 생활 속에 열리는 문화의 향연이 될 수 있도록 하였다. 이러한 지역사회의 행사가 가지는 함의는 예술인들이 일반인과 소통하는 기회를 통하여 재능을 기부하고 시너지 효과를 창출하여 일반인과의 문화적 간극을 좁히고 지역의 고유성을 살려 새로운 트랜드로 소통과 화합 그리고 마을의 가치를 부상하도록 하는 기능을 담당하였다는 것에 의의가 있다.

또한 예술인들과 일반인이 함께 아이디어를 확장하여 건물의 옥상에서 펼쳐지는 '옥상 영화제'를 통하여 만남을 가지고 상업영화가 아닌 새로운 장르의 영화를 지역사회인이 문화를 함께 접할 수 있는 기회를 마련하며, 차고를 통해서 '창고 전시회'를 제공하여 편견을 깨고 창고가 재미있고 흥미를 가지는 기능을 할 수 있다는 새로운 접근을 가능하게 하였다.

그 밖에도 거리의 퍼포먼스를 통하여 다양한 거리축제로서의 행위예술이 이루어졌으며, 렉처 콘서트는 새로운 각도로 햄릿을 일반인이 접할 수 있도록 하였다. 이러한 형식의 축제는 골목을 이용하여 골목을 걷는 색다른 맛을 통해 접근하여 골목에 대한 향수를 문화로 승화시킨 아이디어로 펼쳐졌다.

즉, 소박하지만 인간의 삶이 일상생활 속에 스며들어 자연과 생태 속에 함께하는 인간에 대한 사랑과 꿈이 문화를 통하여 표현됨으로써 하나의 새로운 트랜드로서 지역사회의 문화로, 생태체계와 조화를 이루며 새로운 가족단위의 문화로 자리잡을 가능성을 보여주고 거리의 활성화가 골목의 활성화를 통하여 표현될 수 있음을 보여주었다.

이것은 지역이 문화를 통하여 하나가 될 수 있는 가능성뿐 아니라 생태예술(Eco-Art)로 현장을 '골목'을 통해 재현하여 '골목'에 대하여 새로운 의미를 부여하고 아름다운 만남을 지역사회를 통해 구현한 좋은 지역사회의 활동으로 평가될 수 있으며 나아가 지역을 통한 소통과 만남과 활성화의 가능성을 보여주고 있다.

공연을 이끈 주요한 테마로 "골목이란 마을과 마을의 사이의 기능뿐 아니라 골목이 있어야 마을이 완성되며 이러한 골목을 통하여 사람과 사람, 사회, 자연이 함께 만나고 세상으로 향하는 Bottom-up 방식의 지역사회 활성화의 훌륭한 본보기"가 될 수 있다는 생각에서 비롯되었다. 이러한 문화활동은 가족과의 산책, 친구와의 산책, 혹은 혼자 거리를 걷더라도 이것이 문화로 승화되어 문화와 상권 형성 및 사람들이 모이고 소통하여 함께 어우러져 단절되고 상실된 현대사회에서 지역사회가 새로운 소통의 장과 역할을 담당하고 조명될 수 있는 가능성을 보여주고 있다.

2) 지역사회의 문화활성화의 논의

현대사회에서 지역사회의 문화활성화사업은 아직도 미약한 상태를 벗어나지 못하고 있으며 그 방향에 대한 아이디어를 제시하지 못하고 있는 것이 사실이다. 또한 급격한 산업화와 도시화, 정치와 행정의 중앙집권으로 인하여 지역사회의 해체 및 시민의식의 약화, 지역 연대의식의 상실 등이 지역사회 활성화의 문제였던 것이 사실이다.

이에 현대사회에서 각종 마을활동 지원사업이 도입되고 운영 중에 있으나 그 운영 현황은 지역적 특성을 반영하는 커뮤니티 활성화에 대한 기본적인 인식과 이해의 부족으로 지역사회인을 중심으로 한 민주적이고 자율적 활동의 문화의 장이 되지는 못하는 경향이 있었다. 그러나 지역사회 활성화를 위한 심도있는 활동은 궁극적으로 건강한 지역사회의 형성에 도움을 주며 지역 내 다양한 주민들의 참여를 보장하는 움직임에 힘을 실어 지역주민들의 삶의 질을 제고해 줄 수 있는 기능이 있다.

즉, 마치즈쿠리에서 모색되고 있는 사업들은 마을주민들이 공동체를 통하여 개인과 집단의 생산적 논쟁을 존중하여 균형점을 찾고자 했던 노력은 실제로 바람직한 마을운동으로 이어지며 한 예로 마치즈쿠리(まちつくり)[4]의 참가와 리더십 그리고 자립과 파트너십으로 이어지기도 하며 새로운 문화를 창출하였다.

지역사회 활성화의 구축은 궁극적으로 지역사회의 역량을 강화해 나가는 꼭 필요한 작업이며 지역사회의 긍정적 변화를 위해서 무엇이 필요한가, 어떠한 점검이 필요한가에 관한 논의가 반드시 필요한데, 이를 위한 접근은 지역주민 스스로 인식을 변화시키고 지역사회에 대한 기대 및 인식의 변화를 통해 건강한 지역사회를 유지하는 능력을 함양하는 것에서부터 진정한 새 문화활동이 시작될 수 있다.

그러나 기존의 방식이 우선시된다면 제도권 내에서의 전통적 기반의 관점에서

4) 일본의 지역사회운동으로 주민의 민주적 참여와 의사결정이 반영된 대표적 지역사회운동의 성공 사례로 꼽히고 있다.

벗어날 수 없을 것이다. 따라서 지역사회구축(community building)은 다양한 방식으로 실천되어야 하며 지역주민 스스로가 자부심을 가질 만한 지역사회의 유형 및 무형의 자산들을 찾아내고 육성하는 것을 강조하며 강점기반의 접근방법이 되어야 한다.[5]

결국 마을활성화를 통한 문화사업의 목적은 전체론적 관점에서 건전하고 기능적인 지역사회를 이루기 위하여 논의되어야 하는데 이를 위하여 고려되어야 할 것은 Jim Ife(2005)에 의하면 생태학적 관점, 사회정의 관점, 지속가능성, 다양성, 다문화와 같은 다양한 이슈들에 대한 고려가 유용하게 활용될 수 있을 것이다.

즉, 통합적이고 균형잡힌 연구의 접근방법으로 Jim Ife(2005)에 의하면 지역사회개발의 핵심은 아래로부터의 변화의 관념을 통한 문화의 접근으로 보았다. 그는 지역사회 주민 스스로가 자신의 욕구를 알고 충족할 방법을 결정하며 자율적이고 독립적인 지역사회를 실천해나가는 것이므로 이를 실천하기 위해서 지역사회와 지역의 문화존중이 필요하며 문화는 고정적인 것이 아니라는 인식으로 가치와 현실이 끊임없이 변화하고 있다는 것을 인정해야 할 필요가 있다고 하였다.

따라서 지역사회의 문화를 존중하고 외부의 자원에 의존하지 않는 지속성과 고유성을 실천하기 위해서는 지역의 특성을 발견하고 존중하고 지역주민의 기술을 활용하는 것이 강조되어야 한다는 것이다. 이를 위해서는 지역사회의 절차를 존중하며 주민의 연대적인 활동이 중요하고 지역사회를 통한 다원주의의 실천으로 아래로부터의 변화의 기초가 중요하다는 짐 아이프(Jim Ife, 2005)의 주장은 마을 문화활동의 역동성 분석에 앞서 먼저 다음과 같은 것들이 대표적으로 고려해볼 사항들로 제시되고 있다.

5) Jim Ife(2005), 전게서, p.45.

① 사회계획의 차원

사회계획이란 지역사회 주민이 스스로의 욕구를 정의하고 그를 충족시키기 위해 구상하는 여러 가지 활동의 과정과 절차를 의미하고 있다. 그러므로 기존의 서비스와 자원과 문화를 최대한 효율적으로 조정하고 활용하는 방법의 모색을 의미하는 것으로 정의될 수 있다.

② 사회적 상호작용의 실제적 질

사회개발은 지역사회 내에서 이루어지는 사회적 상호작용의 실제적 질에 초점을 두고 진행될 수 있다. 실제로 지역사회 생활의 경험을 통하여 다양한 인간 상호작용이 일어나며 지역사회를 통해 삶의 질 향상을 가져올 뿐 아니라 정치·경제·사회적인 성과를 도출할 수 있어야 건강한 문화가 창출될 수 있다.

③ 참여문화의 차원

문화개발에 있어서의 측면은 문화적 전통의 유지에 그치지 않고 문화활동에 대한 참여에 중점을 둔다. 따라서 지역주민 스스로 혹은 방문자들과 함께 어우러져 참여하는 활동이 되도록 지역의 특색있는 문화를 개발하고 이를 시간과 공간을 통하여 실현하여 건전한 지역사회를 육성하는 데 일조하는 것이 중요하다.

④ 인격과 정신적 개발의 장

지역사회 개발은 인격적 정체성의 개발과 밀접하게 연관되어 있으며, 이는 인격적 가치를 지향하여, 보다 풍요롭고 충만한 삶을 영위할 능력의 개발이 지역사회에 대한 소속감과 일체감을 통하여 기능할 수 있도록 하는 것이 중요하며 이러한 공간을 통하여 건전한 문화가 창출된다.

⑤ 환경개발의 차원

지역사회는 환경 속의 인간이라는 개념을 토대로 하는 개념이다. 따라서 물리적 환경의 보호는 마을의 고유성을 살리는 훌륭한 자원이 될 수 있으며 문화 활동의 토대가 된다.

⑥ 마을주민의 역량강화

지역사회에서 생태학적 차원과 사회 정의적 입장을 적용하여 본다면, 지역주민의 평등과 능력고취, 구조적 불리의 극복, 욕구를 재정의하고 마을의 공동 활동을 통하여 이를 충족시킬 지유, 권리의 정의와 그의 보장 등에 기초한 사회에서 진정한 문화가 구현될 수 있다.

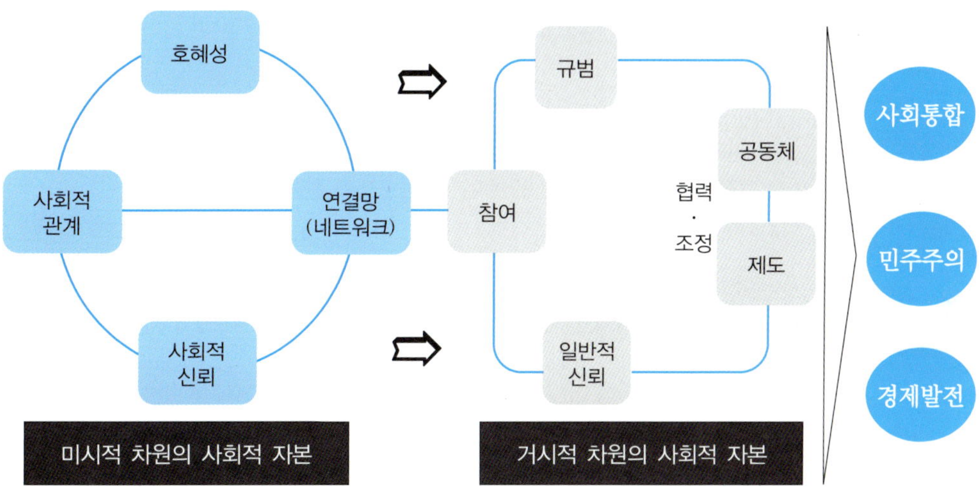

[그림 13-1] 지역사회의 성장을 통한 기대환류-사회적자본의 기제 및 상호연계성

출처: 조권중(2010), 『서울시 중장기 사회적 자본 증대방안 연구』, 서울시정개발연구원.

이에 대하여 창출될 수 있는 사회적 자본의 효과에 대한 틀을 다음과 같이 제시할 수 있다.

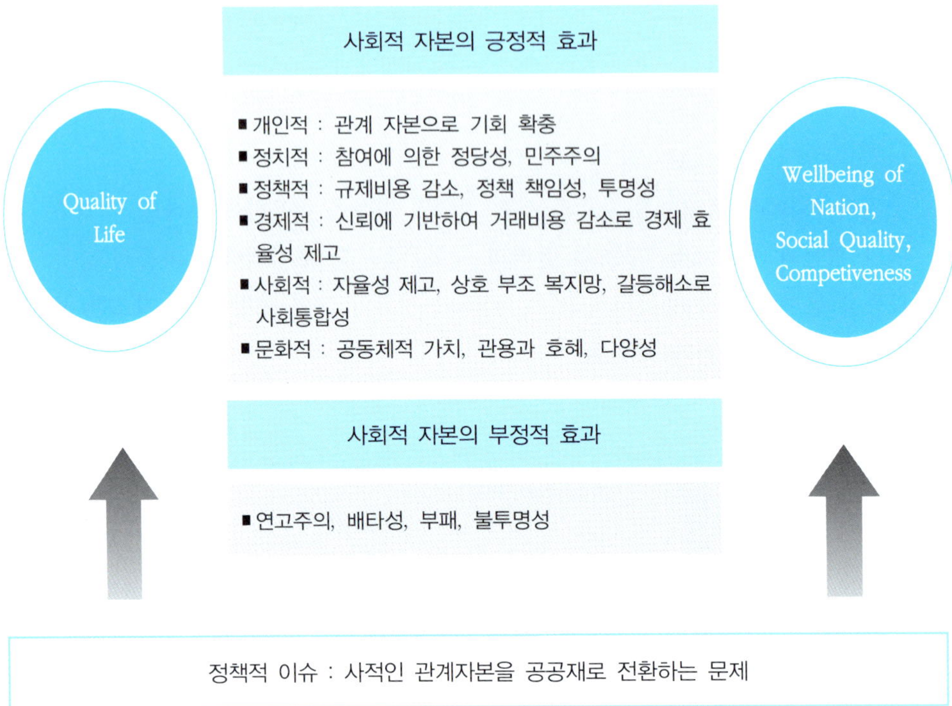

[그림 13-2] 사회적 자본의 효과와 이슈

출처: 조권중(2010), 『서울시 중장기 사회적 자본 증대방안 연구』, 서울시정개발연구원.

3) 사회적 자본과의 관계

문화의 발달은 지역사회로부터 시작된다. 지역사회는 건강성에 기여할 뿐 아니라 지역사회의 발전에 기여하며 집단의 결속력을 증대하고 개인의 발전을 도모한다. 사회적 자본은 사회자본(social capital)이란 뜻으로 인적 및 물적 자본과 같이 지역사회에서 일어나는 행위나 일의 효율성 증대를 통하여 생산성을 증진시키는 역할을 한다.[6][7]

6) 허장, 정기환(2003), "농촌마을의 발전과 새로운 리더십", 『농촌사회』, 제13권 제1호, 한국농촌사회학회, pp.51-83.

사회자본은 정부의 일방적인 또는 주도적인 사고방식에서 벗어나 지역이 지니는 사회적인 가치와 신뢰 그리고 네트워크 및 규범 등을 통칭하며 사회자본이라는 내재적 역량을 발현하고 시너지적인 발전을 예측하는 것으로, 지역 스스로 갖는 역량발현을 통하여 인프라 구축 위주의 정부의 한계를 극복하고 발전에 대한 효율성 및 정당성을 위한 핵심가치로 부상하고 있다.[8]

사회적 자본이 가지는 장점으로, 지역사회(community) 발전은 사회적 자본의 형성을 효율적으로 이루어지게 한다. 사회자본이 충분한 지역사회에서는 목표달성을 위한 집단행동이 용이하고,[9] 신뢰(trust), 정보(information), 그리고 결속(solidarity)과 지역민들의 상호연계를 견고하게 하는 역할을 한다.[10]

따라서 사회적 자본은 지역사회의 건전한 문화력 향상을 위하므로 지역사회 주민 간의 상호 신뢰와 협력을 고양하고 지역사회를 통한 문화활동 사업에서 지역주민과 청소년들의 지지 및 참여를 확보하여 사회 및 경제적 활성화에 중요한 역할을 담당하도록 하는 것이 바람직하다.

(1) 지역문화에 대한 지식의 필요성

지역문화의 지식의 존중 개념은 그 지역을 가장 잘 아는 사람은 바로 지역사회의 주민이며 주민이 주체가 되어야 한다는 개념을 전제로 하고 있다. 물론 그 주민에는 청소년도 포함이 되고 있다. 지역지식에 대한 존중은 지역사회를 잘 아는 사람들을 중심으로 하여야 하며 고유성, 지속 발전가능성에 영향을 주므로 이는 모든 지역문화활동 개발실천에 있어 본질적인 요인이 되어야 한다.

---

7) 성도경, 박희봉, 장철영(2004), "사회자본과 거버넌스 증진을 위한 정부와 시민사회의 역할", 『대한정치학회보』, 제12권 제1호, 대한정치학회, pp.419-437.

8) Narayan, D. & Pritchett L.(1996), *Cents and Sociability: Household Income and Social Capital in Rural Tanzania*. World Bank. Environment Department. Washington. D.C., pp.52-66.

9) Krishna, A.(2007), How Does Social Capital Grow? A Seven-Year Study of Villages in India. *The Journal of Politics*, vol.69 no.4, pp.941-956.

10) Petersen, Dana M.(2002), The Potential of Social Capital Measures in the Evaluation of Comprehensive Community-Based Health Initiatives. *American Journal of Evaluation*, vol.23 no.1, pp.55-64.

지역인이 주체라고 할 만한 사람이란 결국 지역사회의 욕구와 문제뿐 아니라 지역사회가 가지고 있는 강점과 지역사회의 독특한 특성을 파악하고 있는 지역사회의 구성원들일 것이다.

따라서 마을 사람들이 하나의 주도적인 주축이 될 수 있으며 문화를 통하여 하나의 소통의 장이 마련되어야 한다. 그러나 기존의 실증주의 패러다임은 증명되고 객관적이고 과학적이며 측정 가능한 지식만을 중시한 나머지 창조적이고 창의적인 아이디어의 창출은 그 의미를 발휘하지 못하는 경향이 있어왔다.

(2) 지역문화 활성화에 대한 존중의 인식

지역사회 문화활동가와 전문가 간의 상호존중 및 조율의 필요성은 많은 행사 및 기획을 통하여 확인될 수 있으며 이에 참여함으로써 문화의 경영과 기획활동의 모든 것을 배울 수 있다. 즉, 문화적 가치 및 생태체계를 고려한 인권 등의 점검이 선행되어야 하며 지역사회의 활동가는 지역 문화의 중요성을 깊이 인식하고 이를 지역사회의 변화를 위한 초기의 시발점으로서 활용할 수 있는 방안을 모색하여야 한다.

즉, 문화는 고정적이지 않으며 가치와 현실도 끊임없이 변화하여 지역사회의 전문가는 문화변동의 과정과 함께 움직이며 함께 지원하여야 한다는 것으로, 이는 고정적인 시각과 대조되는 것이다. 또한 문화는 획일적 단일 형태가 아니며 지배적인 문화가치보다는 다양한 문화적 가치를 전제로 하여 역동적인 하나의 구심점을 형성할 수 있는 공동체의 맥락을 파악해내야 한다. 이를 위해서는 문화적 다원주의를 전제로 하는 지역사회의 존중이 필요하다.

이때 지역문화의 존중은 생태학적 차원의 전체를 고려하며 환경을 고려하는 작업으로부터 마을의 고유성에 접근하게 된다. 이것은 기존의 세계화와 국가를 통한 정책의 방향과는 다른 관점으로 마을과 지역이 보다 주체적인 자리에서 활동하는 것에 대한 중요성을 함의하고 있다. 따라서 지역사회는 지역사회 내의 유용한 자원을 찾아내 창의적으로 개발하며 이에 활용될 수 있는 강점과 산출된 자원을 지역사회의 자율성과 주체성을 토대로 보다 다양하고 독립적인 지역사회를 건설하고 유지할 수 있는 방안의 논의가 필요하다.

우리나라의 북촌 한옥마을에서 볼 수 있듯이 이러한 지역사회의 활동은 지역이 주체가 되는 지역 기술의 존중이기도 하며 다른 한편으로는 주민의 능력의 고취의 역할을 강조하는 것이다. 만일 이러한 자원이 지역의 내부에서 충전된다면 지역사회의 주체성과 고유성 및 지역사회의 사회자본의 수준을 강화하는데 실질적인 기여를 할 수 있을 것이다. 따라서 지역사회의 문화개발에 대한 성공은 다양하게 산재해 있는 지역사회의 자원을 어떻게 공유하고 활용하여 나갈 것인가에 대한 개발방향의 구심적 역할을 통하여 그 시너지 효과를 발현하느냐에 달려있다.

(3) 지역 절차의 존중 및 연대활동의 중요성

지역사회의 활동가는 지역사회 문화활동에 앞서서 그 지역사회에서 진행되는 일이 어떠한 절차에 의하여 어떠한 점이 고려되어야 하는지, 절차 등에 대하여 숙지하고 접근하는 것이 지역사회의 활동에 있어서 다양한 이해관계에 놓인 집단들에 대하여 대처하는 길이 될 것이다. 예를 들어 앞서 제시한 M구의 마을활동도 추진하고자 하는 사업이 전통을 존중하는 범위 내에서 지역사회에서 사용되는 법률이나 절차 통하여 설득력을 얻어갈 수 있도록 하는 노력이 선행되어 진행되었다.

그러므로 핵심적인 결정은 실질적인 참여자들의 권리이기도 하나 이것은 인근 다른 이해 관계자들의 협력을 전제로 하며 모든 지역사회개발 사업의 핵심요소는 지역사회와의 연대에 있으므로 관련 지역사회의 주도하에 올바른 '아젠다'가 형성되고 이에 따라 지역사회활동가는 지역사회와 더불어 활동할 수 있어야 한다는 것이다.

따라서 지역사회의 전문가는 지역사회를 통한 경험을 통하여 함께 성장하여야 하며 이러한 출발은 다수의 다양성을 포용하는 활동 안에 스며들어 결국 지역사회 문화를 통한 자원의 개발을 보다 풍성하게 하는 것에 기여할 수 있어야 한다. 이를 위해 필요한 것이 바로 다원주의의 개념이며 이는 지역사회의 개발에 보다 설득력을 부여한다. 이를 지지하고 있는 문화다원주의는 지역사회 내의 다양한 이해관계에서 또 하나의 이해를 통하여 다양한 관계를 흡수하고 건강한 상호작용을 가능하게 하며 다양한 이해세력을 충족시킬 수 있는 최선의 방법으로 건강한 타협점을 도출하여 권력의 분산과 다양성이 자연스럽게 구현될 수 있도록 하는 올바른 생활양식의 체득을 가능하게 한다.

이러한 다원주의의 입장은 지역사회의 계급, 성, 인종과 같은 구조적인 요인이 상호 동등하다는 전제하에 올바른 사회의 변화 및 생태학적 사회정의를 실현하도록 하는 것에 도움이 되며 현대사회에 형성된 아젠다에 대하여 충분하고 다각적인 문화활성화 방안을 제시하는 데 기본적인 시각으로 작용할 수 있다.

이에 다원주의적 시각은 민주적 활동 및 지역화된 문화활동에 있어 바람직한 방향을 설정하는 것에 도움이 될 수 있을 것으로 전망된다. 이러한 사고는 기존의 세계관이나 단선적인 세계관을 부정하여 다양한 실재들의 다원성이 다양한 현장에 적용되고 재규정됨을 강조하고 있다. 변화하고 있는 담론은 푸코의 관념과도 밀접한 관련이 있다. 즉, 포스트모더니즘은 복합한 실재의 구축과 해체 그리고 재구축을 강조하는 개념이라 할 수 있다. 포스트모더니즘에 의하면 실재는 독립적이며 객관적으로 존재하기보다 실재의 구축과정 속에 있으며 이를 통하여 새로이 창출되는 것이다.

이는 기존의 모든 사물에 논리적인 질서를 부여하고자 하는 통합적 담론에서 나아가 진보와 합리의 개념 위에 다원적 가치를 상위에 두는 개념이기도 하다. 즉, 하나의 최선책이 존재한다는 사고보다 모든 일에는 다양한 경로의 대안들이 존재하고 있음을 제시하는 것이다.

따라서 다양성과 상이성이 존중될 수 있는 것이다. 이러한 개념은 지역사회의 개발에 기여하며 주체적인 자기성찰과 능력고취를 가능하게 하며 마을 만들기의 새로운 시너지 창출에 활용될 수 있을 것이다. 또한 진정한 상대주의적인 관점을 수용하여 다양한 개인적 해석을 존중하고 세계화의 일률화된 지향보다는 상호 공존을 위한 다양한 방법을 모색하게 하여 궁극적으로 지역사회 주민이 자발적으로 참여하고 실천하게 한다.

이는 지역사회의 문화활동의 활성화와 발전에 있어서 권력의 일부집중을 부정하고 평등성을 지향하고 자율성을 견지하며 환경과 인간과의 조화를 중요시하는 개념과도 부합되며 교육적 효과가 크다. 따라서 지역사회 문화활동의 개발을 위한 아래로부터의 변화, 또는 아래로부터의 실천이라는 관념은 지역지식과 기술, 문화, 자원 및 절차를 중시하는 태도를 통하여 각종 활동을 실천하기 위한 중요한 기반이 될 것이다.

이를 위하여 지역사회의 문화활동가는 기존관념을 재조직할 수 있는 새로운 사고체계를 통하여 성찰적인 자세를 가지고 지역사회의 무한한 자원을 통합하고 가치를 발견하며 무력한 주민들의 능력을 고취하고 이를 기반으로 지역사회 주민들의 경험과 결합을 통하여 문화의 새로운 장을 형성해나가는 데 지역사회의 활동가로 능력을 발휘해나가야 할 것이다.

(4) 인간과 지역사회의 관계

지역사회의 문화활성화 방안은 지역사회의 자원을 고려한 자체적인 역량강화와 지속적인 발전이 상당 정도 전제가 되어야 한다. 즉, 지역사회 자원을 활용한 이슈와 문제 정의 그리고 의식 향상과 조직화는 지역의 내부적이고 외부적인 사회 및 경제적 위상을 높이고, 지역사회의 문화와 환경을 고려한 인격적이며 정신적인 개발로 발전하는 것에 있어서 중요한 선행요건이 된다는 것이다. 또한 이것은 지역사회의 욕구와 문제를 재규명하고 필요한 기관을 설립하거나 각종 프로젝트를 개발하는 등의 절차적 욕구와 사회적인 맥락에서 지역사회의 문제정의와 개발과정의 이해를 돕는 구조적 이슈 등을 고려할 때에 있어서도 선행적으로 생각해보아야 할 요인이 되어야 함을 제시한 바 있다.

그런데 이를 위해 어떻게 지역사회의 참여적 문화활동으로 가능하게 할 것인가가 중요한 논점이다. 이러한 활동은 지역주민들의 인격적 상호작용을 자연스럽게 도모할 뿐 아니라 지역사회의 보호 그리고 지역사회 기반의 휴먼서비스의 전제조건을 제공할 수 있으며, 삶의 의의와 가치를 찾는 인격적 성장과 개발에도 도움을 줄 수 있는 무한 잠재력을 가지고 있다. 다시 말해 지역의 문화적 지역 고유화는 지역자본의 이익과 시장개척에 중요한 역할을 하며 지역사회의 문화적 다원성에 있어서도 중요한 역할을 할 수 있고 마을주민의 건강성을 도모할 수 있다. 앞서 살펴본 지역사회의 문화강화와 자율성 그리고 아래로부터의 변화를 통한 평등적 사회에도 기여하는 바가 크다. 물론 이러한 지역문화의 참여와 활성화에는 지역사회 주민의 의식고양과 결속력, 조직화 자원의 활용 등이 선행되어야 하며 이를 발견할 수 있도록 지원하는 전문가의 역할안배 등도 중요하다는 것도 간과해서는 안 될 것이다.

무엇보다 중요한 것은 이러한 지역사회의 주체적 활동이 현대사회에서 소멸되어가는 지역의 문화와 정체성과 사회적 자본의 창출을 가능하게 한다는 것이다. 즉, 문화자원을 통한 지역사회의 주체성과 사회적 유대감의 형성은 상기 지역사회 발전을 통합적으로 아우르는 것에 있어 중요하게 고려될 수 있는 매개체가 될 수 있다. 이와 같은 것은 보다 광범위하게 정의되는 사회적 자본창출에도 심대한 영향을 미치며, 현재 활발히 추진되고 있는 마을의 문화 만들기의 중심이슈에서도 적용될 수 있을 것이다.

이에 M구 골목축제는 이러한 문화자본의 창출이 지역으로 하여금 사회·경제적으로 주체적이며 독립적인 지역사회로 거듭남에 있어 그 중추적인 역할을 할 수 있는 잠재력을 보다 구체적으로 확인할 수 있다. 이러한 사실은 지역적인 것이 곧 세계적이라는 의미의 중요성을 깊이 간파하는 것이다.

그러므로 향후 지역사회의 고유의 문화를 발견하는 안목을 기르고 시장성 그리고 이를 통한 사회적 자본의 창출은 지역사회의 연대에 있어서 중요한 이슈가 될 것이며 개인과 청소년과 지역과 사회를 연결하는 의미있는 연결망으로 기능하는 고유의 자생수단이 될 수 있다는 것에 주목하는 것이 필요하다. 나아가 지역공동체를 위한 네트워크의 형성은 혈연이나 성별 혹은 인종의 구조적인 특징에서 오는 분열과 편견 그리고 불평등을 극복하는 건강한 사회문화에 한발 더 가까이 접근할 수 있도록 하는 매개체가 될 수 있을 것이다.

이제 우리 지역사회는 보다 복합적이고 다원적인 지역사회 문화의 개발개념을 고민해야 할 때이며, 이를 통해 문화의 가치와 지역사회 개발의 가능성 구현을 모색해야 할 때이며 이러한 시점에서 인간행동과 사회환경에 대한 이해는 중요한 함의를 갖는다.

참고문헌

강명숙(2008), 장애인생활시설 생활재활교사의 직무환경이 시설장애인의 서비스 질에 미치는 영향연구. 대구대학교 사회복지대학원 석사학위논문.

강민철(2009), 장애인생활시설 직무특성과 조직특성이 종사자의 직무태도에 미치는 영향. 대구대학교 대학원 석사학위논문.

강신욱 · 노대명 · 우선희(2012), 「한국의 사회통합의식에 대한 연구」, 사회통합위원회.

강영식(2006), 사회복지사의 자기효능감이 직무만족에 미치는 영향, 「사회복지정책」, 26: 123-148.

강용규(2010), 「사회복지행정론」, 공동체.

강제상(2001), 환경분야의 정부 및 NGO 관계의 정책방향, 「자치행정연구」, 한양대학교 출판부.

강종수(2006), 사회복지조직의 조직구조와 효과성의 관계에 관한 연구. 「복지행정논총」, 16(2): 287-311.

강철희 · 김교성(2003), 사회복지사의 조직몰입에 관한 연구, 「한국사회복지학」, 53: 257-283.

강철희 · 정무성(2002), 사회복지서비스 기관의 조직성과에 관한 연구: 서울시 지역사회복지관의 질 산출(quality output)을 중심으로, 「한국사회복지학」, 49: 343-378.

강현주 · 조상미(2010), 사회복지 종사자의 직무만족에 관한 연구경향 분석, 「한국사회복지행정학」, 12(1): 301-335.

강흥구(2001), 조직문화가 조직유효성에 미치는 영향에 관한 연구: 의료사회복지사의 인식을 중심으로, 「한국사회복지학」, 47: 7-33.

고명석(2008), 사회복지생활시설종사자의인권의식에관한연구. 서울기독교대학교 대학원 박사학위논문.

구연원(2006), 조직문화 유형과 리더십 유형이 조직유효성에 미치는 영향에 관한연구, 용인대학교 박사학위논문.

권영미(2011), 장애인생활시설 생활재활교사의 직무만족도가 서비스 질에 미치는 영향. 경운대학교 대학원 석사학위논문.

권용신(2009), 자활서비스 질이 자활의지에 미치는 영향에 대한 직무만족의 매개효과, 대구대학교 박사학위논문.

길정미(2012), 특수교사의 직무자율성이 주도적 행동과 조직몰입에 미치는 영향, 용인대학교 대학원 석사학위논문.

김경미(2013), 정신보건시설 사회복지사의 인권태도에 관한 연구. 가톨릭대학교 사회복지대학원 석사학위논문.

김경희(2000), 사회복지관 사회복지사의 책무성에 영향을 미치는 변인. 서울여자대학교 박사학위논문.

김경희(2010), 노인재가센터 리더쉽과 팔로어쉽이 조직효과성에 미치는 영향, 「한국조직학회보」, 7(3): 127-146.

김근식(1995), 지역사회내 교정처우 프로그램의 효과성 분석에 관한 연구: 사회통합 척도를 통한 프로그램 산출평가, 연세대학교 박사학위논문.

김기수(2006), 사회복지사의 인권관점이 실천유형에 미치는 영향연구. 목원대학교 대학원 석사학위논문.

김막래(2010), 조직문화가 조직몰입에 미치는 영향, 광운대학교 박사학위논문.

김문동(2007), 장애인 복지시설 서비스 질의 결정요인에 관한 연구, 한양대학교 대학원 박사학위논문.

김문동, 이희선(2008), 장애인복지시설 서비스 질의 결정요인: 시설사회화 요인을 중심으로, 「한국정책과학학회보」, 12(2): 1-28.

김미선, 남숙경(2013), 특성화고 남학생들의 진로결정에 있어 개인주의－집단주의 성향과 학교생활만족도와의 관계: 진로결정 자율성의 매개역할, 「교육방법연구」, 25(4): 771-790.

김미옥, 정진경, 김희성(2008), 장애인 거주시설의 인권연구: 장애인당사자와 종사자의 인식을 중심으로, 「사회복지정책」, 389-422.

김병섭, 박광국, 조경호(2003), 「조직의 이해와 관리」, 대형문화사.

김선희(2007), 노인복지시설 종사자들의 여가태도, 여가만족과 조직유효성이 인과모형에 관한 연구, 「한국스포츠리서치」, 18(3): 105-116.

김성희 외(2013), 「중증장애인 보호 종합대책 수립을 위한 정책 연구」, 보건복지부 · 한국보건사회연구원.

김수영(1999), 여성장애인의 사회통합을 위한 사회심리 재활에 관한 연구, 대구대학교 박사학위논문.

김영춘(2011), 사회복지조직의 조직효과성 영향요인 연구, 원광대학교 박사학위논문.

김용득, 김진우, 유동철(2007), 「한국장애인복지의 이해」, 인간과복지.

김용득, 변경희, 임성만, 강희설, 이정호, 장기성, 전권일, 조순주(2007), 「장애인거주시설 서비스 기능과 구조의 혁신 방안」, 보건복지부·성공회대학교 사회복지연구소.

김용득, 이동석 역(2013), 「장애인 중심 사회서비스 정책과 실천」, John Glasby and Rosemary Littlechild(2009), *Direct Payments and Personal Budgets*, 한국장애인재단 · 올벼.

김윤태(2012), 1990년대 식량난 이후 북한주민의 생애경험이 인권의식형성에 미치는 영향연구, 연세대학교 대학원 박사학위논문.

김은희(2007), 지식경영이 사회복지조직의 유효성에 미치는 영향, 한영신학대학교 박사학위논문.

김자영(2012), 청소년 인권의식의 유형 및 영향요인에 관한 연구, 서울대학교 대학원 박사학위논문.

김재경(2006), 조직구성원의 성격유형과 조직효과성에 관한 연구 :사회복지관을 중심으로, 광운대학교 박사학위논문.

김재근(2010), 가맹점 사업자의 기업가정신이 파트너십과 가맹점 경영성과에 미치는 영향 : 자율성의 매개효과를 중심으로, 광운대학교 대학원 박사학위논문.

김종인(1998), 우리나라 장애인의 사회통합과 지도자의 역할, 「나사렛 논총」.

김종인(2001). 선진국의 자립생활 실제, 보건복지부 국립재활원 제21회장애인의 날 기념 재활세미나.

김종진(2005), 리더쉽과 조직문화가 조직유효성에 미치는 영향 : 국립대학을 대상으로, 충북대학교 박사학위논문.

김준기, 이민호(2006), 한국의 네트워크 거버넌스에 관한 연구: 사회복지관의 네트워크와 조직 효과성, 「행정논총」, 4(1): 91-126.

김지호(2011), 장애인거주시설 종사자의 인권의식에 영향을 미치는 요인에 관한 연구. 공주대학교 대학원 석사학위논문.

김태진 외(2000), 「지역사회복지 발전과정분석」, 사회복지개발연구.

김한솔(2012), 인권의식과 국민정체성 인식유형이 문화 간 감수성에 미치는 영향. 서울대학교 대학원 석사학위논문.

김형진(2013), Big 5 성격이 성과 및 만족에 미치는 영향 : 자율성과 조직후원인식의 조절효과 검증, 전남대학교 대학원 석사학위논문.

김혜정(2002), 고등학생의 인권태도에 영향을 미치는 심리사회적 요인에 관한연구. 이화여자대학교 대학원 석사학위논문.

김홍근(2015), 프랜차이즈 관리자에 대한 통제가 성과에 미치는 메커니즘에 관한 연구 : 직무자율성의 조절효과를 중심으로, 부경대학교 대학원 박사학위논문.

김홍수(2014), 사회복지시설종사자의 인권의식이 학대행위에 미치는 영향, 박사학위논문.

김희진(2013), 장애아동부모의 양육경험과 사회복지서비스 관계에 대한 연구 : 뇌병변장애 · 지적장애를 중심으로, 성신여자대학교 대학원 석사학위논문.

금민지(2015), 마음챙김이 사회초년생의 직무만족에 미치는 영향 : 자율성과 자율적 일동기를 매개로, 서울불교대학원대학교 석사학위논문.

남기예(2009), 노인복지관 관장의 변혁적 리더쉽과 조직효과성 간의 관계, 청주대학교 박사학위논문.

남시권(2010), 장애인생활시설 생활재활교사의 직무스트레스가 서비스 질에 미치는 영향, 대구대학교 사회복지대학원 석사학위논문.

노대명(2009), 사회통합의 현황과 향후 정책과제, 「보건복지포럼」, 150: 6-19.

노대명, 이현주, 강신욱, 강은정, 전지현, 이은혜(2009), 「사회통합을 위한 과제 및 추진전략」, 한국보건사회연구원.

노대명, 강신욱, 전지현(2010), 「한국 사회통합지표 연구」, 사회통합위원회, 한국보건사회연구원.

노혜정(2008), 지적장애인생활시설 생활재활교사의 직무만족이 서비스질에 미치는 영향, 대구대학교 사회복지대학원 석사학위논문.

문형표(1994), 사회통합의 의의 및 정책적 과제, 「사회복지 겨울호」, 59-64.

민진(2003), 조직효과성에 관한 개념정의의 분석 및 재개념화, 「한국행정학보」, 37(2): 83-104.

박수경(1997), 산업재해 장애인의 사회통합에 영향을 미치는 요인에 관한 연구, 연세대학교 박사학위논문.

박수경(2006), 자립생활 패러다임에 따른 장애인의 사회통합에 관한 연구, 「한국사회복지학」, 58(2): 237-264.

박영국(2008), 사회복지 조직관리자의 리더쉽이 조직시민행동과 조직유효성에 미치는 영향, 대구대학교 박사학위논문.

박영준(2003), 생활시설의 조직문화와 사회복지사의 능력강화가 조직유효성에 미치는 영향, 대구대학교 박사학위논문.

박영준(2006), 생활시설 사회복지사의 조직문화 임파워먼트 그리고 조직 유효성과의 인과모형에 관한연구, 「한국사회복지행정학」, 8(1): 67-97.

박영희(2009), 전문상담교사 직무만족도에 영향 미치는 변인 탐구 : 전문상담교사가 지각하는 자율성과 소속 기관장의 리더십 중심으로, 성균관대학교 대학원 석사학위논문.

박정선(2007), 사회복지사의 인권감수성과 인권현안 인식에 관한 연구. 성공회대학교 시민사회복지대학원 석사학위논문.

박상준, 임태승(2010), 초등학생의 인권의식 발달에 관한 연구: 인권판단력의 발달을 중심으로, 「법과 인권교육연구」, 3(2): 39-58.

박지혜, 박은주, 조상미(2009), 사회복지조직의 조직효과성 연구경향 분석, 「한국사회복지학」, 61(1): 33-55.

박태영(2006), 「사회복지시설운영론」, 학현사.

백은령(2003), 지체장애인의 삶의질에 양향을 미치는 요인에 관한 연구, 가톨릭대학교 박사학위논문.

배준호, 신홍철(2002), 호텔조리부서 종사원의 직무스트레스가 조직몰입에 미치는 영향 종사원 경력의 조절효과 중심으로, 「호텔경영학연구」, 18(3): 119-131.

변소현(1998), 장애인의 사회통합에 영향을 미치는 요인연구, 이화여자대학교 석사학위논문.

설진화(2001), 정신분열증 환자의 직업재활프로그램 모형개발에 관한 연구, 대구대학교 박사학위논문.

신영출(2006), 종합병원 의료서비스의 질 결정요인에 관한 연구, 서울시립대학교 대학원 박사학위논문.

신현석(2005), 장애인 생활시설 생활재활교사의 임파워먼트가 서비스 질에 미치는 영향, 대구대학교 대학원 박사학위논문.

신호선 (2003), 장애인 인권 실태와 개선방안에 관한 연구. 한국교원대학교 윤리교육학과 석사학위논문.

심영미(2011), 노인복지서비스전달체계의 효과성 평가, 경기대학교 대학원 박사학위논문.

양승초(2009), 사회복지서비스 조직의 자율성에 관한 연구 : 종합사회복지관을 중심으로, 가톨릭대학교 대학원 석사학위논문.

양점도, 이경은(2001), 사회복지관 관리자의 리더쉽 IQ와 조직효과성에 관한 연구, 「복지행정논총」, 11(2): 121-147.

오세윤(2000), SERVQUAL척도를 활용한 행정서비스 만족도 평가, 「정책분석평가회회보」, 10(2): 73-90.

오창근(2005), 지방자치단체 공공서비스 성과평가, 대구대학교 대학원 박사학위논문.

우양호, 김인(2006), 행정서비스 품질 평가척도의 적합성 비교에 관한 연구, 「지방정부연구」, 10(1): 153-179.

이기규(2004), 「인권교육의 현실과 방향성」, 학교인권위원회 통권 54호.

이규리 외(2000), 장애청소년 어머니의 삶의 질 변인연구, 「김천대학 논문집」, 25.

이민홍, 최재성(2003), 사회복지 조직 간의 상호협력이 조직효과성에 미치는 영향, 「정책분석평가학회보」, 13(1): 25-46.

이병석(2005), 우리나라 기업 조직 구성원들이 인식한 CEO의 리더쉽 스타일이 조직효과성에 미치는 영향에 관한 연구, 영남대학교박사학위논문.

이석미, 이은영, 조상미(2009), 휴먼 서비스 조직의 조직 효과성, 「한국 사회복지행정학」, 11(3): 33-68.

이수태(2009), 조직유형별 조직 효과성의 영향요인에 관한 연구, 서울시립대학교 박사학위논문.

이신정(2011), 사회서비스 성과평가 체계 개발에 관한 연구 : 사회복지관 성과평가를 중심으로, 신라대학교 대학원 박사학위논문.

이명식(2010), 「서비스 마케팅」, 서울: 형설출판사.

이용재, 이근정(2000), 사회복지관의 조직효과성에 관한 연구; 조직풍토와 직무만족도의 상관성을 중심으로, 「사회복지연구」, 33: 122-145.

이영희(2010). 장애인생활시설 생활재활교사의 조직몰입이 서비스의 질에 미치는 영향. 대구한의대학교 대학원 박사학위논문.

이완영(2007), 사회복지시설의 입소자의 인권에 관한 연구－장애인생활시설을 중심으로. 숭실대학교 대학원 석사학위논문.

이종남(2005), 장애인복지관의 서비스 지향성이 조직효과성에 미치는 영향, 가톨릭 대학교박사학위논문.

이종복(1989), 「사회복지시설과 지역사회」, 범론사.

이영선, 최낙관(2010), 요양보호사의 전문성이 서비스 질에 미치는 영향, 「한국자치행정학회보」, 24(2): 190-210.

이익섭(1994), 2000년대 장애인복지이념정립을 위한 고찰, 재활심포지움 장애인재활협회.

이익섭(1999), 장애인 사회통합의 지수 개발과 측정에 관한 연구, 「한국사회복지학」, 38, 206-233.

임성옥(2005), 사회복지사의 갈등지각 수준 및 갈등관리 방법과 조직 효과성의 관계에 관한 연구, 「정부학연구」, 11(1): 242-266.

임혁(2009), 정신보건사회복지서비스 질의 결정요인에 관한 연구, 부산대학교 대학원 박사학위논문.

임현철(2010), 조직구성원의 성격 요인(HEXACO)과 조직성과 간의 관계에 관한 연구 : 조직지원인식의 매개효과와 직무자율성의 조절효과 검증을 중심으로, 영남대학교대학원 박사학위논문.

장신재(2003), 사회복지전담공무원의 임파워먼트에 영향을 미치는 요인에 관한 연구, 연세대학교 대학원 박사학위논문.

전혜승, 최재성(1999), 부랑인시설의 조직효과성 분석 체계이론과 목표달성 모델을 중심으로, 「한국사회복지행정학」, 창간호 119-156.

정광호, 권기헌(2003), 비영리조직의 자율성과 자원의존성에 관한 실증연구 : 문화예술단체를 중심으로, 「한국정책학회보」, 12(1): 127-149.

정교영(2011), 자기결정이론을 근거로 한 부모교육 프로그램 개발 및 효과검증, 아주대학교

대학원 박사학위논문.

정명선(2015), 감정노동이 조직몰입에 미치는 영향: 직무스트레스의 매개효과와 자율성의 조절효과, 「상담학연구」, 16(3): 121-138.

정연욱(2010), 자원봉사센터의 서비스 지향성이 조직효과성에 미치는 영향, 대구대학교 박사학위논문.

정희정(2013). 익산시 장애인거주시설의 언어치료 현황 및 사회복지사의 언어치료에 대한 인식. 원광대학교 동서보완의학대학원 석사학위논문.

조윤식(2003), 고객만족과 SERVQUAL의 동일 구성개념 여부에 관한 연구, 「관광레저연구」, 14(3), 287-304.

조윤희(2016), 청소년이 지각한 모의 감독 및 심리적 통제가 주관적 안녕감에 미치는 영향: 자율성, 유능성, 관계성의 매개효과, 한양대학교 대학원 박사학위논문.

조정아(2004), 사회복지기관의 조직풍토와 조직효과성에 관한 연구: 서울시 사회복지관을 중심으로, 「나눔연구」, 5: 321-372.

조해일(2005), 생활재활교사의 양육태도가 장애아동의 사회성발달에 미치는 영향 : 정신지체아동을 중심으로, 성결대학교 대학원 석사학위논문.

주리애(2009), 노인복지시설의 조직문화와 조직유효성 관계에서 종사자의 임파워먼트 조절효과, 광주대학교 박사학위논문.

지은구(2007), 「사회복지조직연구」, 청목출판사.

차미숙, 임은선, 김혜승, 윤윤정, 이현주, 강신욱, 전지현, 박수진 외(2011), 사회통합을 위한 지역적 대응과제: 지역사회통합지수 개발 및 활용방안 협동연구보고서」, 국토연구원.

최경식, 김재열(2005), 병원내부서비스 품질과 경영성과와의 관계–내부구성원 만족과 유지, 서비스 가치, 고객지향성의 매개역할, 「회계연구」, 1: 139-161.

최상미(2010), 사회복지조직의 혁신에 영향을 미치는 요인에 관한 연구, 연세대학교 박사학위논문.

최상미, 최재성(2006), 사회복지지조직의 서비스 지향성이 조직성과에 미치는 영향, 서울시 사회복지관을 중심으로, 「사회과학논집」, 37: 99-124.

최유미, 심성지(2009), 네트워크 관리태도가 조직효과성에 미치는 영향 연구: 네트워크 거버넌스 이론을 중심으로, 「한국지역사회복지학회」, 29(1): 1-30.

최재성(2002), 사회복지조직의 집단화 체인화 현상에 대한 연구, 사회복지관의 집단화가 조직성과에 미치는 영향분석을 중심으로, 「한국사회복지학」, 49: 296-318.

최창욱, 조혜영(2011), 청소년 도덕성 발달 검사도구 활용방안 및 과제, 한국윤리교육학회 학술대회, 479-497.

추교선(2013), 사회복지관의 자율성 정도가 조직성과에 미치는 영향 : 직무소진과 리더십의 매개효과를 중심으로, 경기대학교 대학원박사학위논문.

추병완(1999), 콜버그 道德的推論의 價値敎育에의 適用過程, 서울대학교 대학원 석사학위논문.

한봉주(2011), 조직문화 리더쉽과 구성원 태도간의 변화 2007년과 2010년의 비교를 중심으로 「한국조직학회보」, 123-160.

한용외(2011), 다문화복지조직 네트워크 특성이 조직 효과성에 미치는 영향에 관한 연구, 숭실대학교 박사학위논문.

황성철, 정무성, 강철희, 최재성(2006), 「사회복지행정론」, 학현사.

황성철(2002), 사회복지기관 리더쉽 유형이 조직 효과성에 미치는 영향: 변혁적 · 거래적 리더쉽을 중심으로, 「한국사회복지행정학」, 8: 135-157.

황수정(2001), 장애인공동생활가정 정신지체인의 사회통합에 영향을 미치는 요인에 대한 연구, 이화여자대학교 석사학위논문.

황정은, 정무성(2011), 사회적기업 장애인 근로자의 직무만족에 영향을 미치는 요인에 관한 연구, 「장애와고용」, 21(2): 247-271.

Abrams, Laura Sue (2000), *Social Context, Gender, and Youth Development: An Exploratory Study of Sociocultural Variations Among At-Risk*, Adolescent Girls. Unpublished doctoral dissertation. University of California at Berkeley.

Allen, N, J. & J, P. Meyer (1991), A Three Component Conceptualization of Organizational Commitment, *Human Resources Management Review, 1*(1), 61-89.

Anderson, C. & Zeithmal, C. P. (1984), Stage of The Product Life Cycle, Business Strategy, and Business Performance, *Academy of Management Journal, 27*, 5-24.

Anderson, Lakin, Hill & Chen (1992), Social Integration of Older persons with mental retardation in residential facilities, *American Journal of mental retardation.*

Baker, R. L. (1995), *The Social Work Dictionary*, Washington, D.C.: NASA Press.

Baldwin, J. H., Rawlings, A., Marshall, E. S., Conger, C. O., & Abbott, K. A. (1999), Mom empowerment, too! : A program for young mothers involved in substance abuse, *Public Health Nursing, 16*(6), 376-383.

Bandura, A. (1982), Self-efficacy mechanism in Human Agency, *American Psychologist, 37*, 122-147.

Bandura, A. A., & Wood, R. E. (1989), Effect of perceived controllability and performance standards on self-regulation of complex decision making, *Journal of Personality and Social Psychology, 56*, 805-814.

Bandura, Albert (1977), *Social Learning Theory*, Englewood Cliffs, New Jersey: Prentice-Hall.

Batsche, G. M., & Knoff, H. M. (1994), Bullies and their victims : Understanding a pervasive problem in the schools, *School Psychology Review, 23*(2), 165-174.

Bem, S. L. (1974), "The Measurement of Psychological Androgyny", *Journal of Consulting and Clinical Psychology, 42*, 155-162.

Bentley, K. & Taylor, M. A. (2002), *Context and Vision for Excellence in Social Work Practice in Contemporary Mental Health Settings, Social Work in Mental Health Contemporary Roles, Tasks, and Techniques*(Bentley, K. Ed.), CA: Brooks/Cole, 1-17.

Betz, N. E., & Hackett, G. (1981), The relationship of career-related self-efficacy expectations to perceived career options in college women and men, *Journal of Counseling Psychology, 28*, 399-410.

Bitner, M. J., Boms, B. M., & Tetreault, M. S. (1990), The Service Encounter: Diagnosing Favorable and Unfavorable Incidents, *Journal of Marketing, 54*(1), 71-84.

Brennan, T., F. Blanchard, D. Huizinga & D. Eliott (1975), *The Incidence and the Nature of Runaway Behavior*, Behavioral Research and Evaluation Corporation.

Brown I. R. (1988), Quality of Life for People with Disabilities, Stanley Thornes Publishers Ltd.

Bruno, K., England E., & Camblias, C. (2002), *Social and Emotional Learning Program for Elementary School Students : A Pilot study*, Pennsylvania: Evaluative Report.

Burn, S. M. (1996), *The Social Psychology of Gender*, N. Y. Mc Graw-Hill.

Campos, J. J., Mumme, D. L., Kermoian, R., & Campos, R. G. (1994), A functionalist perspective on the nature of emotion. In N. Fox (Ed.), The development of emotion regulation. *Monographs of the Society for Research in Child Development, 59*, 284-303.

Castleberry, S. B., & Mclntyre, E. S. (1993), Consumers Quality Evaluation Process, *Journal of Applied Business Research, 8*(4), 74-82.

Chan, J., To, H. & Chan, E. (2006), Reconsidering Social Cohesion: Developing a Definition and Analytical Framework for Empirical Research, *Social Indicators Research, 75*, 273-302.

Chang Hyeon, Choi, & Yong whan Lee (2011), *The Efficient Reorganization of the Contents related Industries*, The Hansun Foundation.

Cook, E. P. (1985), *Psychological Androgyny*, New York: Pergamon Press.

Coopersmith, S. (1967), *The antecedents of self-esteem*, W. H. Freeman.

Cronin, J. J., & Talor, S. A. (1992), A Measuring Service Quality: A Reexamination and Extenuation, *Journal of Marketing, 56*(2), 56-68.

Cungsik, Jung (2010), The Reorganization for the IT Industries, *Korean Society and Public*

Administration Studies, 21, 3.

Ely, P. W. (1991), *Quality of Life and Social Integration of Psychiatrically Disabled Citizens in Community Residences*, Ann Arbor: University Micr of ilms International.

English, C. J. (1973), Leaving Home : A Typology of Runaways, *Society, 10*(5).

Etzioni (1964), *Modern Organization*, Englewood Cliff, New Jersey: Prentice-Hall. Inc.

European Commission's Directorate-General for Employment and Social Affair (2004), Joint Report on Social Inclusion, Brussels: European Social and Economic Policy Center.

Freire, P. (1970), *Pedagogy of the oppressed*, The Continue Publishing Corporation.

Fukuyama, F. (1995), *Trust: The Social Virtues and the Creation of Prosperity*, New York: Simon and Schuster.

Garbarino, J., Shellenbach, C. J. & Sebes, J. M. (Eds.), *Troubled Youth, Troubled Families: Understanding Families At Risk for Adolescent Maltreatment*. New York: Aldine Publishing Company.

Gilmer, B. H. (1966), *Industrial Psychology*(2nd ed.), Tokyo: McGraw-Hill.

Ginzberg, E. (1951), *Career Maturity Inventory Theory to General Theory*, New York: Columbia University Press.

Goran & Ekvall (1987), *The Climate Metapho in Organization Theory, Advances in Organizational Psychology*, Bemard M. Bass & Pieter J, D, Drenth(Ed.), 177-190.

Gribbons, W. D., & P. R. Lohnes (1964), Relationship among measures of readiness for vocational planning, *Journal of Counseling Psychology, 41*, 13-20.

Grolnick, W. S., Bridges, L. J., Connell, J. P. (1996), Emotion Regulation in two-year-olds : Strategies and Emotional Expression in Four Contexts, *Child Development*, 67, 928-941.

Gronroos, C. (1984), A Service Quality Model and Its Marketing Implication, *European Journal of Marketing, 18*(4), 37-40.

Hackman, J, & Oldham, G. (1976), Motivation Through the Design of Work, *Organizational Behavior and Human Performance, 16*, 250-279.

Harren, V. A. (1979). A model of career decision-making for college students. *Journal of vocational behavior, 14*, 119-133.

Haywood-Farmer, J., & Stuart, F. I. (1990), An Instrument to Measure the Degree of Professionalism in a Professional Service, Service Industries, *Journal, 10*, 336-347.

Heimer, K. (1989), *Sex, Interaction, and Delinquency*, Ph.D. dissertatation, University of Wisconsisn-Madison.

Hermann, H. (1997), *An investigation of the relationship of teacher language to social com-*

petence of preschool children in accredited and non-accredited early childhood programs, Unpublished Doctoral Dissertation, America University.

Herzberg, F., *Work and The Nature of Man*, Clevel and World Publishing.

Hirschi, Travis (1969), *Causes of Delinquency*, Berkeley, CA: University of California Press.

Homer, L. E. (1973), Community-Based Resource for Runaway Girl, *Juvenile Justice*, 23.

Jung, Won (2012), *The Policy Implications of the foreign Cases of the ICT Governance*, Proceedings of KAPA.

Katz, D. & Kahn, R. L.(1978), *The Social psychology of Organization*(2nd ed.), New York: John Wiley.

Kaufamn, J., & Cicchetti, D. (1989), Effects of maltreatment on school-age children's socioemotional development : Assessment in a day-camp setting. *Development Psychology*, 25, 516-524.

Kennedy, C. (1989), Community Integration and Well-Being: Toward the Goal of Community Care, *Journal of Social Issue, 45*(3), 124-128.

Kettner, P. M., Morony, R. M., & Martin, L. L. (1990), *Designing and Managing Program*, New Bury Park: SAGE Publications.

Kipke, M. D., Simon, T. R., Montgomery, S. B., Unger, J. B., & Iversen, E. F. (1997), Homeless youth and their exposure to and involvement in violence while living on the streets, *Journal of Adolescent Health, 20*(5).

Kliewer, W. (1991), Coping in middle childhood : Relations to competence, type A behavior, monitoring, blunting, and locus of control. *Developmental Psychology*, 27, 689-697.

Krauss, M. W., Seltzer, M., & Goodman. J. (1992), Social Support Networks of Adults With Mental Retardation Who at home, *American Journal on Mental Retardation*.

Kurtz, P. S., Jarvis, S. V., & Kurtz, G. L. (1991), Problems of homeless youth: Empirical findings and human services issues, *Social Work, 36*(4).

Kwan, Chi-fai (2000), *Gender, Identity, and Suicidality: A Study of Adolescents in Macau*, Unpublished doctoral dissertation. The Chinese University of Hong Kong.

Lazarus, A. A. (1971), *Behavior therapy and beyond*, New York: Mcgraw-Hill.

Lazzo, D. A. (1993), The relationship between undergraduates' locus of control and career development, *Journal of College Student Personal*, 34(3), 227.

Lee, Jong Yeoul (2012), *The Age of Convergence, The Direction of Creative Governance*, The Association of Cultural Administration Studies.

Lent, R. W. & Hackett, G. (1987), Career self-efficacy :Empirical status and future directions,

Journal of Vocational Behavior, 30, 347-382.

Lickona, T. (1991), Educating for Character: How Our Schools Can Teach Respect and Responsibility, 박장호, 추병완 역(1998), 인격교육론, 백의.

Locke, E. A. (1976), The Nature Causes of Job Satisfaction, I. M. D. Dunnette(Ed.), *Handbook of industrial and Organization Psychology*, 1293-1349.

Martin, L., & Kettner, P. (1997), Performance Measurement: The New Accountability, *Administration in Social Work, 21*(1), 17-29.

Matsueda, R. L. (1992), Reflected appraisals, parental labeling, and delinquency: Specifying a symbolic interactionist theory, *American Journal of Sociology, 97*(6).

Matthews, G., & Zeinder, M. (2000), Emotional intelligence, adaptation to stressful encounters, and health outcomes, In R. Bar-On & J. D. A. Parker (Eds.), *Handbook of emotional intelligence*(pp. 459-489), New York: Jossey-Bass.

Matthews, G., Zeinder, M., & Roberts, R. D. (2002), Can Emotional Intelligence Be Schooled? : A Critical Review, *Educational Psychologist, 37*(4), 215-231.

Miller, D., F. Hoffman, & R. Duggan (1980). *Runaways Illegal Aliens in Their Own Land*, N.Y.: Praeger Publishers.

Mowday, R., R. M. Steers, & L. W. Porter R. M. (1979), The Measurement of Organizational Commitment, *Journal of vocational Behavior, 14*, 224-227

Mowday, R., R. M. Steers, & L. W. Porter. R. M. (1982), *Employer Organization Link Ages: The Psychology of Commitment, Absenteeism and Turn over*, New York: Academic Press.

Mudrak, P. M. (2000). *An Investigation of the Relationship Between Personality Disorders and Gender Roles among Adolescents*. Unpublished doctoral dissertation. The Kent State University.

Myung Whan, Kim (2012), *The Roles and Patterns of the ICT Governance*, The Proceeding of the KAPA.

Oliver, R. L. (1980), A Cognitive Model of the Antecedents and Consequences of Satisfaction Decisions, *Journal of Marketing, 49*, 41-50.

Parasuraman, A, Zenithaml, V. & Berry. L. (1988), Communication and Control Presses in the Delivery of Service Quality, *Journal of Marketing, 52*(2), 35-48.

Parasuraman, A. (1988), SERVQUAL: A Multiple Scale for Measuring Consumer. Perceptions of Service Quality, *Journal of Retailing, 64*(1), 12-40.

Parasuraman, A., Berry, L. L., & Zeithmal, A. A. (1991), Refinement and Reassessment of the SERVQUAL Scale, *Journal of Retailing, 67*(4), 420-450.

Parasuraman, A., Zeithaml, V., & Berry, L.(1985), A Conceptual Model of Service Quality and its Implications for Future Research, *Journal of Marketing, 49*(4), 41-50.

Parsons, F. (1909). *Choosing a vocation.* Boston: Houghton Mifflin Company.

Patti, R. J. (1995), *Social Welfare Administration: Managing Social Programs in a Developmental Context.* Englewood Cliffs. NJ: Prentice Hall.

Power, A., Janet E. Loard, & Allison S. deFranco (2013), *Active Citizenship and Disability: Implementing the Personal ixation of Support*, Cambridge.

Price, J. S. (1968), *Organizational Effectiveness Inventory Preposition*, Homewood, Illinois: Richard D. Irwin. Inc.

Rest, J. R. (1983), Morality 556-629, in Handbook of child psychology. edited by P. H. Mussen, Vol.3, Cognitive Development, New York: Wiley.

Robbins, Stephen P. (1990), *Organization Theory: Structure, Design, and Applications*(3rd ed.), New York: Prentice-Hall. Inc.

Roberts, A. R. (1987), *Runaways and Non-runaways : An Exploratory Study of Adolescent and Parental Coping*, IL: The Dorsey Press.

Rogers, C. R. (1961a), *On becoming a person,* Boston: Houghton Mifflin Company.

Rogers, C. R. (1970b), *Carl Rogers on encounter groups,* Harper & Row.

Rosenfield S. (1992), Factors Contributing to the Subjective Quality of Life of the Chronic Mentally Ill, *Journal of Health and Social Behavior, 33.*

Sasser, W. E., Oslen, R. C., & Wyckoff, D. (1978), *Management of Service Organization: Text and Case*, Boston: Allyn and Bacon.

Schonert-Reichl, K. A., & Muller, J. R. (1996), Correlates of help-seeking in adolescence. *Journal of Youth and Adolescence, 25*, 705-732.

School, R. W. (1981), Differentiating Organizational Committment form Expectancy as a Motivating Force. *Academy of Management Review, 6.*

Segal, S. P. & V. Aviram (1978), *The Mentally Ill in Community-Based Sheltered Care : A Study of Community Care and Social Integration*, N.Y.: Springer Publishing Co.

Sheldon, M. E. (1971), Investment and Involvement as Mechanism Producing Commitment to the Organization. *Administrative science Quarterly, 16.*

Sherer, M., Maddux, J. E., Mercandants, B., Prentice-Dunn, S., & Jacobs, B. (1983), The self-efficacy scale: construction and validation, *Psychological Reports*, 51, 663-671.

Spence, J. T., & R. Helmreich (1979), On Assessing Androgyny, *Sex Roles*, 5, 721-738.

Springer, D. (2001), Runaway Adolescents: Today's Huckleberry Finn Crisis, *Brief Treatment and crisis Intervention*, 1.

Stryker, S. (2002), *Symbolic Interactionism: A Social Structural Version,* NJ: The Blackburn Press.

Super, D. E. (1953), A Theory of vocational development, *American Psychologist*, 8, 185-190.

Super, D. E. (1957), Applications of self-efficacy theory to the understanding and treatment of career indecision, *Journal of Vocational Behavior*, 22, 63-81.

Super, D. E. (1976), *Career educational and the meaning of work monographs on career education*, U. S. Office of Education.

Sutherland, E. H. (1947), *Principles of Criminology*(4th ed.), Chicago: J. B. Lippincott Company.

Swan, J. E. & Warren, S. M. (1979), Testing Comparison Level and Predictive Expectation Models of Satisfaction, *Advance in Consumer Research*, 77-82.

Taylor, M. C. & J. A. Hall (1982), Psychological Androgyny : Theories, Methods, and Conclusions. *Psychological Bulletin*, *92*, 347-366.

Taylor, S. J. & R. Bogdan(1990), *Quality of Life and the Individual's Perspective*, in R. L. Schalock(Ed.), Quality of Life :Perspectives and Issue, AAMR.

Tipton, R. M., & Worthington, E. L. (1984), The Measurement of generalized self-efficacy: A study of construct validity. *Journal of Personality Assessment*, *48*, 545-548.

Tyler, K. A., Hoyt, D. R., & L. B. Whitbeck (2000), The effects of early sexual abuse on later sexual victimization among female homeless and runaway adolescents, *Journal of Interpersonal Violence*, 15(3).

Wallerstein, N., & Bernstein, E. (1988), Empowerment education: Freire's ideas adapted to health education, *Health Education Quarterly*, 15(4), 379-394.

Whiteneck, G. G., Charlifue, S. W., Gerhart, K. A., Overholser J. D., & G. N. Richardson(1998), Quantifying Handicap :A New Measure of Long Term Rehabilitation Outcomes, *Archives of Physical Medicine and Rehabilitation, 73,* 519-526.

Willer, B., Rosentbal, M., Kreutzer, J. S., Gordon, W. A., & Renpal, R. (1993), Assessment of Community Integration Following Rehabilitation for Traumatic Brain Injury, *Journal of Head Traumatic Rehabilitation, 8*(2).

Wilson, E. (2006), *Defining and Measuring the Outcomes of Inclusive Community for People with Disability, Their Families and the Communities with Whom They Engage, from Ideology to Reality : Current Issues in Implementation of Intellectual Disability Policy : Proceedings of the Roundtable on Intelectual Disability Policy*, Bundoora: La Trobe Univerisity, 24-33.

Wilson, F. R. & E. P. Cook (1984), Concurrent Validity of Four Androgyny Instruments, *Sex*

Roles, 11, 813-837.

Winnick, J. P. (1996), *Adapted Physical Education & Sport*. Human Kineticts Company, Illinois.

Wonhee, Jung (2012), *The policy Implications of the Foreign Cases of the ICT Governance*, The Proceedings of the Summer Kapa.

Zeithaml, V., & Bitner, M.(1997), *Service Marketing*, Singapol Mcgraw-Hill Book Co.

인 명

가드너(Gardner) 144
강정애 209
고동우 257
글래서(Glasser) 86
김수영 248
김자영 230
김한솔 249
김혜정 227

나항진 159
노대명 236
놀튼(Nolten) 151

대프트(Daft) 186

레빈슨(Levinson) 253
로스웰(Rothwell) 121
리(Lee) 100

마틴 셀리그만 102
매슬로우(Maslow) 83
맥 클리랜드(Mc Clelland) 260

박대식 111
박수경 234
반두라(A. Bandura) 63
벡(Beck) 70
변소현 246
브론펜 브루너(Bronfenbrenner) 16
비네(Binet) 144
삐아제(Piaget) 53

사티어(Satir) 77
손다이크(Thorndike) 61
스키너(Skinner) 59
스프라이져(Spreitzer) 265
시몬느 드 보봐르(Simone de Beauvoir) 95

아들러(Adler) 37
안나 프로이드(Anna Freud) 31
안화선 111
에드워드 윌슨(Edward Wilson) 175
에릭슨(Erikson) 44
에스테스(Estes) 114
엘리스 68
월터 캐넌(Walter Cannon) 266
윤찬영 228
이기규 227
이익섭 246, 248
이훈구 110

정경옥 149
조휘일 260
짐 아이프(Jim Ife) 277

최준호 114

카를 융(Carl Gustav Jung) 34
칼 로저스(Carl Rogers) 79
코언(Cohen) 121
퀸(Quinn) 185

파블로브(Pavlov) 61
페스팅거(L. Festinger) 208
표갑수 149
프란츠 알렉산더(Franz Alexander) 267
프로이드(Freud) 25

내 용

(ㄱ)
가정의 순기능 217
가족 214
가족 내 의사소통 문화 220
가족문화 216
가치(value) 174
감성지능 145
강력한 조직문화 192
강점관점 108
개인 17
개인심리이론 40
개인심리학 37
개인지향문화 185
건강심리학 266
건강심리학의 배경 266
결혼 153
계층문화 185
고신뢰(high-trust) 조직문화 192
골목 275
공유성 165
구체적 조작기 140
국민총행복지수 124
권위주의적 성격 204
규범(norm) 174
긍정심리 102
긍정심리의 유용성 105
기업문화(corporate culture) 181
꿈의 해석 28

(ㄴ)
네겐트로피 222
노년기 14, 49, 156

(ㄷ)
다원주의의 입장 284
다원형 221
다중지능이론 144
대상영속성 132
대처 21
동기 91, 92, 260
동의형 220
동화 53
둘째아이 42
또래집단 148

(ㄹ)
라벨링 72
리비도 25

(ㅁ)
마치즈쿠리(まちつくり) 272
마키아벨리즘 205
막내 43
맏이 42
모델링 67
모방 63
무의식 27
문화 163
문화 복합 169
문화 체계 168
문화 특질 168
문화개발 278
문화결핍 167
문화의 접변 166
문화의 특성 173
문화이식 167
문화전수 166
문화지체 167
문화활성화 방안 285
물질문화 163

(ㅂ)
반동형성 33
방어기제 31
방임형 220
배회관리 182
변화 가능성 165
보호형 220
부모의 유형 221
부정 31
분석심리학 34
불안 31
비난형(blaming) 77
빈 의자 기법 28
빈둥지 증후군 155

(ㅅ)
사랑의 삼각형 99
사랑의 유형 100
사회 생물학 175
사회개발 278
사회계획 278
사회적 관심 41
사회적 애착 133
사회적 자본 280
사회적인 성(gender) 94
사회참여 259
사회통합 241
사회통합의 기본 전제 247
사회통합의식 248
산만형(irrelevant) 78
삶의 질 111, 213
삶의 질 구성요소 116
상대성 164
상상력 136
상상의 청중 58
상징 174
상호 교류 16
상호유기성 163
생물학적인 성(sex) 93
생애주기 253
생애주기의 단계별 특징 253
생태학(Ecology) 16
생활양식 39, 41
생활양식의 유형 43
성격 197
성격의 결정요인 198

성년기 14
성숙 129
성역할 96
성역할 정체감 96
세인의 모형 188
소통의 장 282
순환적 인과론 19
스마트폰 149
스키마 54, 71
스트레스 20
승화 34
시설의 통합화 239
신생아기 46
심리사회적 성격이론 44
심리사회적인 인간발달 8단계 46
심리적 안녕감 263

(ㅇ)

아니마 36
아니무스 36
아동기 13, 137
아트 페스티벌 274
양성성 97
억압 32
언어 175
엔트로피 222
여가의 사회화 257, 258
여가활동 257
역사성 164
역할 262
역할 혼미 48
역할갈등 263
역할이론 261
연령 통합사회 255
영아기 47, 131
영유아기 13
외동 43
원초아 26
유능성(competence) 18
유목화 140
유아기 47, 135
유전인자 129
의사소통유형 77
의식 27
인간과 지역사회의 관계 285
인간발달의 개념 11
인간발달의 원리 13
인간발달의 특징 11
인간의 발달단계에 따른 발달과업 29
인권 227
인권의식 230, 249
인지 64, 208
인지발달이론 53, 55
인지재구조화 60
인지치료 70
일치형 78
임파워먼트(역량강화) 265

(ㅈ)

자긍심(self-esteem) 205
자기 80
자기감시성(self-monitoring) 205
자기강화 65
자기실현 80
자기조절 64
자기통제력 137
자기효능감 63
자동적 사고 70

자아 26
자아방어기제 31
자아정체감 14
자아통합 14, 156
자원봉사활동 259
자율성 232
장애인 238
장애인 권리협약 234
장애인 사회통합의 개념 245
장애인 사회통합의 의의 246
장애인복지 243
저신뢰(low-trust) 문화 192
적응성(adaptation) 17
적응적 적합성 15
적합성(goodness of fit) 17
전략적으로 적합한 조직문화 193
전의식 27
전치 33
점성원리 12, 45
정상화 238
정서적 고립 32
정신문화 163
정신분석이론 25
정신분석학 200
정체문화 185
조작적 조건형성 59
조절 54
조직 성과 192
조직문화 181, 192
조직문화의 기능 190
주류문화 168
중 · 장년기 154
중년기 14, 49
지성화 33
지역문화 281
지역사회 개발 278
지역사회의 문화활성화 276
지역축제 273
지위비행 151
직선적 인과론 19
집단무의식 37
집단지향문화 185

(ㅊ)
창의성(creativity) 146
청년기 49
청소년 141
청소년기 14, 48, 140
청소년의 자아중심성 58
초이성형(super reasonable) 78
초자아 26
최면 27
충분히 기능하는 사람 81

(ㅋ)
커뮤니티 활성화 276
콤플렉스 36

(ㅌ)
태도의 개념 206
태도의 구성요소 206
태아 130
태아기 129
통제 위치 204
통합적 담론 284
퇴행 33
투사 32

(ㅍ)
페르소나 36
평등문화 185
평형 54
포스트모더니즘 284

(ㅎ)
하위문화 168
학령기 48
학령전기 48
학습 가능성 165
한국의 건강심리학회 268
합리적 정서치료(REBT) 68
합리화 32
해치 189
해치의 모형 189
핵심문화 163
행동문화 163
행동주의이론 60
행복 102
행복방정식 121
행복수칙 10가지 123
혁신문화 185
현상학적 79
환경 17
환경 속의 인간 15, 213
환경개발 278
환경에 적응하는 조직문화 193
환상 33
회유형(placating) 77

(A)~(Z)
5가지 기본욕구 86
5단계 욕구 위계 83
5대 성격특성 201
MBTI 35, 202
MBWA 182
SNS 149

저/자/약/력

■ **곽미정**

상명대학교에서 2013년 행정학 박사학위를 취득한 이후, 경기대학교에서 2015년 사회복지학 박사학위를 취득하였다. 그 밖에 단국대학교 행정학 학사, 한양대학교 사회학 석사, 성신여자대학교에서 사회복지학 석사학위를 취득하였다. 사회복지개발원의 수석연구원으로 활동하였으며, 현재 김포대학교 보건복지과 교수로 재직 중이다. 주요 관심 분야는 사회복지실천, 행정 및 정책 분야이다. 주요 저서로는 『노인복지론』(2016)과 주요 논문으로는 "청소년 임파워먼트 프로그램의 효과성 분석"(2014) 외 다수가 있다.

■ **최창현**

최창현은 뉴욕주립대학교에서 행정 및 정책학 박사를 취득하고, 현재 가톨릭관동대학교 행정학과 교수로 재직 중이다. 한국조직학회 회장 역임, 뉴욕주립대 록펠러 행정대학원 객원교수, RPI 테크노 경영대학원 초빙교수, 파고다 외국어학원 TOEIC 강사 역임하였고, 『Introducing Public Administration: Made Simple for TOEIC』(2016), 『국력이란 무엇인가』(2015), 『좋은 정부란 무엇인가?』(2012), 『복잡계로 바라본 조직관리』(2005) 등 40여 권의 저서와 역서가 있다.

■ **전미숙**

전미숙은 경기대학교 행정대학원에서 사회복지학 석사학위, 경기대학교 일반대학원에서 사회복지학 박사학위(2017)를 취득하였다. 현재 효자노치원 서수원점 대표로 기관을 운영 중이며, 수원여자대학교 겸임교수, 에듀윌 사회복지사 1급 전임교수(사회복지실천론, 사회복지실천기술론)로 활동 중이다. 주요 저서로는 『노인복지론』, 『사회복지실천론』, 『사회복지사 1급수험서』(에듀윌) 등이 있다.

■ **권 붕**

권붕은 국제문화대학원대학교 사회복지교육학과와 상담사회교육학과에서 박사를 취득하고 동방대학원대학교 사회복지학과 교수, 호원대학교 사회복지학과 겸임교수로 재직중이다. 주요관심 분야는 시회복지문제, 상담 그리고 조직신학이다. 저서로는 『발달심리학』, 『상담이론과 실제』, 『사회복지개론』, 『사회복지행정론』, 『사회문제론』 외 다수가 있다.

■ **서민호**

2012년 대구한의대학교에서 "요양보호사의 직무스트레스와 직무소진이 서비스 질에 미치는 영향"으로 사회복지학 박사학위를 취득하였으며, 현재 영남외국어대학 사회복지과 교수로 재직 중이다. 주요 관심분야는 지역사회복지, 노인복지, 평생교육 분야이며, "고령화에 따른 노인여가 활동의 활성화 방안에 관한 연구", 『사회복지실천기술론』, 『응급처치학』 등의 논문과 저서가 있다.

■ **성시한**

2014년 한성대학교에서 “우리나라 공공조직과 민간조직 구성원의 공정성 인식이 조직시민행동에 미치는 영향에 관한 연구”로 정책학박사 학위(2014)를 취득하고, 현재 강원관광대학교 사회복지과 교수로 재직 중이다. 주요 관심 분야는 사회복지조사, 행정 및 정책 분야이며, 주요 논문으로는 “한국산업복지 정책의 발전 과제에 관한 연구”(2016) 등 다수가 있으며, 저서로는 『노인복지론』, 『사회복지정책론』, 『사회복지법제론』, 『사회복지행정론』 등이 있다. 그 밖에 태백시 보육정책위원과 장애인 직업재활시설자문위원으로 활동하고 있다.

■ **이시진**

이시진은 1996년 영남대학교에서 “경북방언의 음운론적 연구”로 문학박사 학위(1996)를 취득하고, 대구대학교 사회복지과 대학원에서 석사과정을 수료하였으며, 현재 대구보건대학교 사회복지과 교수로 재직 중이다. 주요관심분야는 가족복지, 아동복지, 인간행동과 사회환경 분야이며 주요저서로는 『아동권리와 복지』, 『영유아발달』, 『가족상담 및 가족치료』 등이 있다. 그 밖에 해인 사회복지법인, 나래영재 사회복지법인 등의 이사로 있다.

■ **이영희**

1990년 충남대학교에서 “노령층 농촌부녀자 생활실태와 복지방안에 관한 조사연구”로 경제학 석사, 경제학박사(2000), 청주대학교에서 “사회복지기관장의 서번트리더십이 사회복지사의 직무만족 및 조직몰입에 미치는 영향”으로 사회복지학박사(2007)를 취득하였으며 2000년부터 대전과학기술대학교 보건복지과 교수로 재직 중이다. (사)한국자원봉사인재개발원 이사장, 한국자원봉사실천학회 회장, 등급판정위원회 위원장, 장애인수급심의위원회 위원장 등을 역임하였으며, 저서로는 『사회복지개론』, 『노인요양기초 및 실습』, 『사회복지조사론』, 『사회복지법제론』, 『사회복지정책론』, 『사회복지행정론』 등이 있다.

■ **전대성**

전대성은 서울대학교 대학원 도시 및 지역계획 석사, 명지대학교에서 사회복지학석사를 취득하고 단국대학교에서 행정학박사를 취득하였다. 현재 경북전문대학교 사회복지학과장으로 재직 중이며, 관심 분야로는 정신건강, 사회복지실천, 인간행동과 사회환경, 노인복지 분야이며, 주요 저서로는 『사회복지법제론』, 『정신건강론』, 『아동생활지도』 등 다수의 저서가 있다.

■ **정명희**

정명희는 평택대학교에서 사회복지학박사를 취득하고, 현재 중원대학교 사회복지학과 교수로 재직 중이다. 주요 관심 분야는 다문화사회복지 및 사회복지실천의 사례관리 등이며 주요 활동으로는 안양시비산종합사회복지관장, 한국다문화총연합회(KMC)사무총장, 한국사회공헌학회장, 한국가족복지학회 이사, 한국케어매니저먼트학회 이사를 역임하였고, 저서로는 『다문화사회의 이해와 복지』, 『지역사회복지론』, 『정신건강론』 등 다수가 있다.

인간행동과 사회환경

1판 1쇄 인쇄 — 2019년 8월 26일
1판 1쇄 발행 — 2019년 8월 30일

저　　자 - 곽미정 최창현 전미숙 권 붕 서민호
성시한 이시진 이영희 전대성 정명희
발 행 인 - 강철원
발 행 처 - 양성원
주　　소 - 경기도 파주시 검산로 173번길 29-20
전　　화 - 031-946-3861(代)
팩　　스 - 031-946-3864
이 메 일 - tnwpub@naver.com
홈페이지 - tnwpub.co.kr
출판등록 - 2015년 8월 31일 제 2015-000211 호

ISBN 979-11-6126-221-5

정가 19,000원